그대는 적인가
동지인가

인물로 읽는 한국사 9
그대는 적인가 동지인가

저자_ 이이화

1판 1쇄 인쇄_ 2009. 1. 15.
1판 2쇄 발행_ 2009. 7. 11.

발행처_ 김영사
발행인_ 박은주

등록번호_ 제406-2003-036호
등록일자_ 1979. 5. 17.

경기도 파주시 교하읍 문발리 출판단지 515-1 우편번호 413-756
마케팅부 031)955-3100 편집부 031)955-3250 팩시밀리 031)955-3111

값은 뒤표지에 있습니다.
ISBN 978-89-349-3293-2 04900
     978-89-349-2814-0 (세트)

독자의견 전화_ 031)955-3200
홈페이지_ http://www.gimmyoung.com
이메일_ bestbook@gimmyoung.com

좋은 독자가 좋은 책을 만듭니다.
김영사는 독자 여러분의 의견에 항상 귀 기울이고 있습니다.

그대는 적인가 동지인가

이이화 지음

김영사

역사의 주역은 누구인가

　역사인물의 발자취를 따라가는 일은 흥미롭고 재미있다. 그들을 통해 한 시대사의 흐름을 알 수 있고, 여러 유형의 인간이 어우러져 사는 모습도 들여다볼 수 있다. 그래서 인물로 읽는 역사책이 사건으로 이어진 역사책보다 더 흥미를 유발하는 것이다.

　흔히 인물이 역사를 만들고 시대가 영웅을 낳는다고 한다. 어김없는 사실이다. 하지만 근대역사학에서는 이러한 생각을 비판적으로 본다. 역사의 주역을 어느 계층으로 보는가에 따라 평가가 달라지기도 하고, 누구를 위한 영웅인가에 따라 바라보는 눈이 달라질 수 있다는 것이다. 그리고 시대 상황에 따라 객관적 평가의 잣대는 얼마든지 달라질 수 있다.

　필자는 한국사를 공부하면서 역사인물에 대한 탐구를 멈추지 않고 그들의 역할과 업적을 여러모로 따져보았다. 그리하여 역사 속 인물에 대한 평가에 절대적인 기준이 있는 것이 아니라는 점을 곱씹었다. 정말로 진실은 어디에도 없다. 어느 시대에는 아주 막돼먹은 인물로 치부되었더라도 시대적인 안목에 따라 평가 기준이 달라지기도 한다.

　우리 역사의 경우에도 예외는 아니다. 왕조시대에는 체제에 순응하여 충신으로 추앙받았던 인물이 오늘날에 와서는 그 이면

이 재조명되고 있는가 하면, 왕조시대에 역적으로 몰려 죽었으나 그의 저항이나 개혁의지가 오늘날에는 시대정신을 구현했다 해서 높이 평가받기도 한다. 충신으로 추앙받았던 성삼문, 역적으로 몰려 죽은 허균이 이 시대에도 여전히 충신, 역적일 수만은 없다는 뜻이다.

필자는 역사인물을 기술하면서 예전의 어떤 기준을 맹목적으로 따르지 않았다. 필자 나름의 가치판단에 따라 기술했다. 그에 따라 김방경, 정여립, 광해군, 강홍립, 정인홍, 허균, 장혼, 이필제, 전봉준 등 재조명 작업이 필요한 인물과 이름이 별로 알려져 있지 않은 인물들의 이야기를 열심히 써왔다. 물론 그 중에는 긍정적인 인물도 있고, 부정적인 인물도 있다.

그러나 한편으로는 아무리 그 인물의 의식과 행동을 높이 평가하더라도 자료가 부족하거나 제한적이어서 약전略傳조차 제대로 쓰기가 어려운 인물도 많았다. 수나라와 맞서 나라를 지킨 을지문덕, 지도 제작에 일생을 바친 김정호가 그러하며, 신분사회 속에서 그 한계를 극복하고 의학, 과학, 예술 등 한 분야에서 뛰어난 업적을 남긴 허다한 인물들의 사례가 그러하다.

이렇게 모은 약전 형식의 역사인물 전기가 어느덧 한국사 전시대를 통틀어 260여 명을 헤아리게 되었다. 이 글들을 다시 수정하고 보충하여 집대성해보니 원고지 1만 매가 넘는 방대한 분량이 되었다. 원고를 주제별로 분류해보니 제왕, 위정자, 변혁을 꿈꾼 혁명가, 의학·과학자, 문학가, 예술가, 사상가, 실학자, 종교가, 개화기 지식인, 동학농민전쟁 지도자, 국내외 독립운동가, 한국사의 명장면을 연출한 라이벌과 동반자, 광복 이후 해방공간의 정치가와 현대사의 주역들 등 자연스럽게 '인물로 읽는 한국역사'가 되었다. 필자가 이미 펴낸 『한국사이야기』와 더불어 짝을 이룬 셈이다.

이 시리즈의 아홉 번째 권에는 역사인물들이 서로 어우러져 살아가는 모습이 담겨 있다. 인간들이 살아가면서 때로는 뜻을 같이하여 아름다운 우정을 나누기도 하고, 때로는 현실관을 달리하면서 죽음으로 몰아가는 대결을 벌이기도 하고, 때로는 끓어오르는 질투와 시샘을 이겨내지 못해 상대를 중상모략하고, 때로는 꿋꿋한 신념으로 뭉쳐 목숨을 바쳐가면서 동지적 관계를 유지하기도 한다.

그래서 인간을 사회적 동물이라 했는지도 모른다. 인간은 반성하는 인지능력을 가지고 있지만, 한 사회에서 살아가다보면 갈등을 유발하는 요인이나 경쟁해야 할 조건들이 너무나 많이 널려 있기에 이성보다 감정에 빠지는 경우가 많다. 우리나라 역사인물의 경우에도 이런 현상이 예외 없이 투영되어 있다.

이 책은 모두 5부로 나뉘어 70여 명의 이야기를 담고 있다. 이야기는 각기 두 인물을 대비해 풀어보았다. 하지만 역사인물들은 대칭의 이분법으로는 설명할 수 없는 복잡한 내면을 깔고 있다. 이 인물들이 산 시대는 고대부터 현대까지 이어지지만 복잡한 시대의 산물임에는 다를 바 없다. 중세사회인 조선시대에 산 인물들은 흔히 가치관의 차이를 보였다. 하지만 정치와 사회가 더욱 다양해지고 복잡해진 근현대에 산 인물들은, 그만큼 현실인식을 달리하는 여러 양상을 보인다.

한 개인의 전기만으로는 역사인물에 접근하는 데 미흡함이 남을 수밖에 없다. 그래서 때로는 한 인물의 활동영역 안에서 등장하는 맞수나, 주변 인물과 어떤 관계를 맺었는지를 대비해 추적해 보는 것이 흥미 있을 것이요 진실을 캐는 데에도 도움을 줄 것이다.

여기에는 그때그때 쓴 인물을 수록한 탓으로, 각 글의 유기적 연관성이 떨어질지 모르겠다. 또한 인간의 복잡한 내면을 짧은 분량에 담는다는 것 자체가 한계를 지닌 것일 수도 있겠다. 하지만 흥미는 진진할 것이다. 이들의 이야기는 오늘을 사는 우리에게도 어김없이 전개되고 있기 때문이다.

임진강 가의 서실에서 추운 바람을 맞으며

이이화 쓰다

1부

권력욕인가
질시인가

김부식과 정지상 / 　정몽주와 정도전 / 　수양대군과 김종서 /
김종직과 유자광 / 　정인홍과 이귀 / 　이순신과 원균 /

김부식과 정지상은 처음에는 서로 작은 앙금을 쌓았다가 끝내는 정치적 길을 달리
해 피를 부르는 숙적이 되었다. 정지상이 김부식에게 죽고 난 뒤에 민간에는 그의
원혼에 대한 이야기들이 많이 떠돌았다. 이는 두 사람의 관계가 좋지 않았음을 세상
사람들이 안타깝게 여긴 것이요, 또 정지상의 죽음을 원통하게 여긴 민중의 동정이
깔려 있었던 때문이다.

김부식과 정지상
끝내 피를 부른 시단의 쌍벽

개경을 주름잡은 청년문사 김부식

개경에 봄빛이 돌면 주변은 온통 꽃으로 뒤덮인다. 개경은 송악산을 중심으로 하여 낮은 산으로 둘러싸여 있기 때문이다. 이럴 적에 시인, 묵객들은 끼리끼리 모여 한껏 시재를 뽐낸다. 더욱이 고려가 건국한 지 180여 년이 지난 12세기 첫 무렵의 개경은 태평성대를 구가하고 있었다. 강감찬, 윤관 같은 명장의 힘으로 북쪽 오랑캐를 막아 나라는 평안했다. 또 바다 건너 송나라와 아라비아에서 도자기, 비단 등 귀족들의 기호에 맞는 화려한 물건들이 쏟아져 들어왔다.

어디 그뿐이랴. 잔재주를 한껏 부린 왜의 가구, 몽골의 털가죽, 멀리 페르시아에서 들여온 향료 따위가 점포마다 가득했다. 이 무렵 개경 주변 곧 송악산과 박연폭포 언저리에 자리 잡은 누대에서는 거의 매일이다시피 시회가 벌어졌다.

당시 시화가 벌어졌던 자리가 우리 역사의 한 사건을 만들어 내는 빌미가 되었으니, 겉보기에 평화로운 정경과 서로 즐거이 어우러지는 모습만으로는 인간의 미묘한 감정을 드러낼 수 없을 것이다. 이 자리를 주름잡은 청년문사는 김부식金富軾(1075~1151)이었다. 그는 풍채도 훌륭하고 좋은 가문 출신이었다. 더욱이 그는 중국의 천재 소식蘇軾을 능가하라는 뜻에서 '식軾'을 자신의 이름에 따온 사람이다.

이런 그에게 시재가 있는 청년들이 때로 맞서왔지만 그들은 별로 빛을 보지 못하고 있었다. 그리하여 개경의 문단은 김부식의 독무대였다. 더군다나 그는 가문의 배경과 함께 임금의 신임이 두터워 출셋길도 탄탄대로처럼 열려 있었다. 그의 문명文名은 온 나라에 퍼져 있었고, 그와 한번 맞대결하려는 시골의 시인들이 고개를 빼고 있었다.

문단에 파란을 일으킨 정지상의 등장

이때 개경 문단에 한 파란이 일어났다. 서경 출신의 정지상鄭知常(?~1135)이 뒤늦게 과거시험에 장원급제하여 개경 문단에 나타난 것이다. 사람들은 그가 비록 장원급제를 했으나, 처음에는 대단치 않은 인물로 여겨 깔보았던 것 같다. 그러나 그가 지은

대동강 　모란봉을 끼고 유유히 흐르는 대동강의 모습. 모란봉 정상의 최승대, 그 밑으로 영명사, 부벽루의 모습이 보인다.

「송우인送友人(벗을 보내다)」이라는 시가 어떻게 된 까닭인지, 개경 사람들의 입에 널리 오르내렸다. 시는 이러하다.

　　비 갠 긴 언덕에 풀빛 짙고
　　남포에 임 보내노라니 매양 슬픈 노랫소리
　　대동강물 어느 때에 마르리
　　이별의 눈물 해마다 푸른 물결에 보태네

　김부식 역시 이 시를 보고 정지상이 보통내기가 아니라고 여겼을 것이다. 이런 이유로 김부식과 정지상은 개경 문단에 쌍벽을 이루며 조정에서도 자주 얼굴을 맞댔고, 여러 시회에서도 서로 어울렸다. 어느 날 두 사람이 마주쳤다. 이때 김부식은 정지상에게 한 가지 부탁을 했다. 다음은 정지상의 시다.

절간에 염불소리 그치니
하늘빛 바로 맑은 유리로세

이 시구를 전해들은 김부식이 정지상에게 뒤쪽을 자신이 맞추겠으니 시를 빌려달라고 부탁했던 것이다. 김부식이 여러 차례 간곡히 부탁했는데도 정지상은 손을 내저으며 어림없는 소리라고 거절했다. 김부식으로서는 보통 자존심 상하는 일이 아니었을 것이요, 정지상은 시골뜨기로 도통 겸손할 줄 몰랐다. 『고려사절요』에는 이런 기록이 있다.

김부식은 본래 문인으로서 정지상과 같이 명성을 날렸는데, 문자관계로 인해서 불만이 쌓였다.……이 감정으로 뒤에 죽이기까지 했다.

이 이야기는 아마 이때의 사정을 두고 한 것으로 보인다. 그 뒤 두 사람은 촉망받는 신하, 유명한 문사로 조정에서 벼슬살이를 하면서 각기 중심역할을 했다.

서로 다른 정치적 길을 가다

당시 국구國舅(임금의 장인) 이자겸李資謙이 권세를 잡고 온갖 부정과 비리를 저질렀다. 이자겸은 자기의 생일을 인수절仁壽節이라고까지 부르게 하며 횡포를 부렸다.

김부식은 기개 있는 벼슬아치답게 이자겸을 격렬히 탄핵하고 여러 사람들을 모아 공격했다. 그리하여 이자겸은 끝내 권세를 잃고 말았다. 이 일로 해서 김부식의 명망은 더욱 높아졌다. 반면 정지상은 이자겸을 죽인 공으로 세력을 잡은 탁준경拓俊京을 탄핵했다. 정지상 역시 바른 길을 위해 권신에게 맞서 명성을 높였다.

이를 계기로 임금은 두 사람에게 두터운 신임을 보였고, 조야의 인사들도 이들 두 사람을 동격으로 놓고 칭찬을 아끼지 않았다. 이럴 적에 두 사람의 감정은 어떠했는지, 옛 앙금을 가슴속에 깊이 묻어두고 다른 날을 기다려 풀려 했는지는 알려져 있지 않다. 그러나 일단 내면에 침잠해 있었던 것으로 보인다. 그러다가 끝내 상황을 급변시키는 하나의 사건이 터졌다.

승려 출신 묘청妙淸은 서경 사람이었다. 그는 권세를 쥐고 몇 가지 새로운 일을 벌였다. 우선 도읍을 개경에서 서경으로 옮기자고 주장했다. 그리고 임금에게 칭제건원稱帝建元(황제라 일컫고 황제의 상징인 독자적 연호를 쓰자는 것)하라고 요구했고, 금나라를 정벌하자고 외쳤다.

이 주장이 개경파나 유신들의 반대에 부딪힐 것은 뻔한 일이었다. 이에 묘청은 대동강에 기름 묻힌 떡을 풀어 기름이 물 위에 뜨게 하는 따위의 갖가지 상서로운 조짐을 만들어내는가 하면 비기를 끌어대는 등 천도를 실현하기 위해 온갖 술수를 동원했다. 마침내 묘청은 서경에서 가까운 임원역에 궁궐을 크게 짓고 인종을 여기서 4년 동안 거처하게 했다.

정지상은 이 일에 적극 가담하여 천도운동의 주역으로 묘청, 백수한白壽翰과 함께 '삼성三聖'으로 떠받들어졌다. 거기다 정지상은 임금의 경연經筵 강의를 도맡아 했다. 정지상이 득의의 시기를 맞이한 반면, 김부식은 이들의 기세에 눌려 천도에 대한 서명을 거부하는 정도로 자기의 뜻을 나타내면서 이들의 눈치만 살피고 있었다. 더욱이 대사성의 자리에 있으면서도 임금의 경연 강의에 참석하지 못했다. 실로 위축된 모습이 아닐 수 없다. 두 사람은 정치적 길을 완전히 달리하면서 서로 심한 갈등을 내면에 깔고 있었던 것이다.

인종이 임원역의 이궁 생활을 끝내고 개경으로 돌아오자, 묘청 등은 시기가 무르익었다고 판단하고 천도운동을 더욱 강하게 추진했다. 그리하여 이 일이 거의 성사될 지경에 이르렀다. 김부식은 더 이상 참을 수 없다는 듯, 조는 호랑이 시늉을 끝내고 자리를 털고 일어났다. 어쩌면 살아남기 위한 행동이었는지도 모른다.

끝내 숨을 끊어버리다

김부식은 유신維新의 논리에 따라 천도와 칭제건원을 강력하게 비난하고 나섰고, 개경파를 규합하여 이를 행동으로 저지하고 나섰다. 두 세력의 대결은 시간 문제였다.

사태가 불리하다고 생각한 묘청 일파는 1135년(인종 13) 일대 반란을 일으켰다. 이 반란을 진압하기 위해 파견된 중앙군대의 총사령관으로 김부식이 뽑혔다. 문사가 군사지휘권을 갖게 된 사정은 굳이 말하지 않아도 알 만하다. 김부식이 바로 서경파에 맞서 그 선봉에 섰음을 뜻한다.

김부식은 맨 먼저 서경에 있던 정지상을 잡아 불법으로 처형했다. 김부식은 정지상을 처형하고 나서야 임금에게 이를 알렸다. 정식 절차를 거칠 필요가 없었던 것이다. 그리고 정지상의 아들과 딸들의 몸에 역적의 자녀라고 해서 '서경역적'이라는 먹글자를 새겨 자신의 종으로 삼았다. 철저한 보복이었던 셈이다.

김부식은 이 싸움의 승리로 큰 권력을 움켜쥐었고 학문을 자기 마음대로 요리해서, 뒷날 유가사학과 사대의식에 철저한 『삼국사기』를 지었다. 이 싸움을 두고 신채호는 유가와 불가, 자주 세력과 사대 세력, 그리고 개경파와 서경파의 싸움이라고 해석한다.

정지상이 죽고 난 뒤에 그의 원혼에 대한 이야기들이 많이 떠돌았다. 이규보李奎報의 『백운소설』에는 이런 이야기가 담겨 있다. 정지상은 죽은 뒤 떠도는 도깨비가 되었다. 김부식이 어느 날, 봄을 읊는 시를 지었다. "버들 빛 천 갈래 푸르고 복숭아꽃 만 점 붉네"라고 시를 읊조리며 나머지 구절을 채우지도 않았는데 갑자기 도깨비가 나타나 김부식의 뺨을 후려쳤다. 그러면서 "천 갈래니 만 점이니 씨부렁대는데 누가 세어보았다더냐? '버들 빛은 가지마다 푸르고 복숭아꽃은 송이마다 붉네'라 왜 말하지 못하느냐!"고 꾸짖었다고 한다.

사실, 김부식이 읊조렸다는 시구는 봄 경치는 잘 나타냈으되 자구에 매인 흠이 있다. 하지만 정지상이라는 도깨비가 고친 구절은 사물의 표현이 뛰어났다. 이 이야기는 비록 떠도는 것이지만, 시로 인한 두 사람의 미묘한 감정을 잘 드러내주고 있다.

그리고 이런 이야기도 있다. 김부식이 어느 날 절간의 측간에서 일을 보다가 정지상의 원혼인 도깨비에게 불알을 잡혀 죽었다고 한다. 정말 이렇게 죽었다면 치사한 죽음이 아니겠는가?

이런 이야기들은 두 사람의 관계가 아름답지 못함을 세상 사람들이 안타깝게 여긴 것을 입증해주며, 또 정지상의 죽음을 원통하게 여긴 민중의 동정을 짙게 깔고 있다.

처음에는 시로 작은 앙금이 쌓였다가 끝내는 정치적 길을 달리한 탓으로 죽음을 불러온 것이다. 그들이 태평시대에 마음을 합해 한 조정에서 정치적 과제를 풀고 문단에서 서로 좋은 시로 화답했더라면, 우리의 정치사와 문학사에 더 큰 빛을 남겼을 것이다. 그러나 사정은 그렇지 못했다.

그 뒤 김부식은 '수국정난정국공신輸國定難靖國功臣……'이라는 46자로 된 긴 공신칭호를 받고 득의의 시대를 살았다. 그는 『삼국사기』를 유가적 역사관에 입각해 사대적으로 기술해, 최고의 역사서이면서도 민족사학자들의 비난을 면치 못하고 있다. 그리고 어찌된 일인지, 시를 유난히 탐냈던 그가 변변한 작품을 후세에 전하지 못하고 말았다.

이와 함께 정지상의 시도 몇 수를 제외하고는 전해지지 않는다. 두 사람의 갈등과 죽음이 이런 결과를 빚었던가? 역사의 아이러니가 아닐 수 없다. 그러면서 그다지 아름답지 못한 이야기만 전해지고 있다.

정몽주와 정도전
권력이 갈라놓은 적과 동지

신진 세력의 핵심

    고려 말기에는 왜구의 노략질을 빼고는 외침이 없었다. 하지만 국내외에서 풍운이 급하게 몰아치고 있었다. 중국 대륙에서는 신흥 명나라에 원나라가 고목처럼 쓰러지고 있었다. 원나라와 형제 또는 사위 관계를 맺고 있던 고려는 대륙의 정세에 신경이 곤두서지 않을 수 없었다.

    나라 안에서는 승려들이 타락을 거듭하고 있었고, 토호들은 광대한 토지를 독점해 농민들의 반란이 여기저기서 끊이지 않았다. 당시 왕실은 더욱 미약해 권신들에게 휘둘리고 있었다. 한편에서는 신진학자와 벼슬아치들 사이에 불교를 배격하고 성리학을 숭상하는 새로운 사상 경향이 일어났고, 개혁을 주창하는 소리가 곳곳에서 들렸다.

이때 정몽주鄭夢周(1337~92)와 정도전鄭道傳(1342~98)이 태어났다. 두 사람은 선후배로 같은 길을 걷다가 끝내 정적이 되어 갈라졌다. 흔히 정몽주는 만고의 충신으로, 정도전은 변절한 정치인으로 알려져 있으나, 이 글을 통해 이 점에 대해 좀 더 심도 있는 이야기를 펼쳐보려 한다.

정몽주는 경상도 영천 땅에서 태어났고, 정도전의 조상 세거지는 경상도 봉화였다. 두 가문 모두 별로 혁혁하지 못했으나 굳이 따진다면 아전의 후손인 정도전의 집이 더 한미했던 것으로 알려져 있다.

두 사람이 청소년기를 맞이할 적에, 이색李穡은 명망 높은 벼슬아치 또는 선비로 개경에서 이름을 떨치는 한편, 성리학적 교양을 갖추고 개혁을 도모하고 있었다. 두 사람이 이색의 문하에서 수학하게 된 것은, 과거에 급제하고 난 뒤 벼슬살이에 나갔을 적인 20대 후반으로 보인다. 당시 이색은 성균관의 대사성이 되어 많은 제자를 기르고 있었는데, 여기에 두 사람이 끼어 있었다. 그러나 정몽주는 나이로 보나 벼슬이나 학문으로 보나 정도전보다 선배가 된다.

두 사람은 이색에게서 성리학을 열심히 배우고 현실개혁에도 눈을 떴다. 정몽주가 후배인 정도전에게 『맹자』를 선물로 보내주며 유교학문을 권장했을 정도로 두 사람은 서로 존경하고 의지했다.

이들은 조정에서 촉망을 받으며 벼슬살이를 이어갔다. 그러나 이들은 신진 세력이었기 때문에 권신들과 잦은 마찰을 빚었다. 또 이들은 유학자 출신이었기에 불교도와도 분란을 일으켰고, 친명파였기에 친원파와도 정적 관계가 되었다.

두 사람은 불교의 폐단을 지적하기에 열을 올렸다. 정몽주는 불교의 폐단을 지적하는 상소를 올렸고 정도전도 이에 동조했다. 정몽주는 그 폐단을 지적했지만 불경을 읽으며 그 진리를 거부하지는 못했고, 정도전은 철저하게 불교를 이단으로 배척했다. 정도전은 정몽주에게 이단을 배척하는 데에 좀 더 철저하라고 권고하기도 했다. 이 사례로만 보아도 정도전은 모든 일에 신념을 굳건히 가지고 급진적으로 나아갔으나, 정몽주는 좀 더 온건하게 현실에 대처했음을 알 수 있다.

문신의 신분으로 무공을 세우다

이들에게 첫 시련이 닥친 것은 1375년 (우왕 2)이었다. 당시 권신 이인임李仁任은 권세를 쥐고 흔들면서 친원파의

정몽주 초상 정몽주와 정도전은 동문수학한 선후배로서 끝내 정적으로 갈라섰다. 고려에 충성한 정몽주는 조선에서 충신으로, 조선을 건국하는 데 공을 세운 정도전은 역적으로 매도당하는 역사의 아이러니를 연출했다.

외교정책을 강력하게 표방했다. 이에 신진 세력들은 친명의 외교정책을 추구하면서 맞섰다. 특히 정몽주는 성균관 대사성으로 재직하면서, 정도전 등 10여 명의 후배들과 함께 글을 올려 이인임을 탄핵했다.

이로 인해 이들은 감옥에 갇혔다가 모두 귀양살이를 떠나게 되었다. 정몽주는 경상도 언양에서, 정도전은 전라도 회진에서 각기 유배생활을 시작했다. 2년 동안 이들은 모진 고초를 겪었다. 때로는 굶주림에 시달려야 했다.

2년의 유배생활 끝에 이들은 풀려났다. 정몽주는 일본에 사신으로 가기도 하고 제학提學 등의 벼슬을 받아 계속 활동했다. 특히 이성계가 뛰어난 전략을 구사하며 왜구의 침입을 막고 있을 때, 정몽주는 문관 신분으로 조전원수助戰元帥로 활약했다. 1380년, 왜구는 지리산을 넘어 운봉으로 밀어닥쳐 노략질을 일삼았다. 이때 이성계가 군사를 이끌고 이를 토벌했는데, 마흔넷의 정몽주도 이 전투에서 공을 세웠다.

그 뒤에도 정몽주는 신진 세력의 중심인물로 활동을 벌이다가, 1383년 이성계와 다시 북쪽 오랑캐의 방비에 나섰다. 이성계는 함흥에서 군막을 치고 동북면 도지휘사로 군대를 호령하면서 무공을 크게 떨쳤다. 이때 정몽주 역시 조전원수로 활약했다. 이성계의 명망이 올라가면서 정몽주의 성가도 올라갔다. 학자이자 문신으로 무공까지 세웠으니 정몽주의 인기는 가위 절정에 달했다.

이성계와의 만남

　이와 달리 정도전은 귀양살이에서 풀려나와서도 벼슬을 받지 못했다. 그는 삼각산에 서재를 짓고 학문에 열중하거나 제자들을 기르고 있었다. 그러나 그곳 고관 출신의 미움을 받아 서재를 부평, 김포로 옮기며 유랑생활을 했다. 그렇게 떠돌기 시작한 지 6년 만에 그는 함흥에 있는 이성계를 찾아 나섰다.

　그는 이성계가 거느린 대군을 보고 "참으로 훌륭합니다. 이런 군대로 무슨 일인들 못하겠습니까?"고 감탄했다. 이 말에 이성계를 이용해 한번 세상을 엎어보겠다는 뜻이 내포되어 있지 않았을까?

　그리하여 정도전은 이성계의 참모가 되었다. 이성계, 정몽주, 정도전 이 세 사람의 만남은 끝내 운명을 달리하게 한 역사적 사건이 되었다. 한미한 가문에서 태어난 정도전, 조정을 벗어나 고통에 찬 나날을 보낸 그로서는 새로운 출셋길을 찾아 나선 것이리라. 좀 더 확대해서 말하면, 이들과 함께 묵은 세력을 꺾고 혁명을 도모해 나라를 바로잡으려 했던 것이다.

　정몽주와 정도전은 다음해 머나먼 중국 땅으로 함께 떠났다. 새로 선 명나라가 고려에 공물을 더 내라는 따위의 압력을 가해왔는데, 그 문제를 해결하기 위해 정몽주, 정도전이 나선 것이다. 이 일을 원만하게 끝낸 정몽주는 계속 승진했고, 정도전은 이성계와 정몽주의 도움으로 대사성 등의 벼슬을 누렸다. 세 사람은 이때 모든 일에 뜻을 맞추어 나갔다.

1388년 최영의 지시로 이성계는 요동정벌에 나섰으나 회군해 개성으로 돌아왔다. 그리고 최영 등 보수 세력을 제거하고 집권했다. 이어 우왕을 폐하고 공양왕을 옹립해 신진 세력의 기반을 확실하게 했다. 이때 정몽주와 정도전은 각기 좌익과 우익으로서 크게 이성계를 도왔다. 그 뒤에도 두 사람의 손발은 척척 맞아떨어졌다.

정몽주가 신진 세력의 집권에 힘입어 불교를 배척할 적에 정도전은 동조했고, 정몽주가 불교의 의식을 버리고 『주자가례』로 제사의식을 정할 적에도 정도전은 철저한 협조자가 되었다. 이렇게 신진 세력이 집권하고 이어 개혁을 단행해나가면서 신진 세력 내부에 또다시 틈이 벌어졌다. 세력이 커지면 다시 나뉘어 싸움질을 하는 것은 영원한 권력의 속성이 아니겠는가?

정적으로 갈라서다

이성계의 세력은 너무 커지고 있었다. 더욱이 신진 세력들은 이성계의 명망을 업고 새로운 계획을 추진하고 있었다. 곧 조준趙浚, 남은南誾, 정도전 등이 이성계를 왕으로 추대하려 했던 것이다.

이때 정몽주는 보수파로 지목되어 소외되고 있었다. 정몽주는 현실개혁을 도모하되 온건한 방법을 택했다. 다시 말해서 우파의 성향을 지니고 있으면서 타협적 노선을 걷고 있었다. 이런 그의 성향 때문에 급진 세력에 의해 소외되었던 것이리라. 이에 그는 이들 급진 세력을 제거하려는 생각을 굳혔다. 그도 일전을 불사할 각오를 세운 것이다. 이성계파와 정몽주파는 권력투쟁의 양상을 보이기에 이르렀다.

1392년 세자가 명나라에 갔다가 돌아오는 길이었다. 이성계는 세자를 마중하러 황주로 가는 길에 해주에서 사냥을 하다가 말에서 떨어져 부상을 당했다. 이 소식을 들은 정몽주는 천재일우의 기회로 여겼다. 정몽주는 그의 세력인 대간臺諫에게 말했다.

이성계가 말에서 떨어져 지금 병세가 위독하다. 그의 수하를 먼저 제거한 뒤에 이성계를 없애야 한다.

이에 대간에서는 정도전을 비롯하여, 조준, 남은 등을 탄핵했고, 이어 죽이려는 계획을 세웠다. 이성계가 벽란도에 이르자 그의 아들 방원芳遠이 급히 달려갔다. 그리고 이 사실을 아버지에게 알렸다. 이성계 부자는 황급히 개경으로 돌아와 대책을 세웠다. 이방원과 이성계의 동생 이화李和, 사위 이제李濟 등이 휘하장사들에게 외쳤다.

이씨가 왕실에 충성하는 것은 온 나라 사람이 다 아는 바이다. 지금 몽주가 모함을 하여 악명을 덮어씌우니 후세에 누가 이를 알아 분별하리요.

그러고는 정몽주를 제거하기로 결정했다. 이성계의 조카사위

변중량卞仲良이 이를 정몽주에게 알렸다. 정몽주는 이성계의 의중을 떠보기 위해 이성계의 집으로 찾아갔다. 정몽주를 맞은 이성계가 심중을 떠보려 하자 정몽주는 "이 몸이 죽고 죽어 일백 번 고쳐 죽어……"라는 「단심가丹心歌」로 답했다고 전해진다. 그러나 이 시조는 이때 읊은 것이 아닐 것이다. 이방원은 이에 "이런들 어떠하며 저런들 어떠하리……"로 대답했다 한다.

정몽주가 집으로 돌아가자, 이방원은 이때를 놓칠 수 없다 하여 조영규 등 장사 대여섯 사람을 급히 보내 선죽교에서 그를 때려죽였다. 이 사실을 들은 이성계는 짐짓 진노한 척했으나, 정몽주의 목은 저자에 내걸렸다. 그리고 남은 정몽주의 세력들도 제거되었다.

정몽주의 죽음은 표면으로는 이방원의 음모이지만, 그 배후에는 정도전 등이 있었다. 권력 앞에는 적도 동지도 없고 또 영원한 동지도 영원한 적도 없는 것은, 고금이 다 같지 않은가? 정몽주의 세력이 제거되자 이성계는 이제 걸릴 것 없이 왕위에 올랐고, 그 일급공신은 정도전이었다.

정도전은 정몽주가 죽을 즈음, 예천의 감옥에 갇혀 있었다. 그는 정몽주의 탄핵을 받고 벼슬이 떨어져 목숨이 위태롭다가 정몽주가 죽고 난 뒤 풀려났다. 그리고 거리낄 것 없이 이성계를 떠받들고 급진적 개혁을 단행하면서 권좌를 누렸다. 그러나 그도 결국 이방원의 손에 죽고 말았다.

두 사람은 처음에 뜻을 같이하다가 끝내 합할 수 없는 정적이 되었다. 정몽주는 옛 동문수학인 정도전을 귀양 보냈고, 정도전은 스승 이색, 선배 정몽주를 제거하는 극렬한 행동을 보였다.

이 과정을 보면 정몽주가 조선조에 역적으로 평가받는 것이 마땅할 것이다. 그런데도 이방원은 뒷날 왕(태종)이 되어 자기가 죽인 정몽주에게 시호를 내리며 복권시켰다. 그리고 왕위를 차지하기 위해 뜻을 같이한 정도전을 가차 없이 제거했다. 오히려 정도전이 역적으로 몰린 것이다.

그 뒤 정몽주는 충신의 표본으로 대접받았다. 그가 죽임을 당한 선죽교에는 지금도 붉은 빛이 핏자국처럼 선명하게 나타나 있다. 본디 노란빛과 붉은 빛이 섞여 있는 돌로 다리를 놓았는데, 이들 두고 민중이 정몽주의 핏자국이라 수군댔을 것이다. 이에 뒤 임금들은 거꾸로 핏자국이 있는 다리를 막아놓고 옆에 새 돌다리를 만들어 통행하게 했다. 꽤 머리를 쓴 상징 조작이었다. 그리고 효종은 늘 그의 「단심가」를 읊조리며 충신의 표상으로 삼았다. 이런 모습은 새로운 충신을 배출해내기 위한 또 하나의 상징 조작이었다. 이와 달리 정도전의 개혁정치에 그다지 좋은 평가를 내리지 않고 깔아뭉갠 것은 자칫 이방원에게 그 잘못이 뒤집어씌워질까 염려한 것 아니겠는가?

뒷날, 이들 두 사람의 세력은 이어져 내려와 정몽주를 잇는 세력은 김종직, 김굉필로 이어져 사림파 또는 절의파로 불렸고, 정도전을 잇는 세력은 참여파 또는 어용파로 불렸다. 다시 말해서 정몽주 계열은 성리학의 정통파로 추앙을 받고, 정도전 계열은 정학正學의 말류末流로 평가받은 것이다.

따지고 보면 이런 평가는 적절하지 않다. 누가 진정 백성을 위하고 나라에 봉사했느냐를 따져보아야 한다. 임금 한 사람 또는 한 왕조를 위해 목숨을 바친 것은 그 왕조에서는 기릴 수 있으나 역사에서는 다시 새겨보아야 할 것이다.

정몽주의 충절은 지나치게 과장되어 있다. 권력의 암투라는 사실을 감춘 채로 말이다. 그리고 정도전에 대한 헐뜯음은 지나쳐 그의 개혁정치마저 낮게 평가되고 있다. 권력과 현실 문제를 두고 인간은 얼마든지 견해를 달리할 수 있고 적이 될 수 있다. 따라서 그에 대한 시비는 좀 더 역사정신에 맞추어 가려야 할 것이다.

수양대군과 김종서
왕위찬탈을 둘러싼 격렬한 대결

불안한 왕실의 앞날

어린 조카의 왕위를 빼앗았던 수양대군首陽大君(1417~68)이나 이를 막으려 했던 김종서金宗瑞(1390~1453)를 우리는 흔히 맞서 으르렁거린 큰 호랑이로 알고 있다. 어느 점에서 보면 이는 타당하다. 그러나 좀 더 깊이 들여다보면 사뭇 복잡한 양상을 띠고 있다.

조선왕조가 건국된 뒤, 태종·세종대에 와서 여러 제도가 정비되고 문화의 수준이 한 단계 올라가 인문적 분위기가 감돌았다. 이를테면 왕조의 수성守成 기반이 다져진 것이다. 그런데 세종이 왕실의 앞날을 내다보니 여간 위태위태한 것이 아니었다. 맏아들 문종은 나약했고, 둘째 아들 수양대군은 고분고분하지 않고 위세를 뽐내는 위인이었다. 게다가 조정에는 황희 같은 어진 신하는 있었으나 문약에 빠져 있었다.

그리하여 세종은 아들 수양대군의 마음을 달래고, 황희로 하여금 강직한 후계자를 키우도록 부추겼다. 이에 자기 세력을 키우며 야심에 불타 있던 수양대군과, 황희의 후계자가 된 강직한 김종서의 충돌은 불을 보듯이 뻔한 현실로 떠올랐다.

세종이 김종서를 키운 뜻은

김종서는 키는 작았지만 지혜가 많고 담대한 인물로 알려져 있다. 그는 승지로서 맡은 바 일을 훌륭히 해내 마침내 세종의 눈에 들었다. 세종은 국경개척에 힘을 기울였는데, 신하들은 이를 반대하고 나섰다. 그러나 김종서는 임금의 뜻을 받들어 이 일을 해야 한다고 주장했다. 이에 임금은 6진六鎭 설치의 책임을 김종서에게 맡겼다. 그러자 어느 논자들은 세종에게 이렇게 말했다.

김종서는 한계가 있는 사람의 힘으로 이루지 못할 일을 시작했으니 그 죄는 죽어야 마땅합니다.

이에 세종은 대답했다.

비록 내가 있더라도 김종서가 없었다면 이 일을 해낼 수 없을 것이요, 비록 김종서가 있더라도 내가 없으면 이 일을 주장하지 못했을 것이다.

세종의 이런 태도로 보아, 세종은 김종서를 무척 아꼈을 뿐만 아니라 능력 또한 인정했던 것이다. 세종은 6진을 설치하여 그 관찰사로 김종서를 임명했고, 김종서는 야인을 억누르고 남도의 백성들을 이주시키는 등 맡은 바 소임을 훌륭히 해냈다.

그 뒤 김종서는 병조판서, 호조판서 같은 요직을 맡아보았다. 그의 성격적 결함은 작은 일에 너무 얽매이지 않는 것이었다. 그래서 조정에서는 술에 취해 있기 일쑤요, 관물을 함부로 쓰기도 했다. 이때 영의정으로 있던 황희는 한 가지도 그냥 넘어가지 않고 그를 면박했고, 때로는 김종서 대신 그의 종에게 매를 때리거나 하인을 가두기도 했다. 남들이 명경名卿을 너무 박대한다고 하면, 그는 인물을 만들려는 것이라고 했다. 황희는 김종서를 이렇게 다듬어놓고 나서 물러갈 적에 그를 자신의 자리에 추천했다.

문종의 죽음으로 새로운 국면이 전개되다

한편, 수양대군은 원래 진양대군晉陽大君이었다. 그는 기질이 억세고 총명했으나 얼굴이 괴이하게 생겼다. 그는 어릴 적부터 말달리기와 활쏘기에 여념이 없었다. 열여섯 살 때 세종을 따라 무예를 익힐 적에 하루아침에 노루 수십 마리를 잡은 것으로 유명했다. 이에 무사들은 "태조대왕의 신무神武를 뵙는 듯하다"고 칭송했다. 그는 또 병서를 익히기에도 여념이 없었다. 그리고 역사에 나타난 영웅호걸들을 흠모했다.

그의 성격이 호방했음을 나타내주는 이야기가 있다. 그는 열네 살 때 이미 기생방에 출입했다. 어느 날 밤 기생을 끼고 자는데, 마침 기생의 기둥서방이 문을 두드렸다. 이에 수양대군은 깜짝 놀라 발로 뒷벽을 차 무너뜨리고 달아났다는 것이다.

이런 그를 포악하다고만 생각해서는 잘못된 판단이다. 그는 평소에 나이 든 사람을 만나면 아주 공손히 대했고 생활은 늘 검소했다. 임금이 되고 난 뒤에도 이런 태도는 마찬가지였다고 전한다. 그는 무예에만 능한 것이 아니었다. 세종이 『훈민정음』을 반포하고 이를 보급하려고 할 적에, 세종의 뜻을 받들어 『석보상절』을 엮었다. 부처님의 공덕을 정음으로 풀어낸 것이다.

그는 또 효성이 지극해서 부왕 세종이 죽었을 적에는 식음을 전폐하고 애통해 마지않았다. 이런 그로서는 병약하고 심약한 형 문종이 왕위를 계승하는 것이 못마땅했을 것이다. 부왕 세종이 셋째 아들로 왕위에 오를 수 있었던 것은 총명한 자질 탓이 아니었던가? 어질고 착해빠진 형 문종은 재위 2년 만에 죽고 말았다. 이것은 새로운 사건이 전개될 것을 예고한 것이었다.

문종은 죽으면서 불안한 마음을 달랠 길이 없었을 것이다. 내로라하는 여덟 명의 대군이 눈알을 번뜩이고 있었으니, 어린 아들 단종의 왕위를 염려하지 않을 수 없었을 것이다. 특히 수양대군과 안평대군은 야심만만한 인물들이 아닌가? 그래서 문종은 죽으면서 정승인 황보인, 김종서에게 "유명遺命을 받아 어린 임금을 잘 보필하라"고 특별히 당부했다.

이 뜻에 따라 단종이 왕위에 오르자 곧바로 영의정 황보인, 좌의정 남지南智, 우의정 김종서를 정승으로 삼았다. 남지는 곧 이어 정분鄭苯으로 바뀌었다. 이들에게 어린 왕을 보호하는 책임이 지워진 것이다. 그 중에서도 '대호'라는 별명이 붙은 김종서가 중심인물이었다. 이들 정승은 한 가지 중요한 조처를 내렸다. 곧 대군들 집에 잡다한 사람들이 모여들어 떠드는 것을 금지시켰다.

김종서 등은 대군들이 사병을 기르고 패거리를 지어 왕실을 위태롭게 하고 불안을 조성한다고 이를 막으려 한 것이다. 이 조치야말로 단종이 즉위한 뒤 최초로 수양대군을 견제하는 것이었고, 어떤 면에서는 도전이기도 했다.

앙심에 차 있던 수양대군은 분기탱천했다. 그는 동생 안평대군을 꼬드겨서 여러 대신들에게 이렇게 항의하게 했다.

우리에게 잡다한 사람들의 방문과 모임을 금한다 하니 이는 곧 우리를 의심하는 것이다. 우리가 무슨 면목으로 세상을 살 것인가?……이제 임금이 즉위한 뒤 제일 먼저 종실을 의심해서 방금 防禁을 가하니, 이로 인해 임금이 착한 이름을 드러내지 못하고 고립되어 도울 이가 없게 될 것이 아닌가?……우리는 국가와 더불어 운명을 같이할 몸이니 무심히 있을 수 없어 말하는 것이다. 위태롭고 어려운 시기를 당하여 마음과 힘을 기울여 여러 대신과 더불어 난관을 구제하려 했는데, 어찌 도리어 시기와 의심을 받을 줄

뜻했으랴.

『연려실기술』「단종조 고사본말」

이것 또한 도전장이었다. 수양대군은 이 일을 꾸민 정승으로 김종서를 지목하고 그를 제거할 결심을 굳히고 있었다. 이제 일은 권력투쟁의 양상을 띠고 크게 벌어지게 되었다.

왕위 찬탈의 음모

수양대군의 뜻을 안 모사들이 수양대군의 집에 모여들었다. 그 가운데에서도 권남權擥이라는 모사가 있었다. 권남은 수양대군의 사랑방을 찾아들면 밥 먹는 것도 잊은 채 수군거렸다. 그리하여 하인들은 권남을 '국물 식히는 서방님'이라는 불렀다.

권남은 수양대군에게 또 한 사람의 모사 한명회韓明澮를 추천했다. 한명회는 나이 마흔이 되도록 변변한 벼슬자리 하나 얻지 못하고 있었다. 그는 수양대군을 위해 온갖 꾀를 냈다. 권남과 한명회는 수양대군의 오른팔과 왼팔이 되었다. 이때 안평대군은 그의 서예솜씨를 뽐내며 문사들을 끌어 모았다. 그리하여 안평대군의 사랑채에는 일대의 문사들이 모여들었다. 어떤 이들은 김종서가 이들의 힘을 빌려 수양대군을 견제하려 했다고도 전한다.

수양대군은 안달이 났다. 동생 안평대군을 눈엣가시로 본 것이다. 이에 한명회는 "문사는 쓸모가 없으니 무사들과 사귀십시

오"라고 건의했다. 그리하여 수양대군은 활쏘기 연습이라는 핑계를 대고 모화관과 훈련원에 나가 활쏘기를 하면서 무사들을 사귀었다. 또 한명회가 천거한 홍귀손 등 무사 30여 명을 늘 대비해두고 있었다.

수양대군은 드디어 거사를 결심했다. 그들의 반대 세력 9명을 일단 제거하기로 했는데, 그 첫째가 김종서였다. 김종서가 이때의 거사음모를 모르고 있었던 것은 아니었다.

수양대군은 무사들을 자신의 집 후원 송정에 모아놓고 활을 쏘며 주연을 베풀고 거사를 모의했다. 몇 사람이 주저하는 빛을 보이자, 한명회는 "길가에 집을 지으려면 3년이 되어도 이루지 못한다"고 외치고 즉시 결행할 것을 주장했다.

수양대군도 결연한 몸짓을 보이며 거사를 결정했다. 수양대군은 먼저 권남을 김종서의 집으로 보내 동정을 살폈다. 자신은 하인 임얼운만을 거느리고 가면서 무사들은 병장兵仗을 하고 따르게 했다. 그는 돈의문 밖 김종서의 집으로 나는 듯이 달려갔다. 김종서의 집 주변에는 무사들이 파수를 보고 있었다. 수양대군이 누구냐고 묻자 그들은 흩어졌다. 수양대군은 문 앞에서 서성거리던 김종서의 아들에게 면회를 청했다.

김종서는 왕자의 면회를 거절할 수 없었다. 김종서는 문 앞에서 멀찌감치 떨어져서 집 안으로 들어오라고 했다. 수양대군은 날이 저물어 성문이 닫힐 것이기에 들어갈 수 없다고 말했다. 수양대군은 몇 마디 말을 걸다가 짐짓 쓰고 있던 사모뿔을 떨어뜨렸다. 그리고 "정승의 사모뿔을 좀 빌립시다"고 말하자, 김종서는 급히 자기의 것을 뽑아 수양대군에게 주었다.

그리고 몇 가지 수작을 부리다가 수양대군은 편지 한 통을 건네주었다. 김종서가 편지를 달빛에 비춰볼 적에 수양대군의 하인 얼운이 철퇴를 내리쳤다. 김종서가 거꾸러지자, 그의 아들이 위에 엎어졌다. 이에 다시 칼을 빼서 내리쳤다.

그들은 의기양양해서 돌아왔다. 그러나 김종서는 죽은 것이 아니었다. 애당초 김종서는 무사들을 모아놓고 병기를 가지게 했다. 그리고 무사들이 담 위에 올라가 있다가 수양대군 일행이 많으면 쏘고 적으면 맞이하게 했는데, 적다고 알렸기에 만나러 나왔던 것이다.

『단종실록』 원년 10월조

지모의 싸움에서 늙은 김종서가 지고 말았던 것이 아닌가? 어쨌든 김종서는 다시 살아나서 상처를 싸매고 여자 옷을 입고 궁궐 문을 한 바퀴 돌았으나 끝내 궁궐로 들어가지 못했다. 한명회가 장사들을 풀어서 각 문을 닫게 했던 것이다. 이제 대세는 완전히 기울어졌다. 수양대군은 곳곳에 심복을 풀어놓고 대궐문을 장악했다. 그리고 동생 안평대군을 적과 공모했다고 하여 잡아들였다.

역적과 충신의 이름으로

김종서는 살아났으나 대세를 그르친 것을 알게 되었다. 그리하여 며느리 친정집에 숨어 있었으나, 이튿날 아침 그 사실이 탐지되어 끝내 칼을 맞았고, 그들 부자의 머리는 저자에 조리질을 당했다. 이때의 사정을 두고 기록은 이렇게 전한다.

그들의 죄를 들어 기왓장으로 머리를 치는 자도 있었고, 여러 관사의 노비들은 김종서의 머리에 침을 뱉었으며, 내시들은 그 머리를 발로 찼고, 뒷거리 저자의 어린이들은 난신亂臣의 머리를 만들어서 놀이를 했다.

『단종실록』원년 10월조

그런데 이 기록이 과연 그때의 정황을 옳게 전달한 것일까? 김종서의 손녀는 "할아버지는 역적이었다. 늘 이런 일을 모의하면서 저녁마다 갑옷을 입고 동산을 오르내렸다"고 했다 하며, 며느리는 "늘 담을 시험 삼아 넘더니 지금 이와 같이 되었다"고 했다 하고, 그의 늙은 첩은 "부자가 7∼8일 동안 모의를 거듭하더니 죽임을 당했구려" 했다 한다(『단종실록』). 이 기록이 온전히 거짓은 아니겠지만 그 표현은 야릇하게 되어 있다. 수양대군의 위세 앞에서 목숨을 건지려면 굴종해야 했던 것이다.

그리하여 김종서는 역적으로 몰렸고, 수양대군은 반대 세력을 걸릴 것 없이 마구 죽여 댔다. 곧이어 조카인 임금까지 쫓아내고 왕위에 올랐다. 수양대군은 끝내 쫓겨난 어린 조카를 모질게도 죽이고 말았다. 그러나 그는 왕으로서 많은 업적을 남기기도 했다.

뒷사람들은 두 사람을 두고 평가를 달리했다. 김종서는 만고의 충신으로 추앙해 신화적 인물로 만들었다. 그는 의리 있고 용기 있는 인물로 사람들의 입에 오르내렸다. 이와 달리 수양대군은 제왕의 자리를 얻었으나 포악한 성품으로 그려졌다. 뒷날 사육신을 죽이고 조카와 동생을 죽인 그의 행동 때문이었음은 말할 나위도 없다.

그런데 사실은 그 반대의 면모도 있었다. 김종서는 용기와 추진력은 있으나 사치를 일삼고 성격이 거칠어서 부하를 함부로 다루었고, 수양대군은 너그럽고 검소한 생활을 하는 한편 부하를 아꼈으나 어떤 목적을 위해 많은 사람을 죽였다.

김종직과 유자광
사화의 불씨를 댕긴 20년 숙적

선인과 악인의 인연

우리는 유자광柳子光(?~1512)은 완전한 악인, 김종직金宗直(1431~92)은 완전한 선인으로 알고 있다. 그러나 이런 양단의 평가는 때로 주의할 필요가 있다. 역사 기록은 누가 쓰느냐에 따라 평가가 달라질 수 있고 어떤 관점에서 판단하느냐에 따라 해석을 달리 내릴 수도 있기 때문이다.

두 사람은 외모부터 아주 달랐다고 한다. 김종직은 체구가 작고 파리한 선비형이었고, 유자광은 뼈대가 큰 괄괄한 사나이였다. 한 사람은 학문이 깊은 선비였고 다른 한 사람은 벼슬자리나 누리면서 출세하려는 인물이었다.

김종직은 밀양의 명문 집안에서 태어났다. 그의 아버지 김숙자金叔滋는 고려의 충신 길재吉再의 제자였으며, 영남지방에서 도학자로 널리 알려져 있었다. 그러니 절의파에 속했다. 김종직은 어릴 적부터 이런 가정에서 뛰어난 재주로 유교적 교양을 익히고 도학을 배웠다. 그의 아버지는 스승 길재와는 달리 처음에는 이씨왕조에서 벼슬살이를 했는데, 수양대군이 즉위하자 모든 것을 버리고 고향 밀양으로 돌아가 후진교육에 열중했다.

김종직은 그의 아버지가 어린 단종 임금 밑에서 벼슬할 적에 벼슬살이에 나서서 진사가 되었고, 세조 임금 밑에서도 그의 아버지와는 달리 벼슬살이를 했다. 성종이 임금에 있을 적에는 경연관으로 임금의 총애를 받다가 함양군수 등 지방의 수령으로 나갔다.

한편 유자광은 부윤벼슬을 한 집안의 서자였다. 이때는 적서차별을 두었으나 서자에게 씌워진 굴레가 조선 후기보다 너그러웠다. 그는 어릴 적부터 동네 무뢰배와 어울려 장기나 바둑에 빠졌고 활쏘기에 열중했으며, 밤길의 아녀자 간음을 일삼았다 한다. 그의 아버지가 이를 다스리려 매질을 했으나 듣지 않았다.

그는 나이가 차자 갑사甲士가 되어 궁궐 문을 지켰다. 양반출신 고관의 서자로 받은 자리였을 것이다. 이때 이시애의 반란이 일어나자 자청하여 싸움터에 나갔다. 세조는 그의 능력과 충성을 가상히 여겨, 그가 싸움터에서 돌아오자 문과출신이 누리는 병조정랑을 시켰다. 그는 이어 별시문과에 장원하여 명실 공히 관계진출의 터전을 닦았다. 특히 예종 때에는 강순康純과 남이南怡가 모반을 일으킨다고 고발하여 그 공으로 무령군武靈君이라는 공신칭호를 얻었다. 그의 뜻이 착착 펴지고 있었다.

김종직에게 당한 모욕

유자광은 자신을 호걸이라 일컬으며 철저히 출세주의자의 길을 걸었으나, 성격이 음험하고 모략을 잘한다 하여 사람들의 눈흘김을 받았다. 그는 벼슬로 따져서는 재주가 일세를 풍미한다는 김종직을 앞질렀다.

함양, 산청은 지리산 언저리에 있는 곳으로 빼어난 경치를 자랑한다. 그리하여 시인, 묵객들이 이 깊은 산골로 발길을 돌려 그 절경을 읊조렸다. 유자광의 발길도 이곳에 닿았던 모양이다. 그는 시 한 수를 그럴듯하게 지어, 당시 군수에게 나무판에 새겨 함양의 누각에 걸어놓게 했다. 유자광이라고 문사의 흉내를 내려는 생각이 왜 없었겠는가? 그리하여 다른 시인의 현판과 함께 유자광의 시가 덩그렇게 누각에 내걸리게 되었다.

뒤에 김종직이 이곳 군수로 부임해 와서 이 현판을 보았다. 그는 현판을 가리키며 "유자광이 어떤 놈이기에 이런 짓거리를 할 수 있느냐?"고 역정을 내고는 현판을 떼어 불태웠다. 이것은 대단한 적개심을 보인 것이요, 당하는 사람의 처지로서는 여간한 모욕이 아니었다.

흔히 명분과 의리를 잘 따지는 선비들이 앞뒤 사정을 돌보지 않고 저지른 짓이었다. 유자광이 이 소문을 못 들었을 리 없었

학사루　김종직과 유자광의 피바람을 부른 현장인 경남 함양의 학사루

다. 유자광의 심사가 어떠했겠는가? 그런데도 유자광은 아무런
감정을 드러내지 않았다. 그리고 한술 더 떠서 김종직이 죽었을
적에는 제문을 지어 애통해하면서 그를 옛 중국의 문장가인 한
유韓愈에 비유하기까지 했다.

　이를 두고 사람들은 당시 김종직에 대한 임금의 신임이 두텁
고 또 그 제자들이 득세하고 있었기에, 오히려 그런 감정을 가볍
게 드러내지 않고 그들과 교분을 트려는 속셈이었다고 한다. 뒤
에 그가 벌인 일련의 행각을 살펴보면 이 말이 맞는 것도 같다.

싹트는 화의 징조

호학의 군주 성종은 김종직의 말에 귀를 기울였다. 어느 날 성종은 당을 세우고 신하들에게 당기堂記(특수 목적으로 지은 건물에 관해 짓는 글)를 짓게 했다. 그리고 젊은 김종직에게 그 등급을 정하게 했다. 김종직은 대제학으로 문명을 날리던 서거정의 것을 삼하三下(상·중·하 3등급의 끝자리)로 매기고 그 나머지는 낙제시켰다.

임금이 그에게 다시 짓게 했더니 한 글자도 고치지 않고 내리닫이로 써내려갔다. 임금은 그가 쓴 당기를 칭찬해 마지않으며 당에 걸어놓게 했다. 26년 동안 대제학을 맡아보던 서거정은 시기하는 마음이 끓어올랐다. 대제학이 바뀔 적에는 전임자가 후임자를 천거하게 되어 있었다. 서거정은 늙어 퇴임하면서 일반의 기대와는 달리 김종직을 빼고 홍귀달을 천거했다.

이에 세상 사람들의 여론이 떠들썩했고, 이를 들은 김시습은 "평생에 가소로운 일은 귀달이 문장 잘한다는 말이라네"라는 풍자시를 짓기도 했다. 또 뒷날의 사화는 이때부터 시작되었다고 많은 사람들이 수군거리기도 했다.

김종직은 성종 밑에서 도승지, 형조판서 등을 역임하며 총애를 받았다. 김종직의 문하에는 사람들이 들끓었다. 특히 영남 출신의 도학자, 문장가들이 그를 스승으로 삼았는데, 바로 김굉필, 정여창, 김일손 등이었다. 한번이라도 김종직의 인정이나 칭찬을 받으면 바로 명사가 될 정도였다. 김종직의 제자들은 그에 힘입어 조정에 나와 문한文翰의 자리를 독차지했다. 그리하여 영남

학파가 형성되었고, 이들 사림 세력이 훈구 세력을 누르며 조정에 새로운 기풍을 불어넣었다.

이럴 적에 유자광은 어떤 처지에 놓여 있었던가? 그는 한명회의 문호가 강성한 것을 보고 질투하는 마음에서 "한명회가 발호할 뜻이 있다"고 임금에게 고했다. 임금은 이를 받아들이지 않고 무시해버렸다. 그리고 임사홍任士洪과 함께 일을 꾸미다가 도리어 벼슬과 공신칭호를 빼앗기고 동래로 귀양 가는 일을 당했다. 곧 풀려났으나 임금은 공신칭호만 회복시켜주고 벼슬은 주지 않았다.

그는 계속 출세의 기회를 엿보다가 훈구파 이극돈李克墩이 조정의 요직을 차지한 것을 보고 그에게 줄을 댔다. 그리고 영남 사림파들에게는 우호의 뜻을 보이며 감정을 죽이고 있었다. 그는 황해도관찰사 따위의 외직을 겨우 얻어 지내고 있었다. 이럴 적에 김종직이 죽고 몇 년 지나 성종도 죽었다. 이렇게 되자 정쟁은 새로운 국면으로 접어들게 되었다.

성종의 뒤를 이은 연산군은 여러모로 보아 말썽을 일으킬 임금이었다. 그런데도 앞뒤를 가리지 않는 젊은 사림 출신의 벼슬아치들은 훈구파에 대한 공격의 고삐를 늦추지 않았다. 훈구파의 원로대신들이 권세를 함부로 부린다거나 많은 부정을 저지른다거나 하는 따위의 비리를 지적하고 나선 것이다.

이런 속에서 성종이 죽었을 때, 전라감사로 있던 이극돈이 국상 중에 기생을 데리고 다닌 일과, 뇌물 먹은 일을 사관 김일손이 사초에 썼다. 이 사실을 안 이극돈은 은밀히 고쳐주기를 청했으나, 김일손은 한마디로 거절해버렸다.

피의 보복을 단행하다

그 뒤에도 김일손, 정여창 등은 이극돈 등 훈구파에 대한 공격을 멈추지 않았다. 이극돈은 유자광에게 앞뒤 사실을 알리고 협력을 구했다. 유자광은 팔뚝을 걷어붙이고 종횡으로 날뛰었다. 그러던 중에 꼬투리를 잡은 것이 김일손이 세조의 일을 따진 것이요, 김종직이 지은 「조의제문弔義帝文」과 「술주시述酒詩」였다. 「조의제문」은 항우에게 죽임을 당한 초나라 의제를 위로한 글이고, 「술주시」는 도연명이 임금을 죽인 어느 신하를 꾸짖으며 지은 시에 화답한 것이다.

유자광은 연산군에게 이 글의 문장 하나하나를 따져 알기 쉽게 설명해나갔다. 그리고 "이것은 모두 세조대왕을 가리켜 지은 것인데, 김일손이 악독한 것은 모두 김종직이 가르친 것"이라고 했다. 그뿐만 아니라 "김종직이 세조를 비방하고 헐뜯었으니 마땅히 대역부도로 논죄하고, 그가 지은 글은 세상에 전파되어서는 안 되니 모두 불살라 없애야 한다"고 주장했다.

의제는 곧 단종을 비유한 것이요, 그 글 속에 나오는 항우는 세조를 비유한 것이고, 또 "양처럼 성내고 이리처럼 탐욕스러워 사람을 함부로 죽였다"는 구절은 세조가 김종서를 죽인 사실을 빗댄 것이라 했다. 그리하여 김종직의 문집을 수색해서 불살라

버렸고, 성종이 걸어놓게 한 당기도 떼어 불살랐다. 그리고 여기저기에 걸려 있는 김종직이 지은 현판을 모조리 없애게 했다. 유자광은 함양의 사건을 철저하게 보복한 것이었다. 그리고 김종직을 역적으로 몰았다.

간사한 신하가 몰래 모반할 마음을 품고 옛 일을 거짓으로 문자에 표현했으며, 흉악한 사람들이 당을 지어 세조의 덕을 거짓 꾸며 나무라니 난역 부도한 죄악이 극도에 달했다.

또한 "간사한 신하 김종직은 나쁜 마음을 품고 몰래 그 무리들을 모아 음흉한 계획을 시행하려 한 지가 오래 되었다"고 했다.
그리하여 김종직의 무덤을 파서 관을 쪼개고 송장의 목을 베게 했다. 이른바 '부관참시剖棺斬屍'였다. 이어 김종직의 제자인 사림 출신들을 색출해 목을 베거나 죽도록 곤장을 쳤으며 귀양을 보내기도 했다.
이것을 두고 역사에서는 '무오사화'라고 부른다. 20년 동안 훈구파와 사림파가 서로 밀고 당기다가 끝내 한쪽이 여지없이 깨졌고, 이 일이 있은 뒤 사림 세력은 당분간 조정에 발을 붙이지 못했다.
그 뒤 유자광은 권세를 틀어쥐고 온갖 영광을 누렸다. 그리고 연산군이 중종반정으로 쫓겨날 적에도 반정 세력에 붙어 일등공신이 되었다. 가위 변신의 천재였다. 그러나 운명이 다했던지, 뿌린 씨앗 탓인지 거듭되는 탄핵 속에 공신칭호를 모조리 빼앗기고 경상도 지방으로 유배를 당했다. 그는 유배지에서 눈이 먼 채로 죽고 말았다. 하지만 그가 눈이 먼 것은 죗값이 아니라 나이가 들거나 스트레스 탓이 아니겠는가?

김종직에 대한 허균의 평가

이와 달리 김종직은 정몽주의 학통을 계승하여 도학의 맥을 이은 사림 세력의 종장으로 받들어져 여러 서원에 배향되었으며, 숙종 때에는 영의정에 증직되어 명예를 회복했다.

유자광이 악인이라는 것은 굳이 다시 들먹일 필요가 없을 것이다. 그러면 과연 김종직은 옳기만 했던 것일까. 당시의 사람들도 "김종직이 일단 이씨의 조정에 나왔으면 굳이 세조의 일을 들먹일 명분이 없다"고 평했다. 김종직이 어느 날 성종을 마주한 자리에서 "성삼문은 충신입니다"고 말하자 성종의 얼굴빛이 바뀌었다고 한다. 그러자 그는 "지금 그런 일이 있으면 신은 성삼문이 되겠습니다" 하고 둘러댔다 한다.

세조에 대한 그의 마음은 유교적 충의의 영향도 있겠지만, 정몽주의 학통을 이은 가학家學의 영향도 있었을 것이다. 그의 아버지도 세조 밑에서는 벼슬하지 않겠다고 낙향을 했으니 말이다. 이에 대해 허균은 『김종직론』에 이렇게 쓰고 있다.

김종직은 이른바 근세의 큰 선비다. 어릴 적에는 벼슬을 탐탁히 여기지 않다가, 세조 때에 강제로 부득이 과거를 보아 합격해서 시종으로 들어와 높은 벼슬을 누렸다. 그리고 '늙은 어머니가 벼슬을 권한다'고 핑계 대다가 어머니가 죽고 난 뒤에도 벼슬을 그치지 아니했다. 김종직 같은 자는 사사로이 이익을 챙기고 그 이름을 도둑질했다.

이어「조의제문」따위를 지은 것은 가소롭다고 하고 그를 '위학자僞學者'라고 꼬집었다. 이 말처럼 인간은 완전할 수가 없는 것인가?

정인홍과 이귀
당파 갈등의 피해자와 가해자

얽히고 설킨 이해 관계

사람과 사람의 관계는 결코 점칠 수 없다. 나이로나 명성으로나 관직으로 보아서 도저히 대적할 수 없을 것으로 생각했지만, 끝내 영원한 적대관계가 형성되는 수가 가끔 있기 때문이다. 시대의 역사는 밑으로부터 흐르는 경우도 많다. 바로 이런 경우의 하나가 정인홍鄭仁弘(1535~1623)과 이귀李貴(1557~1633)이다.

정인홍은 경남 합천 땅 향리에서 글만 열심히 읽던 선비였다. 그는 도통 벼슬에 뜻이 없었으나, 선조는 널리 인재를 구하면서 그를 불러올렸다. 그리하여 그는 어쩔 수 없이 유일遺逸로 충청도 한적한 고을인 황간현감을 지내다가 물러나왔다.

그 뒤 선조는 다시 그를 불러 장령의 직책을 주었다. 이때 동갑의 선비인 파주의 성혼成渾도 같은 직책을 받았다. 성혼은 이를 고사固辭하고 출사하지 않았으나, 정인홍은 서울로 와서 이 일을 맡았다. 정인홍은 시정의 비리를 여지없이 규탄하여 '산림장령山林掌令'이라는 칭호를 받았다. 당시 조정의 고관이요 사림의 명사였던 이이는 시골 출신의 정인홍을 칭송해 마지않았다. 이런 탓으로 이이와 친분이 두터웠던 성혼 역시 정인홍에게 나쁜 감정을 가질 리 없었다.

1589년(선조 22) 가을에는 우리나라 당쟁에 하나의 전기를 마련한 정여립의 옥사(기축옥사)가 벌어졌다. 말하자면 동인인 정여립이 모반을 꾀했다는 것이다. 이를 다스릴 책임이 서인 정철에게 맡겨졌다. 정철은 사건을 확대하여 동인들을 몰아 죽였는데, 그 중에 최영경崔永慶도 끼어 있었다. 최영경은 바로 정인홍과 함께 조식의 제자로, 다시 말하면 동문수학의 동료였다.

정인홍은 최영경의 억울함을 호소했지만 서인들은 들어주지 않았다. 이때 정인홍은 시골에 묻혀 있었으나, 성혼은 이조참판으로 조정에 나와 있었다. 정인홍은 정철을 공격하면서 미온적인 태도를 취하는 성혼까지 몰아 공격하고 나섰다. 이때 성혼의 제자, 그 중에서도 이귀의 불만은 대단했다. 남달리 다혈질인 이귀는 스승을 누구보다도 유난히 받들고 있었다. 그런데 사실을 알고 보면 성혼은 정철에게 편지를 보내거나 조정에 상소를 올려 최영경을 옹호했다.

탄핵사건으로 감정대립 격화

　정인홍이 장령으로 한창 이름을 드날릴 적에, 이귀는 과거를 보아 강릉참봉 같은 말단의 벼슬자리에 있었고, 기축옥사가 일어났을 때에도 별로 빛을 보지 못하고 있었다. 그 뒤 정철은 귀양을 가게 되었고, 이에 따라 동인들이 득세하기 시작했다. 정세가 바뀌자, 이귀 등은 정인홍이 최영경을 신구伸救(죄가 없다고 변호하여 구해 줌)하는 일이 옳다는 쪽으로 기울어졌고, 이런 탓으로 두 사람의 관계는 별 탈 없는 것처럼 보였다.

　그런데 먼저 도전한 것은 소장인 이귀였다. 임진왜란이 일어났을 적에 정인홍은 낙동강 주변에서 의병장으로 크게 활약했다. 이 과정에서 관가의 곡식을 실어오고 토호의 재물과 노비들을 강제로 끌어냈다. 그리하여 수령과 토호들은 정인홍의 위세에 눌려 곡식과 노비를 내주기는 했으나, 속으로는 앙앙불락했다.

　이귀는 젊은 나이로 전국을 순회하면서 감독하는 체

이귀 초상화　이귀는 정인홍을 역적으로 몰아 죽였고, 그 일파를 남김없이 제거했다. 그리고 정인홍을 아주 몹쓸 사람으로 조작했다. 선후배 사이인 이들의 분란과 살육은 역사에 커다란 오명을 남긴 불행한 사건이었다.

찰사인 이덕형李德馨을 따라 삼도의 소모관召募官이 되어 난리에 필요한 양곡과 병사 모집을 위해 호남과 영남을 돌아다녔다. 그리고 그 지방의 실정을 얻어듣게 되었다.

1602년(선조 35) 선조는 벼슬을 끝까지 거절하는 정인홍에게 또다시 파격적으로 대사헌의 벼슬을 내렸다. 이를테면 조정의 기강을 바로잡고 벼슬아치의 비리를 캐는 총책임자로 임명한 것이다. 이때 부사과副司果라는 하찮은 벼슬자리에 있던 이귀는 정인홍의 비리를 지적하는 상소를 조정에 올렸다.

> 영남의 폐단은……사인士人으로 이름 있는 사람이 수령을 위협하여 귀양 보내거나 매를 때려서 죽이는 권한이 그들 마음대로였는데, 실은 정인홍이 한 짓입니다. 신이 거창에 이르러 아전의 문장文狀을 보니 합천에 사는 정 참의(정인홍을 가리킴)가 지난날 현감이었던 탓으로 "지경에 나와 접대하라"고 했습니다. 신이 비록 관직이 낮지만 공무를 보는 길이요, 정인홍은 비록 관직이 높지만 사사로운 일을 보는 길입니다. 각 관의 수령이 공무 보는 길을 돌보지 않고 모두 분주하게 나가 접대했으니, 정인홍의 권세를 이로 해서 알 수 있습니다…….
>
> 『선조수정실록』 35년 2월조

그리고 이어 정인홍의 문도門徒가 이런 말을 전해주었다고 추측되는 사람을 향리에서 쫓아내고 이귀가 머문 집을 불태우려 했다는 따위의 여러 비행을 적어 올렸다. 하나의 도전장이었다.

정인홍은 왜란 때 양곡과 노비를 거두어 불평의 소리가 있는 것은 인정했으나 이귀가 지적한 비행은 결코 있지 않은 일이라고 변명하고 대사헌을 사직하고 만다. 정인홍은 이때 또다시 성혼의 행동을 비난했다. 그런데 조정에서는 이보다 며칠 앞서 죽은 성혼에게 최영경을 구하지 못한 책임을 물어 관직을 삭탈하는 조처를 취하기도 했다.

경상도 유생이 정인홍을 옹호하고 이귀를 규탄하는 상소를 올렸으나, 정인홍은 끝내 대사헌의 사직을 물리지 않고 시골로 물러났다. 경상도 유생들은 통문을 돌려 선비들을 초계草溪에 모아 놓고 더욱 강경하게 이귀를 규탄하기도 했다.

이렇게 분란을 거친 끝에 일단 이 사건은 다음 단계로 넘어갔다. 당시 소북파 유영경이 집권하고 있으면서 어느 편도 들어주지 않은 탓으로 이 사건은 더 이상 확대되지 않았다. 그러나 그들 사이의 감정대립은 더욱 깊어질 수밖에 없었다. 그리하여 다음 단계로 접어들면서 끝내 죽고 죽이는 빌미가 되었다.

정인홍의 득세와 이귀의 유배

광해군이 왕위에 오르자, 대북파가 득세했다. 이들의 기세는 날로 높아갔고, 서인들은 숨도 제대로 쉬지 못하고 벼슬자리에 연연하고 있었다. 이때 광해군은 정인홍에게 높은 벼슬자리를 계속 내렸고, 정인홍은 벼슬을 올려줄 적마다 이를 사양하고 시골에 묻혀 지냈다. 정인홍의 문도들은 기세가 등등해서 이귀에게 죄를 씌울 구실을 찾고 있었다.

이귀는 지방의 수령으로 떠돌며 몸조심을 하는 처지였다. 그러면서도 불평에 찬 말을 터뜨리며, 더욱이 정인홍을 은밀하게 헐뜯고 다녔다. 이런 상황 속에서 이귀는 관직이 삭탈되는 절체절명의 위기에 몰렸고, 그럴 때마다 정인홍 일파에 대한 반감을 더욱 깊게 지니게 되었다.

1616년(광해군 8), 또 하나의 사건이 터졌다. 최기崔沂가 해주목사로 있으면서 이이첨 일파 두 사람을 무고죄로 처형해버렸다. 최기는 분명히 무모한 짓을 저질렀다. 광해군의 형인 임해군, 인목대비의 아버지인 김제남, 광해군의 이복동생인 영창대군이 죽임을 당하는 판에 실질적 권력을 가진 이이첨의 세력을 꺾으려 한 짓은 감정이 앞선 처사였다.

최기는 남형죄濫刑罪를 쓰고 서울로 잡혀와 문초를 받다가 옥사하고 말았다. 이때 이귀가 숙천부사로 있으면서 최기와 내통한 사실이 밝혀졌다. 그리하여 의정부에서는 이귀를 평소 음험한 마음을 가진 인물이라고 지탄하고 유배 조처할 것을 요구했다. 광해군은 이귀를 예산으로 유배시키라고 지시했다. 그러자 이번에는 대북파가 나서서 이렇게 지탄했다.

이귀는 즐겨 못된 짓을 만드는 것으로 장기를 삼고 있습니다. 지금 만약 예산으로 배소를 정한다면, 예산은 호서의 공주감영과 청주병영으로 통하는 길목이니 틀림없이 요사스러운 말과 괴이한 말

을 만들어 선동하며 민심을 충동질하여 다른 날의 화를 불러일으
킬 것입니다.

『광해군일기』 8년 7월조

이렇게 해서 그의 유배지가 충청도 예산에서 강원도 이천 산
골로 옮겨지게 되었다. 이 내용은 분명히 이귀의 의도를 제대로
간파한 것이다. 따라서 그에게 죽음의 조치가 내려지지 않은 것
만도 큰 다행이었다. 만일 그가 이때 죽었더라면 인조반정이 이
루어질 수 있었을까?

반정으로 세력을 잡은 이귀의 보복

정인홍이 사직하면서 이귀의 상소를 거론할 적에 광해군도 그
사람됨에 대해, "이귀의 위인을 경이 아시오? 이 사람은 일찍이
김덕령金德齡의 두 겨드랑이 사이로 두 마리의 호랑이가 드나들
었다는 말을 지어냈소. 이런 말을 만들어내는 그가 무슨 말인들
만들어내지 못하겠소?"라고 한 적 있다.

이귀는 5년 동안 귀양살이를 했다. 당시의 귀양살이로서는 참
으로 긴 세월이었지만, 그는 이 덕분에 딴 일을 꾸밀 수 있었다.
그때 조정에서는 허균의 역모 사건에 모든 관심이 쏠려 있었고,
인목대비의 폐비 문제로 시끄럽게 떠들고 있었다. 그리고 정인
홍은 정승자리 중에서도 우두머리인 영의정에 올라 있었다. 이

들은 이귀의 행동에 도통 관심을 기울이지 않았다.

　이귀의 아들 이시백李時白과 이시방李時昉은 여기저기 불평객들을 모아들였다. 그리하여 많은 서인계열의 청장년들이 일을 꾸며보려고 은밀하게 모의를 거듭했다. 이귀가 귀양살이에서 풀려났을 적에는 상당한 세력이 규합되어 있었다. 이귀는 이들을 주축으로 더욱 세력을 확대했다.

　광해군과 이이첨은 시끄러운 내정에 골머리를 앓으면서도, 만주에서 일어난 후금문제에 온 신경이 곤두서 있었다. 후금은 통교를 요구하기도 하고 명나라를 칠 계획을 알려오면서 협력을 요청해왔으며, 명나라는 명나라대로 후금을 칠 계획을 세우고 조선에 원병을 요청해왔다.

　그리하여 광해군은 강홍립에게 1만 3천여 명의 군사를 딸려 보내, 두 나라의 형세를 엿보고 국력을 비교하여 적절히 행동하라고 지시했다. 결국 강홍립은 후금에 투항했고 군사들도 후금에서 포로로 잡히거나 지리멸렬 흩어졌다. 이런 현실이었으니 서울 방비가 허술할 수밖에 없었다. 이귀가 동원한 반정군은 궁궐을 손쉽게 점령하고 광해군을 몰아냈다. 하루아침에 조정의 판도가 뒤바뀐 것이다.

　이귀 일파는 광해군을 강화도로 유배시키고 이이첨 등을 잡아 처형했다. 그 속에 아흔 살이 된 노인인 정인홍도 포함되어 있었다.

사사로운 감정에서 시작된 비정한 사건

정인홍은 합천 향리에서 잡혀와 공초를 받고 3일 만에 처형되었다. 정인홍은 인목대비에 대한 논의가 있을 때부터 5년 동안 서울에 발걸음을 들여놓지 않았고, 그 흔한 상소도 올리지 않았다.

그럼에도 그의 죄목은 이러했다. 괴기한 학문을 했다, 향리에서 무단으로 비행을 저질렀다, 인목대비 유폐 등 광해군의 난정을 도왔다 따위였다.

그가 괴기한 학문을 했다는 것은 도가적 분위기에 젖어 벼슬길에 나오려 하지 않았으며 또 성리학보다 이용후생의 학문으로 민생을 구제하려 한 것을 말한다. 그리고 향리에서 무단으로 비행을 저질렀다는 것은 왜란 때에 의병활동을 벌이며 부호들의 양곡이나 노비를 빼앗은 것을 말하는데, 이귀의 상소대로 정인홍의 비행을 들추어 죄를 씌운 것이다.

또 광해군의 난정을 도왔다는 것도 그렇다. 그는 폐모논의를 반대했고 그 뒤 도성출입도 일절 하지 않았을 뿐 아니라 이이첨에게 그런 일을 벌여서는 안 된다고 타이르기까지 했다. 따라서 이 죄목들은 억지였다. 마치 10·26 이후 신군부가 세 김씨를 얽어 넣을 때의 억지 죄목이나 다름없는 짓이었다.

정인홍은 후배와 분란을 일으키다가 끝내 역적의 누명을 쓰고 비명횡사하고 말았다. 물론 인조반정은 정인홍과 이귀의 감정싸움에서 일어난 것은 아니다. 정치권력을 놓고 서인과 대북의 싸움에서 서로 엎치락뒤치락하다가 서인이 마지막 승리를 장식한 당쟁의 결과였다.

그러나 이귀는 직접적 책임이 거의 없는 정인홍을 역적으로 몰아 죽였고, 그 일파를 남김없이 제거했다. 그리고 정인홍을 아주 몹쓸 사람으로 조작했다. 정인홍이 악인이 되면 이귀는 저절로 선인이 되는 것이 아닌가?

선후배 사이인 이들의 분란과 살육은 역사에 커다란 오명을 남겼다. 정치권력과 개인감정으로 연출된 비정의 사건이었다.

이순신과 원균
영원한 명장과 졸장의 차이

진정한 승리의 주역은 과연 누구인가

근래에 임진왜란을 두고 패전이 아닌 승전으로 왜군을 몰아냈다는, 이를테면 승리의 전쟁으로 기록해야 한다는 평가가 제기되었다. 아마도 이는 진취적이고 자부심을 가질 수 있는 역사 기록이 되어야 한다는 의식에서 나온 듯하다. 하지만 이것은 사실과 너무나 동떨어진다.

그렇다면 그 승리의 주역은 누구인가? 명나라의 원군에게만 초점을 맞출 수는 없을 것이다. 육전에서는 도원수 권율과 수많은 의병들, 해전에서는 이순신李舜臣(1545~98)과 원균元均(1540~97), 이억기 등 남쪽 바다의 통제사, 수사들이 떠오를 것이다.

그 중에서도 이순신이 가장 빛나는 영웅이 될 것이다. 그리고 이순신이 영웅이 될수록 원균은 상대적으로 아주 왜소해지고 또 악인으로 전락할 것이다. 그렇다면 과연 그렇게만 볼 수 있는가?

임진왜란 중에 치른 해전의 두 주역은 분명히 원균과 이순신임에 틀림없을 것이다. 원균은 전쟁의 와중에서 패전한 끝에 죽었고, 이순신은 전쟁에서 승리한 뒤에 달아나는 적을 공격하다가 죽었다. 전쟁의 와중에서 죽은 것은 한가지나 죽음의 조건은 사뭇 달랐다. 그러기에 평가도 다를 수밖에 없었다.

두 사람은 해전의 가장 중심지역인 경상우수사와 전라좌수사를 맡아 때로는 독자적인 전투를, 때로는 연합전을 벌이면서 갈등이 유발되었고, 총사령관 격인 통제사를 번갈아 맡으면서 그 자리를 놓고 암투가 있었던 것이 사실이다. 이렇다 보니 갈등과 암투 속에서 어느 한편이 옳은 사람이 되어야 했다. 그 시비를 가리지 않으면 역사적인 전쟁영웅은 가려지지 않을 것이다.

이런 조건에서 이순신은 영웅으로 떠올랐고, 원균은 여지없는 간웅奸雄이 되었다. 더욱이 난 뒤에 그들의 공을 매길 적에 두 사람 모두 일등공신에 올랐으나, 그 과정을 놓고 많은 논란을 빚게 된다.

승전의 공을 다투다

이순신은 『난중일기』라는 개인기록을 남겨 그 과정과 여러 사정을 알려주고 있으나, 원균은 기록을 남기지 못했다. 그리하여 역사가들은 이순신의 개인기록에 의해 원균의 사람됨을 평가했다. 그런데 『난중일기』에서 이순신은 원균에 대해 철저하게 나쁘게 쓰고 있었다.

이것에 따르면, 원균은 술주정뱅이에다가 옹졸하고 시샘이 많으며 음흉하고 공사를 가릴 줄 모른다고 되어 있다. 그리고 언제나 음모를 일삼으며 이순신을 헐뜯으려 했다는 것이다. 그는 전쟁 중에도 계집을 끼고 놀 궁리만 했다고도 했다.

명나라 경략經略 송응창이 보낸 화살을 원 수사元水使가 혼자 쓰려고 꾀하던 중, 병사의 공문에 따라 나눠 보내라고 하니까, 공문을 내려고도 하지 않고 억지스러운 말만 자꾸 지껄인다고 하니 우습다.……독차지해서 쓰려고 하고 있다니 그것은 말로 할 수 없는 일이다.

서울에서 영의정(유성룡)의 편지와 심충겸(병조판서)의 편지를 가지고 왔는데, 분개한 뜻이 많이 적혀 있다. 원 수사의 일은 참으로 해괴하다. 나더러 머뭇거리며 앞으로 나가지 않는다 하니, 이는 천고에 탄식할 일이다.

이경신이 한산에서 와서 음흉한 원가의 말을 많이 했는데, 원가가 데리고 있는 서리書吏를 곡식 사오라는 구실로 육지로 보내놓고, 그 처를 사통私通하려고 하니, 계집이 말을 듣지 않고 밖으로 나와서 악을 쓴 일이 있었다고 한다. 원이 온갖 계략으로 나를 모함하려 덤비니, 이도 운수일 것이다. 뇌물로 실어 보내는 짐이 서울 길에 잇닿았으며, 그렇게 해서 날이 갈수록 심히 나를 헐뜯으니 그저 때를 못 만난 것만 한탄할 뿐이다.

이런 이야기는 『난중일기』 곳곳에 보인다. 이에 비해 원균이 변명한 글은 전혀 없다. 다만 공식기록인 『선조실록』에 이런 내용이 전해진다. 두 수사가 옥포해전에서 최초로 합동작전을 벌여 크게 승리를 장식했다. 이때 원균은 함께 승전보고를 올리기로 했다.

크게 승리한 뒤에 원균이 조정에 보고하려고 하니 이순신이 말했다. "공과 더불어 힘을 다했으나 왜노를 모두 섬멸하지 못했소. 이와 같은 작은 승리를 가지고 어찌 조정에 알리겠소? 내가 다른 도에서 창졸간에 도우러 와서 병기도 제대로 갖추지 못했소. 적의 머리를 얻은 다음에 승리의 보고를 해도 좋겠소." 원균은 이 말에 따랐다. 그런데 이순신이 몰래 사람을 보내, 빼앗은 병기와 적선에 실려 있던 금병풍, 금부채 같은 물건을 실어 보내서 조정에 알려 전공을 과장스럽게 자랑했다. 그리고 그 공을 자기에게 돌렸다. 피난해 있던 조정에서는 승리의 보고를 받고 크게 기뻐하여 순신을 통제사로 삼았다. 원균이 이로 말미암아 크게 성을 내어 서로 협조하지 않았다.

그리고 『선조실록』보다 뒤에 쓰인 『선조수정실록』에도 기록이 남아 있다.

> 원균이 장계狀啓를 보내자고 하니, (이순신이) 천천히 보내자고
> 했다. 그런데 (이순신은) 그 밤을 타 급하게 장계를 보내면서, 원균
> 이 군사를 잃었을 뿐만 아니라 적을 친 공이 없다고 보고했다. 그
> 러자 원균이 이를 듣고 크게 감정을 가졌다. 이로부터 각자 전공을
> 보고했는데, 두 사람이 서로 헐뜯음이 이로부터 시작되었다.

이 말대로라면 그 꼬투리는 이순신이 먼저 만든 셈이 아닌가?
이제 그들의 갈등단계를 좀 더 자세히 추적해보기로 한다. 아무
리 이순신의 말이 맞다 치더라도 지나치게 상대를 배려하지 않
은 것이 아닌가?

불행의 씨앗이 싹트고

원균은 무과에 급제한 뒤 빠른 출셋길을 달렸다. 그는 함경도
의 조산만호造山萬戶가 되어 오랑캐를 토벌한 공로를 인정받아,
부령부사로 임명되어 몇 단계를 뛰어올랐다. 그리고 이어 종성
부사가 되었다. 그는 주로 육군의 관직을 맡으며 북쪽 오랑캐와
의 싸움에 크게 공을 인정받았다. 이런 점에서 그는 당시 가장
용맹스럽고 무예에 능한 이름 있는 무장으로 알려져 있었다.
이순신은 원균보다 다섯 살 아래로 그보다 뒤늦게 무과에 합

격한 뒤 권관權管, 만호와 같은 무관 벼슬을 받았고, 원균처럼 함경도 지방에서 오랑캐의 방어를 맡았다. 그리고 원균의 후임으로 조산만호를 지내기도 했다. 이곳에 있는 동안 발포의 수군만호를 지내 수군에 대한 경험을 쌓기도 했다.

그가 미관말직을 지내다가 정읍현감이 된 것은 쉰 살이 다 되어가는 은퇴할 나이였다. 이 기회가 그에게 주어지지 않았더라면 그는 영영 역사에 묻혔을 것이다.

원균과 이순신은 서울 건천동의 한 마을에 살았고, 임진왜란 중에 총지휘를 맡던 유성룡과도 이웃에 살고 있었다. 그러니 이순신은 나이도 많고 무과의 선배요 또 품계도 높은 원균을 깍듯이 선배로 대우할 수밖에 없었다. 『난중일기』에는 원균과의 사사로운 사귐이나 정리에 대해서는 한 줄도 언급된 바가 없다. 아무튼 이들의 어릴 적 친분관계는 전해지지 않으나 적어도 정황으로 보아서는 그러하다.

이순신이 정읍현감으로 있을 적에 나라 사정은 긴박하게 돌아갔다. 일본이 조선을 침략할 것이라는 여론이 조정에 비등했고, 조정에서는 나름대로 이에 대한 대비를 세우고 있었다. 특히 선조는 유능한 장수감을 물색하느라 여러 의견을 듣고 있었다. 그리하여 미천한 출신 정개청이 지략이 있다고 하여 도원수감이라는 추천이 있을 정도였다.

이런 과정에서 조정에서 영향력이 큰 유성룡의 강력한 추천으로 이순신을 전라좌수사(여수, 전라좌수영)로 임명했는데, 이는 적어도 일곱 단계를 뛰어넘는 파격적인 사령이었다. 이에 대해 말하기 좋아하는 언관들의 반대가 격렬했음은 말할 나위도 없다. 임진왜란이 일어나기 1년 2개월 전의 일이었다.

이와 달리 원균은 종성부사로 있다가 뒤늦게 경상우수사(동래, 경상우수영)로 임명받았다. 다시 말하면 한 단계를 높여준 정상적인 사령이었다. 그러니 경상우수사로 임명되기 직전에는 전라좌수사인 이순신보다 한 단계 낮은 자리에 있었다가 그 임명 후에야 동렬의 자리에 앉게 된 것이다. 이 임명은 임진왜란이 일어나기 3개월 전이었다.

불행의 씨앗은 여기에서도 싹트기 시작했다. 더욱이 선후배의 자리가 뒤바뀌었다가 각자 해군의 요충지인 경상우수사와 전라좌수사를 맡게 되었으니 갈등이 유발되기 쉬웠다. 만일 이때 서로 긴밀히 협조해 전쟁이 끝날 때까지 잘 협력했더라면 더욱 역사에 빛을 던졌을 것이요, 아름다운 이야기를 후세에 전할 수 있었을 것이다.

이순신은 여수에 부임하자 곧바로 전열정비에 나섰다. 흐트러진 군기를 바로잡고 전선戰船을 수리하고 양곡을 저장했다. 그리고 게을러터진 수군의 훈련에 열중했다. 이것은 그의 명장다운 면모이겠으나, 그런 준비를 갖출 만한 시간적 여유도 있었다.

이와 달리 원균이 동래에 부임했을 때 전선은 7~8척에 불과했고, 그나마 있는 수군도 기강이 말이 아니었으며, 전쟁장비라고는 제대로 갖춰진 것이 없었다. 그는 주변의 사천, 고성, 곤양 등지를 돌아다니며 수군모집과 정비에 힘을 기울였다(이재범 『원균 정론』). 그러나 시일이 너무 촉박했고 주위의 협조도 제대로 이루어지지 않았다. 그러니 사정은 절박해질 수밖에 없었다.

　예상했던 대로 4월초, 왜군의 전선이 물밀듯이 부산 앞바다에 밀어닥쳤다. 이때 왜선은 처음에는 90척, 나중에는 350척이라는 등의 보고가 있었으니 원균 휘하의 전선으로서는 감당할 수가 없었음이 뻔하다. 그는 재빨리 중앙에 이 사실을 보고하고, 이어 이웃해 있는 전라좌수영의 이순신에게 지원을 요청했다. 이런 속에서도 그는 여러 번 출전하여 적과 싸우면서 적선 10척을 불사르기도 했다.

전란 중에 깊어진 갈등의 골

　원균의 원조요청을 받은 이순신은 이 사실을 중앙에 보고하고 전선을 정비하는 등 싸움에 대비했다. 그런데 이순신은 적어도 다섯 차례 이상 원균의 위급한 상황과 원조요청을 받고도 출동하지 않았다. 이순신은 중앙의 출전지시만을 기다리면서 적의 통로인 남해의 창고와 무기고를 불사르기만 했다. 그리고 왜군의 전선이 밀어닥친 지 20여 일 뒤인 5월 2일이 되어서야 조정의 출전 명령을 전달받았다. 그리하여 연합작전이 이루어졌다.

　이렇게 해서 5월 7일, 이순신과 원균은 합동작전을 벌여 옥포해전을 승리로 장식하게 되었다. 그동안 원균은 남해 일대에서 고군분투했고, 왜선은 거제에서 진을 치고 머뭇거리고 있었다. 옥포해전에서 총지휘관은 원균이었고, 이순신은 어디까지나 지원하는 입장이었다. 옥포의 승리로 하여 왜선은 전라도 땅으로 진출하지 못했다.

이때 부산과 낙동강으로 상륙한 일본의 육군은 조령을 넘어 서울을 차지했고, 일부는 섬진강을 거슬러 올라가 남원 등지로 진출했다. 그런데 앞에서 말한 대로 옥포 등지의 해전에 대한 승전보고를 둘러싸고 첫 갈등이 유발되었다.

옥포해전의 승리소식을 접한 조정에서는 이순신에게는 자헌대부를, 원균에게는 가선대부의 품계를 주었다. 곧 이순신의 공을 더 인정하여 원균보다 1등급을 높여준 것이다. 여기에서 일단 두어 가지를 짚어보아야 할 것이다.

첫째, 이순신이 원균의 지원요청을 계속해서 받고도 출전하지 않은 채 그 사실을 조정에 보고하고 조정의 지시를 기다리고 있었다는 것이다. 이때 원균은 적은 수의 전선으로 적을 막기에 동분서주하고 있었다. 물론 그때 이순신은 출전할 조건이 갖추어지지 않았고 또 관할구역이 다르다는 생각을 할 수도 있었다. 그리고 조정의 지시도 없이 섣불리 출전했다가 패전을 당하면 책임을 추궁당할 수도 있었다.

그러나 현지 장수에게는 편의종사便宜從事라는 임시권한이 주어져 있었다. 곧 위급한 상황이 발생했을 적에 조정의 명령을 기다리지 않고 현지 사정에 따라 장수의 권한을 행사할 수 있는 것이다. 그런데 이 권한을 행사하지 않고, 조정의 명을 받아 일본군이 들어온 지 20일이 지난 뒤에야 출전한 것이다. 이것은 명장으로서는 어딘지 석연치 않으며 보신책을 염두에 두었다는 논란을 불러일으킬 만하다.

둘째, 원균을 제쳐두고 단독으로 승리보고를 했다는 사실이다. 그리하여 원균보다 한 등급 높은 공을 인정받았다. 이순신은 휘하에 많은 전선을 거느리고 있었으니 이때의 승전은 바로 자신의 공이라고 생각했을 것이다. 그러나 원균의 생각으로는 다 같이 목숨을 걸고 합동작전을 벌였는데, 한 등급 아래의 공을 인정받는 따위로 그 공을 이순신이 가로챘다고 생각했을 것이다. 더욱이 이순신 단독으로 승전보고를 올렸으니 이만저만 불만이 겹치지 않을 수 없을 것이다.

이 점은 분명히 이순신의 실수다. 원균이 비록 술주정뱅이요, 공사를 가리지 못하고 싸움에 곧잘 방해를 일삼았다 치더라도 이것은 명장답지 못한 행동이 아닌가? 이때부터 두 사람은 합동작전을 벌이며 연전연승했으나 전승보고는 따로 올렸다. 그리하여 같은 수군은 물론 조정에서도 깊이 우려하기 시작했다.

명장의 얼굴, 인간의 얼굴

이들의 승리로 이순신은 삼도수군통제사가 되었다. 해군의 총사령관이 된 것이다. 원균은 어쩔 수 없이 후배인 이순신의 지휘를 받아야 했다. 그러나 원균이 고분고분하게 명령에 따를 리 없었으니, 『난중일기』에 나타난 대로 이순신은 감정을 억제하기 어려웠다. 원균은 2년 동안 한 바다에서 함께 싸우면서 때로는 조정에 자신의 전공을 자랑했고, 때로는 이순신을 헐뜯기도 했다. 이것은 분명히 원균이 용맹스러운 장수일지라도 인품에는 결함을 지닌 인물이라는 이미지를 스스로 만든 것이다.

조정에서도 어쩔 수 없이 두 사람을 갈라놓아야 했고, 그러기 위해서 원균을 충청병사로 전임시켰다. 그리하여 그는 이순신과 관계를 끊고 머쓱하게 남쪽 바다를 떠나야 했다. 원균은 해미에 앉아 있으면서 할 일마저 없어졌다.

이때 두 나라 사이에는 새로운 사단이 일어나고 있었다. 1597년 조정에서는 일본과 화의를 벌이다가 깨지고 말았다. 일본군 장수 고니시 유키나가小西行長는 화의파였고 가토 기요마사加藤清正는 주전파였는데, 이 둘도 서로 반목을 거듭하고 있었다. 고니시 유키나가는 가토 기요마사가 다시 전쟁을 벌이려고 배 한 척으로 바다를 건너오니 사로잡으라고 첩보했다.

조정에서는 이 일을 이순신에게 맡겼는데, 이순신은 모략이라고 생각해 출전하지 않았다(이것은 오늘날 모략이 아닌 사실로 증명되고 있다). 이 일로 이순신은 파직되어 서울로 잡혀왔고, 원균의 보고와 겹들여 그는 사형이 논의될 정도로 고난을 겪었다. 그러나 그를 감싸던 사람들에 의해 풀려나 권율 휘하에서 백의종군하게 되었다.

이와 달리 원균은 이순신이 쫓겨난 자리인 삼도수군통제사의 자리에 냉큼 앉았다. 이것이야말로 그에게는 가장 큰 실수였다. 그는 출세보다 여러 정황을 따져 진정으로 사양했어야 옳았다.

다시 일본군이 몰려올 적에 일본군은 더욱 전선을 강화해 밀려

들었다. 원균은 이에 우리가 일본군보다 전선의 수가 열세에 놓여 있으니 수륙양면전을 펴야 한다고 도원수 권율에 맞섰다. 권율은 그에게 명령 불복종죄로 곤장 다섯 대를 때리는 모욕을 주고 출전을 명했다. 그리하여 그는 전투에 나섰다가 죽고 말았다.

이순신은 백의종군하다가 원균이 죽자 다시 통제사가 되어 혁혁한 전공을 세웠다. 여기서 일반적 인상으로 명장과 졸장이 확연히 갈라지게 된다.

다시 따져보자. 원균은 한산도에서 일패도지한 뒤에 육지로 올라와 달아나다가 뚱뚱한 몸을 소나무 아래에서 잠시 쉬고 있었다. 그러던 중 뒤쫓아 온 일본군의 칼에 맞아 죽었다. 장수로서는 떳떳하지 못한 죽음이었다. 이와 달리 이순신은 쫓기는 일본 전선을 불태우고 승리를 장식하면서 계속 쫓다가 남해 근처에서 등에 총알을 맞고 죽었다. 이것은 물론 장렬한 죽음이었다.

그런데 이순신은 왜 달아나는 적을 깊숙이 쫓다가 총알을 맞았을까? 일본에 대한 처절한 복수심 탓인가, 아니면 선비나 장수들이 죽을 곳을 찾는 명분을 중시한 탓인가?

어쨌든 이 두 사람의 골이 깊은 갈등과 원수의 관계는 죽음으로 끝이 났다. 이순신은 분명히 명장이었으나 그도 감정이 있는 인간이었다. 그리고 원균은 명장에 가려서 형편없는 인물로 그려졌고 본래의 인간적인 평가를 제대로 받지 못하게 되었다. 이 두 사람의 관계에서 우리는 무엇을 시사 받을 수 있는가?

2부

같은 하늘 아래 살 수 없으니

허균과 기자헌 / 대원군과 민비 / 허목과 송시열 / 김옥균과 민영소 / 정약용과 서용보 / 송병준과 이용우

정약용과 서용보는 두 사람 다 명문의 집안에서 태어나 한 때 임금의 총애를 받으면서 맞수 관계에 있었다. 그러나 부정을 보고 견디지 못하는 열혈청년 정약용과 현실에 안존하려는 출세주의자 서용보의 불행한 만남은 두고두고 씻지 못할 앙금으로 남았다. 역사에는 이런 경우가 너무나 많다.

허균과 기자헌
선후배를 갈라놓은 처절한 당파싸움

권력투쟁의 소용돌이에 휩쓸리다

두 사람이 살던 시대는 임진왜란을 전후해 당쟁이 치열해지던 때였다. 옳은 사람도 그른 사람도 없으며 서로 물고 뜯고 치고받았다. 그러면 기자헌奇自獻(1562~1624)과 허균許筠(1569~1618)은 그런 시대에 어떻게 치고받았던가? 우선 그들의 인물평을 한번 들어보자.

기자헌의 인물평은 이러하다.

천성이 음흉하고 행실이 괴팍해서 은밀히 남을 해치는 것이 늑대보다 모질고, 탐내어 이익을 낚는 짓은 욕심꾸러기보다 심하다. 친족 간에 음란하다는 소문이 온 나라에 파다하게 퍼졌고, 부처를 섬기는 일을 하여 사람들의 이목을 현혹시켰다. 예전 정승자리에 있을 적에 위세를 함부로 떨쳤고, 뇌물을 받고 벼슬을 팔았으며, 남의 터를 빼앗아 제 집을 지었으며⋯⋯.

『광해군일기』 9년 11월조

허균의 인물평은 이러하다.

　젊은 나이에 『참서讖書』를 지어 남몰래 세상에 전했는데 모두 흉측하고 참혹한 말이었다. 문장은 남이 따를 수 없이 한 시대에 뛰어났으나, 사람이 경박하고 조심스럽지 못해 선비들의 공론에 버림을 받고 말직에서 승진하지 못했다. 광해군의 정사가 문란할 적에 이이첨에게 붙고 궁중에 붙어 갑자기 참찬 벼슬에 오르자 드디어 한없는 욕심을 내었다.

『하담록』

이를 보면 두 사람은 전혀 쓸모없는 사람이다. 그러나 어찌 이따위 말들이 다 옳겠는가? 이 둘과 당파가 다른 사람들이 내린 평가이다.

기자헌은 선조의 조카사위가 될 정도로 명망 있는 집안에서 태어났다. 이런 탓인지 과거에 급제한 뒤 빠른 출셋길을 달려 젊은 나이에 중요 관직을 차지했다. 그는 당파가 동인과 서인으로 나뉠 적에 서인에 가까웠으나, 서인들이 정여립 사건을 조작하여 최영경을 죽이자, 이를 주동한 정철을 탄핵해 서인과 멀어졌다.

허균은 아버지와 형들이 모두 조정에서 명망을 얻은 집안이었다. 그는 어릴 적부터 문사로 이름을 날렸고, 좀 늦은 벼슬길이기는 했으나 그의 출세를 아무도 의심하지 않았다. 그의 집안은 당파가 갈라질 적에 동인에 속했다. 그의 나이 스물세 살 적에 동인은 시국관의 차이로 남인과 북인으로 갈라졌는데, 그의 집안은 다시 남인에 소속되었다.

　　허균이 승문원의 사관이 되어 조정에서 활동할 적에, 기자헌은 선배로서 명망을 얻고 있었다. 기자헌은 친구의 동생인 허균을 무척 아꼈던 것으로 보인다. 뒷날 그의 아들 기준격奇俊格을 허균의 제자로 보낸 것만 보아도 알 만하다. 허균이 삼척부사와 공주목사 자리에서 쫓겨나 영락한 생활을 할 적에, 기자헌은 대사헌을 거쳐 좌의정에까지 승진하여 관계를 휘어잡았다.

　　기자헌은 선조가 죽고 광해군이 왕위에 올랐을 적에는 더욱 권세를 누렸다. 그는 북인으로서 광해군 대신 선조의 정비(인목대비) 소생인 영창대군을 옹립하려 할 적에 이를 극력 저지했고, 이어 선조가 죽고 다시 이 문제가 일어나자 앞장서서 광해군을 왕위에 오르게 했다. 광해군이 왕위에 오를 적에 북인은 광해군을 지지한 대북파와 영창대군을 지지한 소북파로 나뉘었는데, 기자헌은 이이첨, 정인홍과 함께 대북파에 속했고 유영경, 남이공 등은 소북파에 속했다.

　　이때 조정에 다시 들어온 허균은 형조참의의 벼슬을 받고 대북파에 가담했다. 그리하여 허균은 기자헌, 이이첨의 보살핌을 받게 되었다. 기자헌은 선배가 되었으나 이이첨은 함께 과거에 합격한 동료였다. 그동안 허균은 부처를 섬겼다는 탄핵을 받기도 하고 역적모의에 가담한 혐의도 쓰고 있었는데, 이어 과거에 부정을 했다는 지적을 받아 함열로 유배되는 처지에 놓였다.

이럴 때에 대북파는 소북의 유영경을 역적으로 몰아죽이고, 이어 인목대비의 아버지 김제남도 역모로 죽이는 따위의 권력투쟁을 벌였다. 이이첨은 강경파, 기자헌은 온건파로 대립하고 있었다. 이때 권력투쟁의 양상은 참으로 치열해서 툭하면 역적으로 몰려 죽임을 당하기 일쑤였다.

폐모론을 계기로 적이 되다

1614년(광해군 6) 허균은 그의 동지들인 서양갑徐羊甲 등이 옥사에 걸려 죽고 난 뒤 몸 붙일 바를 모르고 있다가, 어찌어찌해서 호조참의라는 벼슬을 받고 다시 조정에 나왔다. 그의 나이 마흔여섯 살 때였다. 그때 기자헌은 영의정의 자리에 있었다. 벼슬로 따지면 두 사람의 거리는 너무나 멀었다. 이런 조건에서 정적관계가 쉽게 이루어질 수는 없을 것이다. 그러나 허균의 이 진출이야말로 두 사람을 영원한 적으로 만드는 계기가 되었다.

당시 조정에서는 하루도 쉴 날이 없이 크게 분란이 일어나고 있었다. 광해군은 이복동생 영창대군을 죽이고 어머니격인 인목대비의 아버지 김제남도 죽였다. 이런 탓에 인목대비는 앙앙불락하여 궁중에서 늘 불평을 늘어놓았다.

광해군은 열 살 아래인 인목대비에게 어머니의 예를 갖추는 것을 없애버렸고, 인목대비의 거처를 창덕궁에서 경운궁으로 옮겼다. 인목대비의 불평은 더욱 거세졌고, 이에 조정 신하들의 논란은 더욱 시끄러웠다. 이렇게 되자 폐모 논의가 일어났다. 어머니로서 어머니의 도리를 못하고 있으니 아예 서인으로 만들어버리자는 것이다.

여기에는 당연히 반대 세력이 있게 마련이다. 기자헌은 인목대비에 대한 여러 조처에 온건 또는 반대하는 입장에 서 있었다. 이 과정에서 1617년에 사건이 하나 터졌다. 인목대비가 거처하는 경운궁에 화살에 매단 익명서가 떨어졌다. 그것은 기자헌이 주동하여 권력가인 박승종과 유희분을 회유·협박하여 인목대비를 받들고 역모를 도모한다는 내용이었다. 곧 기자헌이 역적을 모의했다는 것이다. 그러면 이것은 누구의 짓인가?

이에 대해 영의정인 기자헌은 이렇게 말했다. "이것은 간사한 사람이 화를 남에게 덮어씌우려 한 짓이니, 틀림없이 별다른 일은 없을 것이다." 그러나 광해군은 이 말을 듣지 않고 역모의 진상을 캐려 했다.

이에 기자헌은 곧바로 말을 타고 강릉의 절로 도망가서 나오지 않았다. 임금은 사람을 보내 기자헌을 데려오게 했으나 기자헌은 끝내 나오지 않았다. 그는 "이런 짓을 한 사람이 있다"고 말하면서 "어떤 사람이 이런 짓을 했을까?〔如許人 如許〕"라는 문구를 넣어 허균의 짓임을 암시했다. 곧 쓸데없이 허許 자를 많이 넣어 허균의 짓임을 지목한 것이다. 이렇게 해서 두 사람은 씻을 수 없는 원수 사이로 바뀌었다.

실제 이 일은 허균이 벌였던 것으로 판명되었다. 곧 허균은 그의 부하인 김득황을 시켜 익명서를 매단 활을 쏘게 했고 다른 사람을 시켜 이를 고발하게 했다. 그리고 글에 '삼청결의三淸結義'를 하여 역모하려 했다고 지목했다는 것이다. 곧 김유金鎏가 삼청동에 사는데, 그들 무리인 김상헌, 장유張維 등을 모조리 역모에 걸어 없애려는 계략에서 나왔다는 것이다.

마침 그 글을 던진 장본인이 허균이라고 기자헌이 지목했고, 또 허균의 친구인 민인길이 허균의 짓이라고 고해바쳤다. 그리하여 삼청결의에 걸린 선비들의 문제는 일단 제쳐두고, 허균에게로 초점이 맞추어졌다. 이렇게 되자 허균의 동료들은 연일 상소를 올려 기자헌을 공격했고, 기자헌도 강릉에서 과거에 역적 모의한 허균의 죄상을 들어 공격했다.

허균은 이이첨의 힘을 입고 더욱 기자헌의 공격에 나섰다. 오히려 이때 그는 좌참찬의 벼슬에 올라 있었다. 국면은 완연히 허균에게로 기울고 있었다. 더욱이 이 문제는 폐모논의로까지 번져 여러 신하의 의견을 들어보아야 한다는 쪽으로 비약하고 있었다. 백관이 모인 자리에서 폐모논의가 나오게 되면, 이를 반대하는 기자헌이 몰리게 되어 있었다. 이에 서울로 다시 왔던 기자헌은 남여를 타고 서강으로 나가서 처분을 기다리는 처지로 바뀌었다.

이제 기자헌은 허균보다 새로운 적들을 맞이하여 어쩔 줄을 몰랐다. 끝내 조정에서 이 문제가 공식으로 논의되어 폐모를 반대하는 세력들이 궁지에 몰렸다. 그리하여 반대의 우두머리격인 기자헌, 이항복이 귀양 가는 처지에 놓였고, 겁을 먹은 벼슬아치들은 몸을 피해 조정에 나오지 않았다. 살벌한 분위기가 연출되고 있었다.

기자헌의 목숨을 빼앗자는 논의가 연이었으나, 광해군은 이를 누르고 회령 땅으로 귀양 보내는 조처를 내렸다. 허균의 세력은 이를 그대로 두지 않고, 회령 땅과 같은 국경지방은 중국과 일을 꾸미기가 쉽다고 해 길주로 유배지를 옮기도록 요구해 이를 실현시켰다. 기자헌은 목숨을 부지한 것만도 다행이었다.

모두 비참한 말로를 맞다

이해가 저물 무렵, 기자헌의 아들이요, 허균의 제자인 기준격은 비밀상소를 연달아 올렸다. 그는 허균이 "의창군은 먼저 임금이 사랑하는 아들이어서 그를 세자로 세우고자 했으나 너의 아버지가 저지했다"고 말했다는 내용과 함께 허균이 서양갑 등과 역적모의한 사실 따위를 적어 올렸다. 의창군은 광해군의 이복동생으로 허균의 조카사위였다. 그리고 허균이 "내가 권세를 쥐면 너도 즐거울 것이다" 또는 "내가 권세를 쥐고 인목대비에게 수렴청정을 시키면 인목대비는 내 정부가 될 것이다"는 따위의 말을 했다고도 적었다.

이런 글들이 올라가자, 허균도 두 차례나 이를 변명하는 글을 올렸다. 허균으로서는 진땀나는 일이었고, 다시 국면이 바뀔 형세였다. 특히 함께 일을 벌였던 이이첨과도 견해를 달리해 틈이 벌어지고 있었다. 허균은 폐모를 즉각 단행하자는 쪽이었고, 이이첨은 중국에 고해 허락을 받자는 쪽이었다. 더욱이 광해군의 마음은 허균 쪽에 쏠려 있어서 새로운 세력판도가 형성될 지경이었다.

이에 기준격 쪽과 허균 쪽의 논란이 다시 크게 벌어졌다. 그리고 서울에서는 곧 난리가 날 것이라고 하여 도성민들은 보따리를 싸들고 시골로 피난을 가고 있었다. 난리를 충동하는 글이 남대문에 붙었는데, 여기에 연루된 사람이 바로 허균의 부하인 하인준과 현응민으로 밝혀졌다.

이렇게 해서 허균이 잡혀왔다. 허균을 문초하던 이이첨은 "하인준 등이 모두 자백했으니 다시 심문할 만한 사실이 없다. 바로 저자에서 목 베야 한다"고 임금에게 위협적으로 말하고, 판결서인 결안도 없이 허균을 죽였다. 이이첨은 왜 친구를 그렇게 죽였을까? 그것은 권력을 독차지하려 한 것이거나, 아니면 함께 모의한 사실이 탄로 날까 두려워한 것이리라.

허균의 아들들은 역적의 자식이라 하여 죽임을 당하거나 도망쳐서 겨우 목숨을 부지했다. 그러면 다른 인물들은 편안했던가? 허균이 죽고 난 5년 뒤에 인조반정이 일어났다. 이것은 폐모론을 반대하던 서인들이 주도해서 일으킨 것이다.

이때 이이첨 역시 역적의 이름을 쓰고 온 가족이 몰살을 당했다. 허균보다 훨씬 비참하게 죽었고, 그가 살던 집은 땅을 파서 연못으로 만들어버렸다.

이듬해 이괄은 반정을 일으킨 일등공신인데도 그 공을 제대로 인정해주지 않자, 다시 반란을 일으켰다. 기자헌은 인조반정 때 목숨을 부지했다. 그는 옛 왕을 폐할 수 없다 하여 이에 가담하지 않고 또 주는 벼슬도 거절했다. 그런데 이괄이 반란을 일으키자 서울에서 이에 내응했다고 해 기자헌과 아들들은 모조리 역모로 몰려 죽었다. 이 죽음 또한 앞의 두 경우처럼 비참했다.

기자헌은 유교윤리에 철저하고 또 불사이군한 보수적 정치가였다. 그는 남다른 출셋길을 달렸으나, 정치권력 속에서 끝내 비명횡사했다. 허균은 기성세력에 반기를 든 개혁가요 혁명가였다. 그의 삶도 고달팠고 끝내 성사되지 못했다. 그리하여 동지들과 함께 목숨을 잃었다.

그러나 여기에서는 이런 삶을 말하려는 것이 아니다. 그리고 혁명이니 보수니 하는 말들을 늘어놓으려는 것도 아니다. 친구를 죽이고 후배를 죽이고 동료를 죽이는 모습에서, 어떤 처절한 삶을 감지하게 된다는 말이다.

허목과 송시열
예론으로 맞부딪친 당쟁의 주도자

효종의 부름으로 조정에 나서다

조선 후기로 접어들어 조정에서는 권력을 잡기 위한 싸움질이 더욱 드세었다. 특히 효종, 현종, 숙종, 경종 연간이 그러했다. 이때에 두 주역이 있었으니 바로 허목許穆(1595~1682)과 송시열宋時烈(1607~89)이다.

인조반정으로 북인을 몰아낸 조정은 서인과 남인이 그런대로 어우러져 권세를 나누어 쥐고 지냈다. 그러다가 인조 말년에 와서 두 세력이 여러 가지 꼬투리로 공존할 수 없는 분위기가 연출되기 시작했다. 특히 송시열 같은 산림 세력(과거를 거치지 않고 높은 학문으로 조정에 천거된 세력)의 등장은 앞으로의 정계 판도를 심상치 않게 변모시켰다.

더욱이 효종 말년에는 서인으로는 송시열, 송준길宋浚吉, 이유태李惟泰 등과 남인으로는 허목, 윤휴, 권시 등이 함께 자리 잡고 있으면서 치열한 당쟁을 벌였다. 서인들은 지역으로는 충청도 세력이었고 학파로는 이이 계통이었다. 남인들은 지역으로는 경상도에 기반을 두었고 학파로는 이황 계통이었다. 우선 이들의 등장을 살펴보자.

송시열은 충청도 회덕에 고향을 두고 한미한 선비의 아들로 태어나 연산으로 가서 김장생金長生, 김집金集의 문하생이 되었다. 여기서 그는 기호학파에 속하는 송준길, 윤선거尹宣擧 등과 어울려 학문을 익혔다.

그가 스물일곱 살 때 생원시에 장원급제한 것을 보면 젊을 적부터 벼슬에 뜻을 두었던 것 같다. 그는 이어 참봉을 지냈고 2년 뒤에는 봉림대군(뒤에 효종)의 스승이 되었다. 그러나 병자호란이 일어나자, 크게 수치스럽게 여겨 고향으로 내려갔고 이어 황간 등지에서 제자들을 가르쳤다.

1650년 효종이 어렵사리 즉위하자, 옛 스승인 송시열을 유일로 불러올렸다. 그러나 그는 청나라의 연호를 쓰지 않고 관용문서를 썼다가 이것이 탄로가 나 다시 낙향했다. 그의 고집스러운 행동은 이 무렵부터 나타나기 시작했다. 그는 본래 선비의 모습으로 돌아가 저술에 몰두했다. 그러나 효종은 집요하게 그를 불러올렸다. 그리하여 1658년 효종이 죽기 1년 전에 다시 조정에 나왔고, 효종은 청나라를 치자는 북벌계획을 추진하면서 그를 중심인물로 동참시켰다. 이런 탓으로 그는 이조판서라는 인사권을 쥔 부서의 최고책임자가 되었다.

허목은 현감 허교許喬의 아들로 연천 출신이었다. 그는 아버지가 거창현감으로 부임할 때 따라가 이황 계통인 정구鄭逑, 장현광張顯光의 문하인이 되었고, 그 뒤에 남인의 거두 이원익의 손녀사위가 되었다. 이런 배경으로 보면 그는 젊은 나이에 조정에 나올 법도 했지만 독서에만 열중했다. 특히 그는 제자백가와 예학에 일가를 이룬 학자로 칭송이 높았다. 이것이 뒷날 싸움의 무기가 되었다.

병자호란이 일어났을 적에 그는 강원도 지방으로 피난 갔다가 경상도 사천 등지를 돌아보면서 안타까운 나라의 현실을 통탄하며 뜻을 키웠다. 효종이 즉위하자, 그에게도 참봉이라는 말직이 주어졌다. 그의 나이 쉰다섯. 그는 당연히 이를 거절했다. 그 뒤 효종은 그에게 미련을 버리지 않았다. 조정에서 끈질기게 출사를 권유하자, 마침내 그는 1657년 지평持平이라는 언관의 벼슬을 받았다. 그의 나이 환갑이 넘었을 때였다. 아주 늦은 나이에 낮은 벼슬을 받았던 것이다.

허목 초상

효종의 죽음이 몰고온 회오리

이렇게 해서 송시열과 허목은 한 조정에 몸을 담게 되었다. 나이는 허목이 많았고, 벼슬은 송시열이 높았다. 그리고 그들의 출신과 당파는 각기 달랐다. 이때 효종이 뜻하지 않게 죽었다. 여느 경우 같으면 범상하게 넘어갔을 텐데 그의 죽음은 회오리를 몰고 왔다. 계모 조 대비가 살아 있었는데, 그 조 대비의 복상服喪이 문제가 되었다.

계모 역시 의리로 따지면 엄연한 어머니이므로, 맏아들이 죽으면 3년의 복을 입는 것이 법도였다. 그런데 효종은 맏아들이 아니었다. 형인 소현세자가 죽자 그 뒤를 이었던 것이다. 여염집 어머니라면 1년의 상복을 입는 것이 당연했다. 그러나 어엿한 임금으로 종통宗統을 이었으니 효종을 장자로 우겨댈 수도 있었다.

이 문제를 놓고 논란이 벌어지자, 송시열은 예가禮家의 대가답게 이를 주도하면서 이렇게 결론을 내렸다. "장자의 복은 합당하지 않다. 마땅히 둘째 아들의 복을 입는 것이 당연하다." 그러면서 옛 예서의 내용을 인용했다. 여기에서 굳이 예의 이론을 장황하게 따질 필요는 없을 것이다.

송시열의 주장대로 조 대비는 1년의 복을 입었다. 이듬해 효종의 소상小祥(죽은 지 1년 만에 지내는 제사)이 다가오자, 허목은 상소를 올려 3년설을 주장했다. 그리고 그도 예가답게 3년설의 근거를 내세우면서 소상이 닥치기 전에 서둘러 결정하라고 요구했다. 이에 커다란 논란이 일어났다. 서인은 송시열 편, 남인은 허목 편이 되었고, 때로는 서인 중에서도 남인을 편들기도 하고 남인 중에서도 엉거주춤하는 축도 있었다.

벼슬자리에서 물러나 있던 남인 윤선도는 허목의 설을 지지하면서 임금의 계승문제까지 걸고 나왔다. 이에 현종은 윤선도를 삼수三水로 귀양 보냈다. 서인계통의 유생들은 윤선도를 죽이라고까지 요구했다. 이를 놓고 송시열의 사돈인 권시는 윤선도를 옹호했다가 벼슬자리에서 밀려났고, 친구 윤휴도 멀어지게 되었다. 이렇게 서로 물고치는 속에서 송시열의 주장대로 복상은 결말을 보았다. 이것을 역사에서는 '예송禮訟'이라 부르는데, 명분을 가지고 당쟁에 이용한 하나의 표본이 되었다.

이어 효종의 아내요 현종의 어머니인 장씨(인선왕후)가 죽자, 또다시 문제가 일어났다. 이때에도 조 대비가 살아 있어서 서인들이 9월복으로 결정했다. 이에 남인들은 지난번의 경우와 맞지 않다고 들고일어났고, 현종은 이 주장을 받아들였다. 그리하여 서인들은 조정에서 쫓겨나기 시작했다.

이때 허목은 삼척부사로 좌천당해 있었다. 그는 그곳에서 쓰라린 나날을 보내며 유명한 「동해척주비東海陟州碑」를 썼다. 그리고 2년 뒤 사직하고 고향으로

송시열 초상

돌아갔다. 그는 선비로서 일생을 마치려 했다. 이와 달리 송시열은 재상의 반열에 올라 해가 떠오르는 기세로 여론을 주도하며 권력을 주물렀다. 그러나 현종의 미움을 받아 덕원, 장기 등지로 유배되는 몸이 되었다. 처지가 바뀐 것이다.

요컨대 현종은 처음 서인들의 주장을 별 생각 없이 받아들였다가, 서인들이 남인들을 몰아내고 더욱 거세게 나오자 이에 싫증을 느낀 것 같다. 그리하여 다시 꼬투리를 잡아 서인들을 몰아내고 남인들을 요직에 앉게 했다. 남인들은 이런 낌새를 알아차리고 이를 이용했던 것이요, 서인들은 예론에서 권위와 권력을 잃고 영락하고 말았다.

그리하여 허목은 다시 조정에 나와 대사헌, 이조판서가 되었다. 이제 조정은 남인의 손으로 넘어갔고, 송시열은 유배지에서 비참한 심정을 달래야 했다. 더욱이 그의 유배지는 거제도로 옮겨진데다 위리안치圍籬安置(집 둘레에 가시 울타리를 치고 가두어 두던 일)라는 가혹한 처벌이 내려져 목숨마저 위태로웠다.

남인과 서인, 노론과 소론

남인들은 권력을 쥐자 또다시 분열을 보였다. 당시 송시열의 처벌문제를 놓고 영의정 허적許積은 온건론을 폈고, 허목은 강경론을 폈다. 곧 송시열을 죽이느냐, 살리느냐의 문제였다. 이리하여 온건론은 탁남濁南, 강경론은 청남淸南으로 갈라졌다. 허목은 이때 당당히 청남의 영수가 되어 있었다. 남인의 두 세력은 반목을 거듭했다.

허목은 허적이 송시열을 감싸고 더욱이 허적의 아들 허견許堅이 역적과 내통하고 있다고 공격했다. 숙종은 송시열을 죽이자고 53차례나 글을 올린 청남들에게 싫증나기 시작했다. 그리하여 허목의 요구를 묵살하고 허적을 감쌌다. 허목은 우의정이라는 벼슬자리에서 떨어져 나와 고향 연천으로 돌아왔다.

숙종은 허목을 내보낸 뒤에도 남인들이 지나치게 설친다고 생각했다. 이에 허적 등의 일파를 견제했는데, 마침 허견의 역모 사실이 발각되었다.

그리하여 남인들은 무수한 죽음을 남기고 일패도지했고, 조정은 다시 서인들의 것이 되었다. 송시열은 귀양살이에서 풀려나 다시 조정에 나와 강경하게 남인 제거에 나섰다. 이것을 역사에서 '경신대출척'이라 부른다. 한편 허목은 벼슬자리에서 밀려나 있었던 탓으로 목숨만은 부지했다.

송시열은 다시 조정에 나온 뒤 3년 만에 봉조하奉朝賀라는 직책을 받고 일선에서 물러났다. 그러나 서인들은 다시 분열했다. 송시열은 남인의 처벌 문제를 놓고 강경한 입장을 계속 고수하여 소장들과 마찰을 빚었다. 게다가 그는 친구의 아들이요, 제자인 윤증尹拯과 감정대립이 격화되었다. 윤증은 당시 서인 소장계열의 지도자였다. 이에 서인은 다시 노론과 소론으로 갈라졌는데, 송시열은 노론의 영수, 윤증은 소론의 영수가 되었다.

노론·소론의 감정대립은 서인·남인보다 더 치열할 정도였다. 그 속에서 송시열은 청주 화양동에 들어가 제자들을 길렀다. 이때는 그의 정적 허목이 죽은 지도 오래되었다. 그러나 그는 조정문제를 외면할 수 없었다. 숙종이 아들 경종을 세자로 책봉하자, 이를 반대하는 상소를 올렸다. 경종은 바로 남인이 감싸던 장희빈의 소생이었다. 숙종은 크게 분노하여 그를 제주도로 유배했고, 이에 그는 죄를 따지려는 조정의 부름을 받고 상경하다가 남인들의 꼬드김으로 정읍에 와서 사약을 받았다. 그는 끝내 노추老醜를 보이다가 비명에 가고 말았다.

이와 달리 허목은 조정에서 물러난 뒤 연천에서 3년 동안 저술에 몰두하고 제자들을 기르며 나날을 보내다가 여든여덟 살의 나이로 조용히 세상을 떴다. 임금이 그에게 당을 짓고 글을 읽게 했는데, 이에 감읍하여 당호를 '은거당恩居堂'(임금 은혜를 입고 사는 곳)이라 했다. 그는 만년에 깨끗하게 처신하여 고종명考終命했던 것이다.

두 사람은 늦게 벼슬살이에 나와 정계의 거물이 되었다. 그리고 정치권력을 두고 싸움질을 했다. 그리하여 양쪽 세력에서 극단적인 평가를 받았다. 남인들은 허목을 강직하고 시비를 옳게 가리는 훌륭한 인물로 보았고, 노론들은 송시열을 성인의 지위로 추어올렸다. 어느 것이 옳고 그른가가 문제가 아니리라. 그들이 본래의 뜻대로 다 같이 학문을 익히고 제자를 기르고 살았더라면 역사상의 영원한 맞수는 되지 않았을 것이다.

두 사람은 너무나 성격들이 강했다. 그리고 둘 다 예학의 대가를 자부하고 자존심 또는 권위로 맞섰다. 또 그들은 학맥, 인맥,

지연을 달리하여 당쟁에 휘말렸다.

골수까지 스민 반목의 뿌리

조선조에서 성리학은 본래의 뜻보다 당쟁 또는 권력과 밀착된 모습을 흔히 보여주었다. 그 실례가 바로 두 사람 사이에도 나타났다. 허목은 이황의 학통을 이어 이기理氣문제를 두고 "기는 이에서 나오고 이는 기로 인하여 행해지므로 이와 기를 분리할 수 없다"는 주리론主理論의 학설을 냈다. 송시열은 이와 달리 이황의 학설을 배격하고 주로 이이의 학설을 지지해 주기론主氣論을 내세웠다.

한편 숙종은 두 왕비를 두고 들이기도 하고 내치기도 했는데, 남인들은 장희빈을 옹호하고 서인들은 민비(인현왕후)를 옹호했다. 여기서도 두 사람은 각기 의견을 달리했다. 왕비를 내치고 들이는 것도 두 사람은 정치권력을 잡는 데에 이용했던 것이다.

남인과 노론들은 허목과 송시열이 죽고 난 뒤에도 혼인은커녕 서로 상종도 하지 않았다. 심지어 의식과 의복까지 달리하면서 서로를 구분하려 했다. 그 뒤의 임금인 영조나 정조가 탕평책 등으로 그들의 화해를 도모했으나, 적대관계는 쉽사리 해소되지 않았다.

이런 점으로 볼 때 이 두 사람은 역사에서 비난을 받아 마땅할 것이다. 누가 옳고 그른가는 그 다음 문제일 것이다. 다만 다른 경우와 달리, 서로 직접 죽이는 기회가 주어지지 않은 것만은 다행이라 할 수 있다. 오늘날에도 이 두 사람에 대한 다른 평가는 여전히 남아 있다.

정약용과 서용보
개혁주의자와 출세주의자의 갈등

사람과 사람이 어우러지다 보면 마찰과 갈등이 있게 마련이다. 그리고 마찰과 갈등이 하나의 빌미가 되어 평생 동안 서로 헐뜯거나 끌어내리기도 하고, 때로는 서로 죽이는 수도 있다. 여기서 이야기하고자 하는 다산茶山 정약용丁若鏞(1762~1836)과 심재 心齋 서용보徐龍輔(1757~1824)는 서로 죽이기까지에는 이르지 않았으나, 하나의 빌미가 계기가 되어 서로 평생 지워지지 않는 원한의 앙금을 지니며 살다가 죽었다.

정약용이라면 우리나라 사람치고 모르는 이가 드물 정도로 위대한 사상가였으나 고난에 찬 생애를 보냈다. 그가 마재(지금의 남양주시)의 집에서 태어났을 적에 그의 가정은 평화스러웠다. 아버지는 선비 출신으로 그가 어렸을 적에 현감, 목사 같은 벼슬을 지냈다. 형제들도 재주꾼으로 소문이 나 있어서 가문이 빛날 것이라는 칭송을 받고 있었다.

그는 아홉 살에 어머니를 잃고 열 살 무렵에는 천연두에 걸려 죽을 고비를 넘겼으나, 영특하다는 칭찬을 들으며 글공부를 한 끝에 젊은 나이인 스물두 살 때 과거에 합격하여 정조를 만났다.

서용보라면 한국정치사 같은 특정 분야를 전공하는 사람이나 알 만한 인물일 것이다. 그러나 그가 명문 출신으로 영의정을 지낸 인물이라는 것은 알 만한 사람은 알고 있다. 그의 증조부는 영조의 장인인 서종제徐宗悌였다. 영조는 형인 경종 밑에 있으면서 세제世弟가 되었다. 경종이 병골로 아들을 낳지 못하자, 이복동생인 영조가 대를 잇게 된 것이다. 그런데 영조가 동궁에 있을 적에 당파싸움으로 늘 불안한 나날을 보내고 있었다.

이때 영조는 서종제의 딸을 빈궁으로 삼았고, 뒷날 왕위에 오르자 서종제에게 남달리 고마워했다. 그러다 보니 달성 서씨, 특히 서종제의 후손들에게는 출세의 길이 보장되어 있었다. 그런 탓인지 서용보의 아버지 서유령徐有寧은 판서를 지내기도 했다.

서용보는 열여덟 살 때 크고 작은 과거에 연이어 장원을 했다. 특히 영조 말년 대과에 장원을 할 때에 벼슬아치들은 그의 가정 배경이나 재주로 보아 일찌감치 정승 감으로 지목했다.

서용보와 정약용이 만난 것은 말할 것도 없이 후배인 정약용이 조정에 들어오면서부터였다. 정조는 어렵사리 왕위에 올라 많은 인재를 찾고 있었다. 그 속에 두 사람도 끼어 있었다.

서용보는 정조의 눈에 들어 왕자인 순조를 가르치는 좌빈객左賓客이 되었고, 이어 대사헌, 이조판서 같은 요직을 차지했다. 정약용은 선배인 채제공蔡濟恭, 이가환李家煥과 함께 그들 후계자로 점 찍힐 정도로 정조의 총애를 받았다. 정조는 한강에 배다리를 놓을 적에도 정약용의 지혜를 빌렸고, 수원성을 쌓을 적에도 정약용의 지혜로 거중기를 제작해 사용했다. 정약용은 한때 암행어사를 거쳐 승지, 곡산부사, 형조참의 같은 벼슬을 받아 앞날이 탄탄해 보였다.

어떻게 앙숙이 되었나

이런 두 사람이 어떻게 해서 앙숙이 되었던가? 두 사람 모두 신중한 인물이었다. 정약용의 당호는 여유與猶인데, 이는 살아가면서 '물을 건너듯, 이웃집을 두려워하듯 늘 조심하자'는 뜻이다.

또한 서용보는 정조의 반대편에 서 있는 벽파로 지목되었으나 결코 앞장서서 남의 지탄을 받을 일을 하지 않았다. 그가 대사헌이라는 자리에 있으면서 남의 잘못을 지적할 때에도 결코 험한 말을 함부로 하지 않았다. 신중한 몸가짐이었다.

서용보는 정조가 죽고 나서 곧바로 우의정으로 승진했다. 그는 조정이 크게 분열할 조짐을 보이자, 한때 고향집으로 돌아가 은인자중했다. 이어 김 대비(정순왕후)의 권고로 마지못한 척 조정에 나와서도 온건주의로 일관했다. 기해박해가 일어나 천주교도들을 죽일 적에도 그는 뒷전에 물러나 있었다. 그가 천주교도인 홍낙임을 죽이라고 청하기는 했으나 이도 어쩌면 출세의 한 방편이었을 법하다.

1804년 이후, 안동 김씨들이 세도를 크게 부리며 기세등등할 때에는 고향에서 정사를 멀리하며 몸조심을 했고, 끝내 이런 처신으로 말년에는 안동 김씨들에 의해 영의정으로 발탁되기도 했다. 그는 말이 적고 행동이 신중하다는 평을 받았다.

그런데 정약용이 경기 암행어사의 명을 받고 하나의 꼬투리를 만들었다. 당시 서용보의 집일을 보던 사람이 마전(지금의 연천군 일대)에 살고 있었다. 이 사람이 향교의 땅을 서용보의 집 묘지로 삼으려고 "향교 터가 불길하다"고 속이고, 유림들을 협박해서 향교를 이전하기로 하고 명륜당을 헐어버렸다. 그런데 이를 안 정약용이 이 사람을 잡아들였다. 당시 경기관찰사로 있던 서용보가 한강 가 7개 읍에 관청 곡식을 팔아 도로보수의 명목으로 돈을 만들었는데, 곡식을 너무 비싸게 팔고 있어서 백성들의 원성이 잦았다. 정약용은 이 사실을 임금께 보고하여 문책하도록 했다. 서용보는 이 일로 처벌을 받았다.

정약용은 이 두 가지 일로, 서용보가 자신에 대해 앙앙불락하게 되었다는 것을 손수 자신의 묘비명에 썼다. 서용보가 기회 있을 적마다 정약용을 헐뜯은 것과 같이, 정약용도 서용보를 원망하는 마음으로 자신의 묘비명 곳곳에 이 사실을 낱낱이 기록하고 있다.

피 튀기는 옥사와 긴 유배의 악연

정조가 두 사람을 모두 사랑하고 있을 때에는 그런대로 사단이 일어나지 않았다. 그러나 정조가 죽고 순조가 즉위하자 사정이 사뭇 달라졌다. 한쪽은 귀양살이하는 몸이 되었고, 한쪽은 현관의 자리를 차지하게 되었다. 당시 시파와 벽파가 정권다툼을 벌이면서 맨 먼저 일어난 일이 천주교 박해였다.

여기서 정약용은 시파로 지목되었고 또 서학일파로 몰리게 되었다. 그리하여 피를 튀기는 옥사가 벌어졌다. 정약용 형제는 모두 잡혀가 문초를 받았다. 셋째 형 약종은 옥사하는 몸이 되었고, 둘째 형 약전은 정약용과 마찬가지로 귀양살이하는 몸이 되었다. 이때 정약용은 혐의가 없어 풀려날 것으로 믿었다. 주위 사람들이 정약용은 혐의가 없으므로 풀어주자고 논의할 때에, 다른 대신들은 동의했는데도 불구하고 서용보만 안 된다고 고집을 부렸다.

마침내 정약용은 장기현으로 유배되었고, 이어 강진으로 배소를 옮겼다. 정약용이 이런 소용돌이에서 살아남은 것만 해도 천만다행이었다. 정약용은 강진읍이 가까운 떡집 노파에게 몸을 의탁하고 그야말로 근신하고 있었다. 그는 모기에 뜯기기도 하고 장꾼들의 시끌벅적한 소란 속에서도 책을 읽고 저술의 붓을 멈추지 않았다. 이때부터 배소에서 그의 방대한 저술이 나오기 시작했다.

이와 달리 서용보는 조정에서 우의정, 좌의정을 거치며 득의의 시대를 맞이하고 있었다. 그는 김 대비의 남다른 사랑을 받으며 4년 동안 탄탄한 자리를 굳히고 있었다. 그는 경주 김씨인 김 대비 계열과 안동 김씨인 왕비 계열 사이를 적당히 헤치고 다니며 재상의 자리를 계속 누리고 있었다.

정약용이 유배생활을 시작한 지 3년이 될 적에, 정약용을 동정한 사람들이 그의 석방을 건의했다. 김 대비도 이를 동정한 나머지 석방의 조치를 내렸는데, 이 사실을 뒤늦게 안 서용보가 이를 막아버렸다. 이 때문에 풀려나지 못한 정약용은 거처를 다산 초당으로 옮기고 긴 유배생활에 들어갔다.

정약용은 18년 만에 그를 동정한 세도가 김조순에 의해 풀려났다. 당시 서용보는 청나라에 사은사로 다녀온 뒤, 조정을 떠나 향리에 칩거해 있었다. 만년에는 그의 벼슬살이도 고달프게 되어 조정에서 밀려나 있었던 것이다. 만일 이때 서용보가 재상 자리에 있었다면 다산이 풀려났을지는 의문이었다.

여전히 남은 앙금

정약용이 마재의 집으로 돌아왔을 적에 서용보는 마침 벼슬길에서 물러나와 이웃 마을에 살고 있었다. 묘한 인연이기도 했다. 정약용은 사람을 보내 서용보를 위로했고, 서용보도 이를 받아주었다. 그리하여 두 사람의 감정이 회갑을 전후한 나이에 풀어지는 듯했다.

1819년(순조 19) 서용보는 어쩐 일인지, 안동 김씨에 의해 다시 영의정으로 발탁되었다. 그가 조정을 떠난 지 14년 만의 일이었다. 서용보가 여가를 틈타 집으로 오갈 때면 정약용은 은근히 문안을 드렸다. 정약용의 이런 속뜻은 분명히 따로 있었을 것이다. 서용보의 마음에 들어 다시 유배를 가는 불행한 일을 미리 벗어나려 했는지, 아니면 진정한 마음으로 맞수에게 너그러운 마음을 베푼 것인지는 모를 일이다. 그렇지만 정약용이 기록한 글로 미루어보면, 서용보의 마음에 들어 탄압에서 벗어나려는 뜻이었던 것으로 보인다.

이해 겨울 조정에서는 양전量田의 일을 논의했다. 20년마다 한 번씩 토지측량을 하는 것이 법의 규정이어서 숙종 때까지 이를 어기지 않고 실시하고 있었다. 그런데 숙종 이후 양전이 중단된 지 1백여 년이 흘렀다. 그런 탓으로 토지에 대한 장부가 현실에 맞지 않고, 거기에 따르는 조세도 아주 문란했다. 대토지를 소유하면서도 조세를 적게 내거나 토지대장에는 빠져 있어 조세를 물지 않는 따위의 비리와 부정이 저질러지고 있었던 것이다.

이런 일은 기술적인 문제가 복잡하게 얽히게 마련이었다. 이 일을 지휘할 사람은 정약용이 적격이었다. 정약용은 이 관계에 해박한 지식을 가지고 있을 뿐만 아니라 전제田制에 대한 개혁의 글도 썼다. 그런 탓으로 조정에서는 이 일을 정약용에게 맡기려는 논의가 있었다.

그런데 어떤 연유인지, 서용보가 이를 힘써 저지하고 나섰다. 정약용에게 이 일을 맡겨서는 안 된다는 것이다. 서용보로서는 정약용이 다시 조정에 나와 큰 공을 세우는 꼴을 보기 싫었을 것이다. 만약 이때 정약용이 양전 사업을 크게 한번 벌였더라면 학문을 현실에 적용시키는 공적을 이루었을지도 모를 일이다.

서용보가 정약용보다 일찍 죽으면서 두 사람의 앙앙불락은 끝이 났고, 더 큰 불행은 유발되지 않았다. 이 두 사람의 갈등관계에서 우리는 몇 가지 교훈을 얻게 된다. 정약용은 많은 적을 가지고 있었다. 그와 함께 글을 읽은 친구였던 이기경조차 그를 죽이지 못해 안달을 부렸다. 이기경이 정약용을 헐뜯다가 귀양 갔을 때에, 정약용은 그의 가족을 친절히 보살펴주었으나 이기경은 끝까지 정약용을 물고 늘어졌다.

서용보에게도 적들이 많았다. 그가 벽파에 속해 있었기 때문에 시파들은 언제나 그를 제거하려고 했고, 또 그가 경주 김씨 밑에서 재상노릇을 했기 때문에 안동 김씨 세도 아래에서는 늘 몸조심을 해야 했다. 그런 몸조심을 잘한 탓인지 서용보는 높은 벼슬을 누리면서 귀양살이 한 번 하지 않았다.

그러나 정작 두 사람의 관계만은 젊을 적에 일어났던 한 사건으로 인하여 생긴 앙금을 끝내 풀지 못하고 말았다. 다만 이 둘은 어느 한도를 지니며 자제하고 있었다.

정약용이 만일 서용보의 행동을 두고 끝까지 불평과 적대의식으로 대했다면 정약용이 살아남을 수 있었을까? 정약용은 끝까지 자제하면서 적에게 부드럽게 대했다. 한편 서용보는 정약용을 미워하고 제재를 가하기는 했지만 결코 죽이려 들지는 않았다. 만일 서용보가 정약용을 죽이려고 마음을 먹었다면 정약용은 살아남기 힘들었을 것이다. 서용보는 정약용을 견제하는 수준에 머물렀던 것이다.

두 사람 다 명문의 집안에서 태어나 한때 임금의 총애를 받으면서 맞수 관계에 있었다. 부정을 보고 견디지 못하는 열혈청년 정약용과 현실에 안존하려는 출세주의자 서용보의 불행한 만남. 그렇다고 서로 감정을 맞보기로 풀지는 않았다는 사실이 오늘의 우리에게 교훈을 준다. 서로 모략하고 죽이는 일이 역사에는 너무도 많기 때문이다.

대원군과 민비
천륜을 벗어난 철저한 앙숙

한미한 가문에서 며느리를 들였건만

우리는 역사에서 친구였던 두 사람이 때로는 권력을 놓고 때로는 이해관계 때문에 치고받다가 죽음에까지 이르는 모습을 흔히 본다. 그 가운데는 시아버지와 며느리가 앙숙이 되어 싸움질을 하다가 끝내 유명을 달리한 모습도 있다. 바로 흥선대원군興宣大院君 이하응李昰應(1820~98)과 명성황후明成皇后 민비閔妃(1851~95)의 관계가 그러하다.

흥선대원군은 왕비의 척족인 안동 김씨에 진저리를 쳤다. 모든 권력과 재물을 손아귀에 넣고 왕의 자리까지 마음대로 좌지우지하면서 60년 동안 나라를 떡 주무르듯이 한 안동 김씨를 쓸어내지 않고는 이씨 왕조가 제대로 설 수 없다고 생각했다. 그리하여 그는 파락호 생활을 하면서 기회를 노린 끝에 그의 둘째 아들 개똥이(뒷날의 고종)를 왕위에 어렵사리 앉혔다. 그리고 안동 김씨를 몰아내고 부정을 바로잡고 왕가의 위엄을 과시했다.

특히 이른바 척족문벌정치가 이씨 왕조에 다시는 발을 붙이지 못하게 여러 조처를 취했다. 10여 년 동안 흥선대원군의 불같은 조처들을 보고 누구나 다시는 척족정치가 없으리라고 믿었다. 흥선대원군은 왕비를 고르면서 특히 고심했다. 뼈대는 있되 가문의 세력이 크지 않은 집의 딸로 며느리를 맞으려 한 것이다.

그리하여 골라낸 것이 그의 처가 일가붙이인 민씨 집 딸이었다. 경기도 여주 일대에 사는 여흥 민씨들은 숙종의 비 인현왕후를 배출했고, 그 뒤 정승, 판서를 대대로 누린 집안이었다. 그러나 안동 김씨 척족 아래에서는 거의 외면을 당하고 있었다. 이들은 몰락한 속에 어렵게 살고 있었다.

이런 집 딸 중에 민비가 있었다. 민비는 여주 섬락리에서 민치록의 딸로 태어났는데, 아홉 살에 아버지가 죽고 곧이어 어머니 이씨도 죽었다. 민치록은 딸 하나만 두고 아들이 없어서 11촌 조카뻘 되는 승호升鎬를 양자로 들였을 뿐이었다.

그러니 민비는 고아였고, 엄격하게 따져 형제자매가 없는 외톨이였다. 하지만 민비는 몰락한 집안에서도 집안 끄트리가 있어서 서울에서 지내면서 교양을 쌓았다. 흥선대원군은 이런 민비를 며느리로 맞이하고 회심의 미소를 지었을 것이다. 이처럼 왕비 간택이 빈틈없다고 생각했으나 이것이 바로 일생일대의 실수를 저지른 결과가 될 줄이야 누가 알았겠는가?

민비가 궁에 들어왔을 적에 나이는 열다섯이었다. 외로운 사춘기 소녀인 민비는 왕의 사랑을 독차지하려 했다. 그러나 어찌 된 일인지 고종은 후궁 이씨만을 가까이했다. 그리고 그녀가 입궁한 지 2년 뒤, 이씨에게서 먼저 왕자가 탄생했다. 이에 흥선대원군은 눈치도 없이 이 왕자를 완화군完和君으로 부르게 하고 무한히 기뻐하며 귀여워했다.

흥선대원군은 늘 궁궐에 들어오면 궁인 이씨와 완화군을 만나보고 왕자를 어르면서도, 정작 민비에게는 관심을 두지 않았다. 치밀한 성격의 소유자인 흥선대원군도 여인의 질투에는 무지했다. 이런 속에서 민비가 스무 살이 되었을 적에 바라던 왕자를 낳았다. 흥선대원군은 할아버지로서 이 정비正妃 소생의 왕자에게 건강하게 자라라고 귀한 산삼을 보내 달여 먹이게 했다. 그런데 어찌 된 일인지, 산삼을 먹고 난 왕자는 태어난 지 5일 만에 죽고 말았다. 이에 영악한 민비는 시아버지가 자신을 미워하여 왕자를 죽이려고 산삼을 보냈다고 생각했다. 그리하여 시아버지에 대한 의구와 앙심이 출렁이기 시작했다.

역사의 비극은 시작되고

민비는 영특하면서도 질투심이 유난히 강했으며, 독점욕이 드세고 남을 곧잘 의심하는 성품이었다. 이에 비해 흥선대원군은 치밀하고 독선과 용기를 겸하고 있으면서 작은 일은 소홀히 하는 성격의 소유자였다. 흥선대원군은 이때도 민비의 마음을 읽지 못했다.

민비는 은밀히 작전을 개시했다. 양오라비 민승호를 불러들여 세상동정을 얻어듣고 흥선대원군의 반대 세력을 규합했다. 흥선대원군의 반대 세력은 크게 두 부류였다. 하나는 안동 김씨, 하나는 유생들이었다. 흥선대원군의 술수로 몰락한 안동 김씨들은 말할 나위도 없었고 유생들은 흥선대원군이 서원 철폐를 단행하고 과거제도의 문란을 바로잡자 늘 앙앙불락하고 있었다.

민비는 유생의 대표격인 최익현을 꼬드겼다. 1873년 최익현은 흥선대원군의 실정을 규탄하고 섭정의 자리에서 물러나 정치에서 손을 떼라고 정면으로 공격했다. 그 명분은 왕이 친정할 수 있는 나이인 스무 살이 되었다는 것이었다. 이 상소가 들어오자, 민비는 왕에게 온갖 책략을 구사하여 "아버지에게 기대기만 할 것이 아니라 제 구실을 하라"고 꼬드겼다. 일단 사리로 따져 당연한 권고가 아닌가?

고종은 사실 아버지를 누구보다 따르기는 했으나, 아버지의 빛에 가려 자신의 무능이 드러난다고 생각해오고 있던 터였다. 이에 고종은 용단을 내렸다. 섭정인 아버지와 한마디 상의도 없이 흥선대원군의 전용 출입문인 연추문을 봉쇄한 것이다. 흥선대원군은 갑작스러운 조치에 망연자실하지 않을 수 없었다. 어찌 해볼 길이 없었다. 흥선대원군은 그의 후원자인 조 대비에게 다리를 놓으려 했지만 궁중의 가장 큰 어른인 조 대비도 민비의 책략에 운신할 수 없는 처지였다. 흥선대원군이 세력을 잡은 지

10여 년 만의 일이었다.

민비는 이어 미리 짠 판에 포석을 하기 시작했다. 오라비 민승호와 안동 김씨의 잔당인 김병기金炳冀, 그리고 홍선대원군의 맏아들이요 자신의 시아주버니인 이재면李載冕까지 끌어들여 요직에 앉혔다. 그리고 홍선대원군이 벌인 모든 정책을 뒤집어엎었다. 서원 철폐를 중단하고 반외세의 쇄국정책을 폐지했다. 전국에서는 다시 서원을 짓느라 소란을 피웠고, 일본과 개항조약을 맺기에도 열을 올렸다.

홍선대원군은 때로는 양주에서 때로는 운현궁에서 무료하게 나날을 보내며 이런 짓거리를 멀거니 바라볼 수밖에 없었고, 붓을 휘둘러 난초를 치면서 울분을 삭여야 했다. 하지만 기회를 노리고 있었다.

민비는 무능한 왕을 손아귀에 넣고 멋대로 놀아났다. 여주의 민씨 붙이들은 이권과 세력을 잡기 위해 마구 날뛰었다. 모든 것은 민씨의 손에서 나왔다. 10여 년 동안 민씨들은 엄청난 재물을 모았고, 그 행패는 안동 김씨 세도를 능가했다. 홍선대원군은 참으로 통탄해 마지않았다. 척족의 세도를 막기 위해 그렇게 고심했는데도 멀건 눈으로 이를 지켜보아야 했다.

민씨 중에서도 민겸호는 홍선대원군의 처남으로 민씨의 중심 인물이었고, 선혜청 당상堂上(최고 책임자를 일컬음)으로 있었다. 선혜청은 나라의 세금을 받아 군인들의 녹봉을 주는 곳이었다. 민겸호는 구식군인들에게 온갖 차별을 가했다. 녹미祿米를 주면서 정량에도 모자라게 주고 그것도 태반이 모래가 섞인 쌀을 주었다.

임오군란 당시 일장기를 들고 인천으로 도주하는 일본공사관원들과 군인들의 모습을 기록한 그림.

이에 구식군인들이 들고일어났다. 이들은 민겸호의 집에 불을 지르고 민겸호를 죽였으며, 이어 궁궐에까지 쳐들어가서 민비를 찾아내 죽이려 했다. 이 반란은 흥선대원군이 뒤에서 조종했다고 한다. 군인들이 궁궐에 쳐들어갔다는 말을 듣고 흥선대원군은 유유히 대전으로 들어가 대청에 앉아 있었다. 군인들이 눈에 핏발을 세우고 민비를 찾을 적에 흥선대원군은 제지하는 말 한 마디 없이 수염만 쓸고 있었다.

민비는 절체절명의 위기가 자신에게 닥쳤음을 알았다. 그녀는 궁녀 복색을 하고 가마 속에 앉아 있었다. 군인들이 민비를 끌어내려 하자, 별감 홍재희는 "궁녀인 내 누이동생"이라고 속였다. 그리하여 홍재희가 인도하는 가마는 나는 듯이 남대문을 빠져나가 충주 장호원으로 내달았다.

그녀는 먼 일가붙이인 민영위의 집에 몸을 숨겼다. 이때 궁궐에 들어와 세력을 다시 잡은 흥선대원군은 민씨들을 몰아내고 민비의 죽음을 선포했다. 사실 시체도 찾지 못한 속에서 민비의 죽음을 선포한 것은 흥선대원군의 눈도 그만큼 흐려 있었다는 증거가 아니겠는가?

민비는 멀쩡히 살아 있으면서 이런 꼴을 당했다. 그녀는 밀사를 보내 공작을 멈추지 않았다. 고종은 민비가 살아 있음을 알았고, 또 민비의 지시 아닌 지시에 따라 청나라에 임오군란의 조종자는 '아버지'라고 일러바쳤다.

이에 이해利害를 저울질하던 청나라는 군대를 풀어 군란을 진압하고 흥선대원군을 천진으로 압송해갔다. 뒤이어 민비는 당당하게 궁중으로 돌아왔고, 철저하게 흥선대원군 세력을 제거하는 데 혈안이 되었다.

이들은 역사에 무엇을 남겼는가

민비는 가위 미쳐 날뛰었다. 민씨 세력을 더욱 끌어들이고, 그녀를 피신시키거나 도와준 자들에게 벼슬을 내렸다. 그러면서 유명한 무당을 끌어들여 진령군眞靈君으로 높이고 세자의 안녕을 빌게 했다. 또 일가붙이 민영익閔泳翊의 딸을 세자의 빈으로 삼았다. 이렇게 해서 흥선대원군은 아내부터 손자, 며느리까지 3대를 민씨 여인으로 맞이하는 꼴을 당했다.

홍선대원군은 4년 동안 잡혀 있다가 풀려나 운현궁에 다시 칩거하게 되었다. 그는 어찌 해볼 수 없을 정도로 초라하게 늙어가는 듯했다. 그러나 세상은 또 한 번 바뀌게 되었다. 1894년 봄, 전국에 걸쳐 동학농민전쟁이 일어났고 홍선대원군은 뒤에서 은밀하게 내통하고 있었다.

민비는 청나라에 구원을 요청했다. 청군이 개입하자 일본군도 구실을 붙여 뛰어들었다. 일본군은 이때 궁궐을 점령하고 개화정권을 수립하면서 홍선대원군을 끌어들였다. 이때 홍선대원군은 억지로 밀려나왔다고 하지만, 원수처럼 여기던 괴뢰정부에서 적어도 형식상으로는 총지휘자가 되었다. 그가 몸을 일으켜 궁궐로 나올 적에 개화파 안경수가 말했다.

"국가가 이 지경에 이른 것은 모두 민씨의 죄입니다. 민씨들을 모두 죽여야 하는데, 대감의 처분을 기다립니다."
"내가 폐고廢錮된 지 20여 년 동안 민씨들의 공과 죄를 따지지 않았다. 지금 죽이고 살리는 것은 제군 손에 달려 있는데, 어찌 나에게 묻는가?"

홍선대원군으로서는 겉으로 초연한 모습을 보이려는 것이리라. 이 말을 전해들은 민비는 앙칼지게 말했다. "흥, 후덕하구려, 대감께서." 이처럼 말 한 마디도 서로가 믿으려 하지 않았고, 주고받는 대꾸도 원한이 서려 있었다.

민씨들은 죽거나 귀양살이하거나 도망치는 처지로 전락했다. 홍선대원군은 별 역할도 하지 못하고 멀쭉한 처지에서 나날을 보냈고, 민비는 또다시 수완을 발휘했다. 그녀는 러시아 세력을 끌어들여 일본 세력을 누르려 했다.

이를 간파한 일본은 비상수단을 동원하기로 음모를 꾸몄다. 일본 공사의 지휘를 받은 일본의 낭인 패거리들이 궁궐로 밀려들어왔다. 그리고 민비를 칼로 찔러 죽이고 불에 태워버렸다. 민비는 이렇게 경복궁의 내전에서 마흔다섯의 나이로 비명에 갔다. 홍선대원군은 이때 일본과 결탁, 민비를 죽이는 지경에까지 몰고 가며 다시 정권을 잡았다. 그러나 어디까지나 그는 꼭두각시였고 곧 은퇴하고 말았다.

홍선대원군은 민비의 죽음을 보고 어떤 감회에 젖었을까? 통쾌하다고 여기지는 않았을 것이다. 비탄에 싸여 눈물을 흘렸을 것이다. 이렇게 권세를 놓고 반전을 거듭한 이들은 도대체 역사에 무엇을 남겼던가?

적어도 이 두 인물은 전반기에는 그런대로 재주껏 권력을 요리하며 판도를 바꾸어나갔다. 그러나 후반기에는 노회한 정객과 간교한 여인이 외세를 업고 엎치락뒤치락 반전을 거듭했다.

유교 윤리로 따져 시아버지와 며느리는 천륜의 관계에 놓여 있다. 그러나 권력과 이해 앞에서 그런 천륜은 뒷전으로 밀려났다. 이들은 질투와 보복과 술수와 살육을 반복하면서 한 나라를 구렁텅이로 몰아넣었다. 그리고 한 왕가를 갈기갈기 찢어놓았다. 부자와 고부만의 관계만 흐려놓은 것이 아니라 처남, 시숙,

손자끼리 치고받으며 때로는 앙숙의 관계, 때로는 원수의 관계로 전락해갔다. 그가 죽었을 적에 아들 고종은 장례식에도 참석하지 않았다. 유례를 찾을 수 없는 막된 짓이었다.

이들은 그 동기가 어찌 됐건, 시대상황이 어쩔 수 없었다고 핑계를 댈지라도 나라를 망친 맞수 관계였음을 역사에서는 준엄하게 꾸짖고 있다. 감정에 치닫다 보면 이성이 마비된다. 자기들의 행동이 나라와 역사에 어떤 폐해를 주는지 이들은 몰랐던 것일까?

김옥균과 민영소
끝내 피를 부른 수구파와 개화파의 세력다툼

쿠데타를 도모한 청년 정객

19세기 말은 그야말로 풍운의 시대였다. 이런 시대에는 유난히 갈등과 음모가 판을 치게 마련이다. 여기에서 말하는 두 인물 또한 서로 얽혀 갈등을 유발하면서 새로운 사건을 만들어냈다.

흥선대원군이 섭정의 자리에서 물러나 운현궁에서 울분의 나날을 보낼 적에 새로운 정치 세력이 등장했다. 곧 척족인 민씨 문벌정치가 정권을 굳히고 있을 적에 청년 정객들로 이루어진 개화파가 조정에 한 자리씩을 차지하고 있었던 것이다.

당시 민씨 세도가들은 온통 권력을 틀어쥐고 이를 굳게 지키려 온갖 횡포를 저지르고 있었다. 그 속에 민씨들은 모든 제도와 외교관계를 보수적인 틀 속에서 지키려 했다. 그리하여 새로운 사조를 막고 청나라와만 전통적인 사대외교관계를 유지하려 했다.

그러나 초기 개화파들은 급진적 경향을 띠고 낡은 제도를 고치고 외국의 문물을 과감히 받아들여야 한다는 주장을 폈다. 그러면서 청나라와의 관계를 청산하고 서양의 문물을 받아들여 근대화를 이룩한 일본과 손을 잡아야 하며, 정치제도는 영국의 입헌군주제 또는 미국의 대통령제로 바꾸어야 한다고 주장했다. 그리하여 민씨를 중심으로 한 수구당과 청년 정객을 중심으로 한 개화당이 첨예하게 대립했다. 이들 두 세력은 어차피 한번 피를 보아 결판을 내야 하는 분위기로 치달았다. 이것이 역사적 귀결이었다.

특히 소수인 개화당은 정상적인 방법으로는 그들의 뜻을 관철할 수 없었다. 당시 불만에 차 있던 민중 세력을 업고 변혁을 도모하기에는 너무나 시일을 요하는 일이기에 그쪽에 정신을 쏟을 여념이 없었다. 이런 생각을 가진 개화당은 선비, 군인, 중인들로 충의계忠義契라는 비밀결사를 조직하여 일대 쿠데타를 준비했다.

정변의 실패와 민씨 세력의 발호

김옥균金玉均(1851~94) 등 개화당은 일본과 손을 잡을 공작을 펴고 러시아의 동정을 엿보면서 정치개혁을 도모하는 일을 진행시켰다. 한편 민영익 등 수구당은 이런 낌새를 알아차리고 청의 원세개로부터 필요시 군대동원 등을 약속받고 만일의 사태에 대비하고 있었다.

　두 세력은 내밀하게 움직이면서 긴장을 조성하고 있었다. 마침내 개화당은 1884년 12월 4일, 우정국 낙성식을 계기로 거사를 했다. 이른바 갑신정변이 단행된 것이다.

　그 날, 우정국이 있는 안국동 거리는 잔뜩 찌푸려 있었고 바람은 제법 찬 기운으로 얼굴을 때렸다. 맨 먼저 민영익이 우정국에 이르자, 개화당의 역사力士가 민영익의 머리에 도끼를 내려찍었으나 한쪽 귀만 떨어져 나갔다. 민영익은 땅에 떨어진 귀를 주울 사이도 없이 독일인 묄렌도르프의 보호를 받으며 허겁지겁 달아났다.

　그 뒤 개화당에 의해 민태호, 조영하, 민영목 등 수구파의 거두들은 차례로 죽임을 당했다. 고종은 경복궁으로 밀려든 일본군과 개화당의 협박으로 개화정부 수립을 인정했다. 그러나 청군의 개입으로 일본군이 철수하자 개화정부가 3일 만에 무너진 사실은 익히 다 아는 바이다.

　쿠데타가 실패하여 개화당의 홍영식, 박영교 등은 죽임을 당하고, 김옥균, 박영효 등은 일본으로 망명길에 올랐다. 그리하여 개화당의 중심세력은 일본으로, 그 여당은 본국에 남아 계속 지하에서 활동하는 시기로 접어들었다. 이때부터 두 세력은 영영 한 조정에서 머리를 맞댈 수 없었고, 또 영원히 원수 사이가 되었다.

　국내의 민씨들은 이제 거리낄 것이 없었다. 그들은 온갖 부정을 저지르고 벼슬을 팔아먹고 재산을 늘려나갔다. 권력과 이권

민영소 국난의 위기에, 김옥균은 구국을 위해 개혁의 길에 몸을 던졌고, 민영소는 개인의 치부와 영달을 앞세워 처신했다. 개화기에 진보와 보수, 개혁과 반동의 갈등이 남긴 역사적 교훈의 한 장면이다.

을 놓고 으르렁거리는 것은 호랑이나 개와 다를 것이 없었다. 민씨들은 그 이권을 놓고 자기네들끼리 갈라져 싸움질을 했다. 그들은 어떻게 하면 고종이나 민비의 눈에 곱게 비칠까, 경쟁하기에 밤낮이 없었다.

그리하여 그들의 중심세력이었던 민태호가 죽은 마당에 그 자리를 놓고 다툼질이 벌어진 것이다. 이에 민응식이라는 작자가 민비를 보호했다 하여 높은 자리를 얻어 거들먹거렸고, 이를 꼴사납게 본 민영준이 평안감사를 지내며 갈취한 돈으로 금송아지를 만들어 민비에게 바친 덕분으로 새로이 권력을 틀어쥐었다. 그리고 그 아래 민씨들이 권력의 핵심자리를 차지했다.

이때 생겨난 것이 이른바 '사민四閔'이었다. 곧 민영준, 민영환, 민영소閔泳韶(1852~?), 민영달이다. 사민은 그야말로 못할 짓이 없었다. '금 나와라 뚝딱', '술 나와라 뚝딱' 하면 재깍 그것들이 쏟아졌다.

이 중에서 민영소를 주목해보자. 그의 아버지는 민규호였다. 처음 민씨가 등장할 적에 민비의 오라비 민승호가 권력을 쥐었는데, 아들도 없이 덜컥 죽었다. 이에 민규호는 그의 형 태호를 꼬드겨 독자인 민영익을 양자로 들여보내 민승호의 가계를 잇게 했다.

이렇게 해서 민규호는 민비의 눈에 들어 이조판서 따위를 얻고 어린 조카 민영익을 소외시켰다. 그는 민비의 비위를 맞춰 수령 자리를 팔아 민비가 전국 명산에서 벌이는 기도자금을 댔다. 그런데 어린 민영익이 자라 민규호의 권력을 조금씩 잠식하자, 심화병이 일어나서 매일 석고 두 냥씩을 먹다가 죽었다. 민규호가 죽고 나서 권력이 분산되었고, 그의 아들 영소도 '사민'의 하나로 끼어 아버지 못지않게 놀아댔다.

김옥균을 암살하라

한편 김옥균, 박영효는 어떻게 지냈던가? 김옥균은 일본으로 건너가 일본의 지원을 호소했다. 그는 일본 정부에 접근하여 자기의 뜻을 펴려 했지만, 일본은 전과 달리 냉담하게 대했다. 김옥균은 일본 군대의 조선 파병을 요구하기도 했으나 가망 없음을 알았다.

그는 일본 지식인을 설득하기도 하고 틈을 내서 갑신정변의 전말을 『갑신일록甲申日錄』이라는 이름으로 기록하기도 했다. 그리고 조선의 보수적 정책을 힐난하고 근대적 개혁을 단행하라는 글을 조선 국왕에게 보내기도 했다. 당시 일본 정부는 그가 일본에서 계속 활동을 벌이는 것을 견제하여 일본에서 떠날 것을 요구했고, 이에 불응하자 요코하마의 별장에 가두기도 했다.

김옥균은 계속 굽히지 않고 청나라 이홍장에게 편지를 보내 동양 대세를 논하기도 했다. 이에 일본은 참다못해 그를 태평양 쪽의 오가사와라 섬에 유폐했다. 김옥균의 몸이 극도로 쇠약해지자, 일본은 그를 삿포로로 이송했다. 1890년에 들어서야 석방되어 동경으로 나온 그는 활동을 멈추지 않았다. 고난의 세월이었다.

박영효는 미국에 가서 활동하다가 1886년 무렵에 다시 일본으로 와서 이름을 바꾸고 활동을 벌였다. 그는 유학생들을 설득해 동조자로 끌어들이는 공작을 벌였다.

민씨들은 이들 개화당을 역적으로 다루었다. 민씨들은 국내의 개화당을 찾아내 처형하거나 유배를 보냈다. 그리고 일본에 사람을 보내 김옥균의 송환을 요구했다. 일본 정부는 국제여론과 국내여론을 의식해서 송환만은 거절했다.

그리하여 조선 정부는 자객을 보내 김옥균을 암살하는 방법을 짰다. 이에 첫 번째로 1885년 2월 자객 장갑복을 보냈다. 김옥균은 장갑복이 접근해오자 자객임을 금방 알아냈다. 김옥균은 장갑복을 설득했다. 진정 나라를 위하는 길이 무엇인지를 알려주었다. 장갑복은 오히려 김옥균의 제자가 되어 국내의 연락을 맡기까지 했다.

청나라도 끼어들었다. 주일청국 공사 서승조는 일본 외무대신과 비밀흥정을 벌여 김옥균을 상해로 유인해서 체포하려는 음모를 꾸몄다. 그러나 이 일은 쉽게 성사되지 않았다.

조선 정부는 새로운 자객 지운영池運永을 보냈다. 지운영은 개화파의 이름을 써서 김옥균에게 만나자는 편지를 보냈다. 이에 김옥균은 부하 윤혁로를 보냈다. 윤혁로는 지운영에게 김옥균을 함께 제거하자고 맹세하여 전모를 알아냈다. 그리고 이 사실을 일본 정부에 항의하자, 일본은 어쩔 수 없이 지운영을 체포하여 조선에 송환했다. 이 무렵 김옥균은 일본 정부에 의해 구금되어 있었다.

1891년에는 조선 정부에서 다시 이일직李逸稙을 보냈다. 이때 바로 민영소가 병조판서로 있으면서 '김옥균을 암살하라'는 임금의 밀지를 얻어냈고, 민영소는 이일직에게 많은 자금과 밀지를 주어 보냈던 것이다.

너무나 끈질긴 암살음모였다. 이일직은 단독으로 일을 성공시킬 수 없다고 판단했다. 그리하여 풍부한 자금으로 다른 자객들을 매수했다. 여기에 걸려든 자들이 홍종우, 권동수, 권재수, 일본인 가와쿠보였다. 이들은 하나의 도당을 이루었다. 이들은 과거의 실패를 거울삼아 치밀하게 일을 추진시켰다. 특히 일선 책임자로 홍종우를 내세웠다.

홍종우는 어떤 인물인가? 그는 20대의 나이로 프랑스로 유학 가서 그곳 문물을 익혔다. 제법 양물을 먹고 견문을 넓힌 위인이었다. 홍종우는 민씨의 끄나풀로 좋게 말하면 왕당파였다. 그를 만나본 김옥균은 어찌 된 셈인지 마음을 놓았다. 아마 서구문물을 익히고 프랑스 말을 구사할 줄 아는 그에게 조금 믿음이 갔는지도 모를 일이다.

한편 이런 말도 있다. 홍종우가 프랑스에서 돌아와 일본에 있는 김옥균에게 접근해 5~6년 동안 사귀었다. 그들이 이때 어떤 교분을 나누었는지는 확실하지 않으나, 적어도 조선 문제를 두고 의견을 나누고 개혁의지에 함께 뜻을 맞추었을 것이다.

이런 정황 탓인지 김옥균은 홍종우를 가까이했다. 홍종우는 일당들과 함께 상해로 김옥균을 유인해서 암살하기로 했다. 김옥균은 오랫동안 추진하던 상해 여행을 결행하기로 했다.

10여 년 동안 일본에서의 활동이 별 성과가 없자, 이홍장에게 글을 넣어 그쪽의 조력을 얻으려 했다. 이홍장은 조선에서 이권을 독점하기 위해 민씨에게 줄 좋은 선물을 마련할 필요가 있었다. 그리하여 김옥균을 환영한다고 떠벌이고 그를 유인해냈다. 인간들의 간교한 속셈은 각기 달랐다.

김옥균은 지푸라기라도 잡는 심정으로 홍종우를 수행원으로 데리고 상해로 건너갔다. 상해의 동화양행이라는 여관에 자리를 잡았다. 그는 천진으로 가서 이홍장을 만나 원조를 요청하는 일에 골몰할 적에 어이없게도 홍종우의 총을 맞고 말았다. 아아, 이렇게 하여 민영소와 김옥균의 줄다리기는 끝을 맺었다. 이 암살의 공은 민영소, 이일직, 홍종우의 순이었다.

이들을 역사에 무엇을 남겼는가

　김옥균이 암살당하자 상해와 동경이 들끓었다. 특히 상해에 있는 유럽과 미국의 공사들은 김옥균의 시체를 찾아와보고 망명객에 대한 허울 좋은 국제공법을 들먹이며 항의하는 체했다. 이홍장은 이런 여론을 보고 홍종우를 체포했다.

　동경에서는 박영효의 활약으로 이일직 일당을 체포해서 일제에 넘겨주었다. 그러나 청국은 조선 정부의 요청으로 김옥균의 시체와 홍종우를 조선에 보냈다. 김옥균의 시체는 한강가 양화진 나루에서 역적의 율에 따라 능지처참 당했다. 조선 정부는 김옥균의 시체를 싣고 온 청나라 상선의 운임을 어김없이 지불했다. 그리고 임금은 홍종우를 풀어주고 직접 만나 그 공을 치하했다. 그리고 높은 벼슬자리를 주고 덩실한 집도 내려주었다. 민씨들은 축원잔치를 베풀며 희희낙락했다.

　김옥균이 능지처참될 적에 나라 사정은 어떠했던가? 동학농민전쟁이 일어나서 온 나라가 들끓고 있었다. 그런데도 민씨들은 김옥균을 끝내 능지처참했다는 일에 속을 풀고 있었다. 게다가 농민전쟁을 토벌키 위해 청나라에 군대 파견을 요청했다. 그러나 민씨들도 얼마를 넘기지 못했다.

　이해 6월 청나라 출병을 구실로 삼아 출동한 일본군에 의해 경복궁 강점이 이루어지고, 이어 친일 개화정권이 들어섰다. 민씨들이 조상처럼 떠받들던 청나라는 청일전쟁으로 여지없이 깨졌다. 민씨들도 이래저래 속임만 당하고 도망가는 처지로 몰락했다. 민영소도 벼슬을 버리고 몸을 숨겼다. 이때 민영소는 목숨을 부지했다가 나라를 팔아먹었다는 공로로 일제로부터 자작을 받았다.

그들은 끝없이 긁어모았던 재산도 내팽개치고 목숨을 부지하기에 허겁지겁했다. 때로는 죽거나 때로는 도망하거나 때로는 귀양살이를 하는 처지가 되었다. 하나의 보수 세력과 다른 진보 세력이 이렇게 충돌하며 서로의 힘을 소모하다가 끝내 나라는 넘어갔다. 그리하여 온갖 명리와 재산도 몽땅 잃었다.

오늘날은 어떤가? 보수와 진보, 반동과 개혁이 어우러져 싸우고 있다. 역사가 이들을 어떻게 평가할 것인지 자못 궁금하다. 갈등이 때로는 역사추진과 사회변동에 한 역할을 한다지만, 이런 역사적 교훈은 오히려 끝없는 힘의 소모만 연출한 것은 아닌가?

송병준과 이용구
친일매국에 철저했던 두 경쟁자

일본의 주구가 되어

송병준宋秉畯(1857~1925)과 이용구李容九(1868~1912)는 어떤 부류의 친일파일까? 사실 이들에게 '친일파'라는 이름을 붙이는 것은 가당하지 않다. 이들에겐 매국노 또는 민족반역자라고 해야 적절하겠으나, 어느새 '친일파'라는 용어는 친미파나 친청파와는 다른 성격을 드러내는 역사용어로 굳어졌다.

이들의 친일행각은 일단 접어두고 송병준, 이용구가 어떤 종류의 친일파인지를 따져보기로 한다. 최초로 『일제의 한국침략 정책사』를 쓴 강동진은 합병이 이루어지기까지 일본이 친일파를 육성, 이용한 방법을 다음 네 가지로 나누었다.

첫째, 유학생이나 시찰단을 끌어들여 장기계획 아래 키운다.

둘째, 친일분자를 이용해서 정변을 일으키게 하고, 그것이 실패하면 관련자를 일본에 망명시켜 친일파로 양성한다.

셋째, 왕조 권력에 직접 압력을 넣거나 부패분자를 협박, 매수해서 유리한 조약협정을 맺음으로써 배일파를 왕조 권력에서 내몬다.

넷째, 타락분자를 매수, 부추겨서 친일단체를 만들게 하고 친일여론을 조성하는 한편, 배일여론은 테러로 탄압한다.

박은식은 다음과 같이 진단하고 있다.

일본이 한국을 도모하려는 생각을 오랫동안 해왔는데 한인 중 앞뒤로 이용할 자로 세 종류를 꼽았다. 첫째는 이강, 이준용 따위의 왕의 근친으로 일본에 가 있는 자요, 둘째는 갑신정변의 박영효나 갑오 당시의 여러 국사범으로 일본에 가 있는 자요, 셋째는 이른바 일진회의 두령 송병준, 이용구이다.

박은식 『한국통사』

송병준과 이용구를 굳이 이 조건에 맞춘다면, 강동진이 제시한 경우는 넷째에 해당될 것이다. 이들은 일제에 매수되어 온갖 친일행각을 벌이면서, 그들끼리는 이권과 주도권을 놓고 다툼질을 하기도 하고, 시기 질투를 일삼으며 경쟁했다. 송병준과 이용구의 경우, 이런 기준이 어느 정도 맞을 것이나 둘의 의식을 엄밀하게 따져보면 다른 요소도 상당히 개재되어 있다.

일본의 앞잡이로 변신하다

송병준은 함경남도 장진 출생이라 하지만 이설이 있다. 아버지 송문수가 서울에 있을 때 기생첩 홍씨에게서 태어났다고 한다. 송문수가 율학훈도로 부임할 적에 그곳으로 데려가서 장진 출생설이 돌았다. 그는 서자였던 셈이다. 출생신분과 그의 행적을 결부시킬 필요는 없을 것이다.

아버지가 다시 경상도 추풍령에 옮겨올 적에 그도 따라갔다. 송문수는 본처에서는 아들이 없었고 서자만 셋을 두었는데, 본처가 서자들을 무척 들볶았다 한다. 그리하여 송병준이 여덟 살 적에 도둑 혐의를 입고 집에서 쫓겨났다고 한다. 그 뒤 방랑생활을 할 적에 최시형을 만났다고 한다.

그 뒤 도둑질과 비럭질을 하며 지냈는데, 어느 날 참외를 훔쳐 먹다가 잡혔다. 그 참외밭 주인은 송병준을 불쌍하게 여겨 한 집에 살게 했고 참외 팔러 주인과 서울로 나왔다가 세도가 민태호를 만나게 되었다. 민태호는 유명한 민영환의 양아버지였는데, 영리한 송병준을 애첩 홍씨의 집에서 집안일을 돌보게 했다. 이 홍씨를 자신의 생모라고 떠벌였는데 은근히 자기 출생을 숨기려고 지어낸 말이라 한다.

이런 연줄로 그는 민영환의 식객이 되었다. 1871년 무과에 급제(나이로 보아 맞지 않는다)하여 수문장, 훈련원 판관, 사헌부 감찰 등의 벼슬을 했다. 또 1876년 강화도 조약을 맺을 적에 수행원으로 참여하기도 했다. 그 뒤에는 일본인 거물급 군납 상인과 사귀어 부산에 상관을 열었다. 그러나 민중이 습격해와 일본 상인이 죽어 실패했다.

1882년에는 민씨 세력으로 지목되어 집이 불에 탔다. 그는 도망쳐서 남대문 밖 농가의 쌀뒤주 속에 숨어 겨우 목숨을 보존했다. 이로 보면 이때부터 그는 주목받는 인물이었던 모양이다. 1884년 갑신정변 때 그의 집과 재물이 또 불에 탔는데, 이는 아마도 일본인 여자를 보호해준 탓인 듯하다.

다음해 일본에 망명해 있는 김옥균을 암살하고 박영효의 동정을 살피라는 밀령을 받고 일본으로 건너갔다. 이 무렵 그는 일본어를 능숙하게 구사할 줄 알아 일본인에게서 신임을 두텁게 받았다. 그런데 김옥균의 감화를 받아 동지가 되기를 맹세했다. 그리고 귀국해서는 김옥균과 내통했다고 하여 한때 투옥되었다.

한데 그는 민영환의 주선으로 풀려났고 민비의 총애를 받아 해남군수, 양지현감 등을 지내고 1891년 도성 방위를 맡은 장위영 영관으로 출세했다. 동학농민전쟁이 발발했을 때 민씨의 밀정으로 농민군의 동정을 살펴 보고했고, 김홍집 내각이 들어서자 민씨 일파로 지목되어서 정부의 체포령이 내려졌다.

이 때 그는 몸을 재빨리 빼서 일본으로 건너가 그곳의 명사들을 두루 사귀었다. 그는 노다野田平次郎라는 가명을 쓰면서 일본인으로 위장했다. 일본어에 능숙했기에 위장이 들통 나지 않았던 것이다. 그는 양잠 염직기술을 익혀 야마구치 현에 양잠강습소를 열기도 했다. 그리고 일본 정객들에게 줄을 놓기도 했다. 이렇게 10여 년을 보냈다. 이것이 그의 30대 중반까지의 출세과 정인데, 그의 변신은 무척이나 화려했고 이해와 시세에 따라 여기저기에 잘도 붙었다.

일본의 회유에 말려들다

이용구는 경상북도 상주군 낙동하면 출생이다. 농민인 아버지는 살길을 찾아 그가 어릴 적부터 경기도 안성, 충청도 직산 등지로 떠돌며 이사를 다녔다. 그가 열세 살 적에는 아버지를 잃어 더욱 가세가 기울어졌다. 그는 스물세 살 적에 동학에 입도하여 지하에 숨어 다니며 포덕활동을 벌였다. 그의 본명은 우필愚弼이었으나 동학에 든 뒤에 상옥祥玉, 만식萬植 등으로 이름을 바꾸어 신분을 숨겼다.

동학농민전쟁이 일어났을 때에 그는 북접계통으로 경기도 이천에서 농민군 수천 명을 모아 봉기하여 관아를 습격하기도 했고, 남북접이 연합하여 공주전투를 벌일 적에는 손병희의 참모장으로 참여했다. 이때 그는 다리에 관통상을 입고 최시형을 따라 전라도를 거쳐 강원도로 도주했다. 그리고 최시형의 지시로 함경도, 평안도, 황해도 등지로 다니며 동학포덕에 열중했다.

1898년 최시형이 잡혀 교수형에 처해진 뒤 그도 경기도 이천에서 잡혀 다리가 부러지는 고문을 당했다. 감옥에서 사형집행을 기다리고 있을 적에 동학교도 수십 명이 감옥을 습격해서 그를 구출해냈다. 이때부터 관가에서는 그를 주요 인물로 꼽아 체포하려 들었다.

그는 국내에서는 더 이상 활동할 수 없다고 판단하고 손병희가 일본으로 건너갈 적에 함께 갔다. 일본에서 그는 민권파로 일컬어지는 타루이 토키치樽井藤吉의 「대동합방론大東合邦論」 따위의 글을 읽으며 일본의 회유에 말려들었다. 그 요지는 "동양의 쇠운을 만회하고 흥아興亞(아시아의 흥기)의 대업을 만들어내기 위해서는 동아東亞의 여러 나라가 일본을 맹주로 하여 대동아연맹을 결성해야 한다"는 것이다. 그는 일본이 내세우는 동양평화론, 황인단결론黃人團結論 따위에 점차 빠져들었다. 그의 청년시절은 열혈남아의 기상을 분명히 보였다. 그러나 일본의 이용물이 되어가면서 천추에 씻을 수 없는 오명을 남기게 된 것이다.

두 사람이 왕조시대에 제대로 출세할 수 없는 신분인 점은 같았으나, 송병준은 처음부터 엽관과 이권에 눈독을 들여 어느 정도 성취했고, 이용구는 처음에는 가사를 돌보지 않고 변혁세력에 가담하면서 잇속에는 어두웠다. 이 점에서는 두 사람이 대비될 만하다.

일제는 1904년 러일전쟁을 도발했다. 이때 일제는 송병준과 이용구를 철저하게 이용하기 시작했다. 송병준은 앞에서 말한 대로 일본 야마구치 현 등지에서 잠업강습소를 열고 조선인 학생들을 가르치기도 하고, 당시 수상인 가쓰라 다로桂太郎를 만나 자신에게 1억 엔을 주면 대한제국 병합을 훌륭히 해낼 수 있다고 떠벌렸다. 송병준은 일본 군부와 손잡은 친일파가 되어 있었다.

이용구는 일본에서 「대동합방론」에 더욱 빠지기 시작했는데 이들과 어울리면서 "조국의 위기를 타개하기 위해서는 양반 본위의 봉건적 사회조직을 뜯어고치고 사민평등을 인정하는 것이 근대적 민족국가를 건설하는 선결조건"이라는 데까지 빠져들었다(다이토 쿠니오大東國男 『이용구의 생애』). 이 생각은 한편으로 보면 그럴듯할 것이다.

고국에 먼저 돌아온 것은 이용구였다. 이제 머리가 바뀌어버린 이용구는 손병희의 지시를 받아 동학교도들을 끌어들여서 진보회라는 친일단체를 만들었다. 표면적으로는 동학재건이었으나, 내면으로는 일제의 대한對韓정책에 협조하는 것이었다. 속도 모르는 동학교도들은 여기에 꾸역꾸역 모여들었다.

을사조약에 나서다

일제 군부는 러일전쟁을 도발하고서 송병준을 고등통역관으로 데리고 조선으로 나왔다. 송병준은 전쟁이 진행되는 동안 군납상인으로 변신하여 이권을 챙겼다. 그리고 일본 군부의 사주에 따라 유신회를 결성하여 한일병합활동을 벌였다. 진보회와 유신회는 거의 동시에 태어난 못된 쌍둥이였다. 이 못된 쌍둥이를 더욱 망나니로 만들기 위해 일본 군부는 통합을 지시했다. 이렇게 해서 일진회一進會가 결성되었는데, 그 목적을 이렇게 떠벌였다.

일진이라 이름 함은 한마음으로 진보할 주의이다. 무릇 우리의 일반 동포는 이 목적을 의무삼아, 일체 협의하며 일관一貫 정력을 다해, 모두 용맹과 충성을 다해 한 단체로 만들어서, 비록 하루 한 걸음이라도 개명을 새롭게 하는 데에 전진하여 국가 면목을 한번 유신케 한 뒤에야 본회의 목적을 저버리지 않게 될 것이다. 아아, 우리 대한동포여, 한마음으로 나아가 이를 도모할지어다.

『원일진회역사元一進會歷史』

이제부터 송병준과 이용구는 손을 굳게 잡았다. 그들은 진정 동지였던가? 그렇지 않다. 일진회의 회장은 이용구였고 송병준 은 평의원의장을 맡았다. 그 주도권을 놓고 암투가 시작되었다.

일제는 일진회가 결성되자 그 고문에 우치다 료헤이內田良平를 앉히고 사빈師賓(참모)에 다케다 한지武田範之를 앉혀 지휘를 받게 했다. 우치다는 일본 군부세력으로 송병준을 떠받쳤고, 다케다 는 야마토모(천우협天友俠)의 낭인계열로 이용구를 떠받들었다.

따라서 송병준은 든든한 군부의 배경을 업고 일진회를 손아귀 에 넣고 주물러댔고, 이용구는 다수의 동학세력을 회원으로 거 느리면서 주도권을 잡으려 했다. 일진회원들은 일본군의 물자수 송에 동원되기도 하고 경의선 철도부설에 노동자로 나서기도 하 면서 일제에 협조했다.

1904년 겨울부터 일진회는 대한제국의 외교권을 일본에 넘겨 주어야 한다고 떠벌이기 시작했다. 이때 이용구는 회원관리를 담당하고 송병준은 정치면을 담당하고 있었는데, 이용구가 여러 반대에 부딪쳐 골머리를 앓는 대신 송병준은 뒷구멍으로 야금야금 이권을 챙겼다. 외교권의 이양문제가 나오자 일진회의 동학 계열 중 많은 수가 탈퇴하는 사태로 번져갔다. 그리하여 주도권은 송병준이 쥐다시피 했다.

이 외교권의 이양은 일본의 구도에서 터져 나온 것이나, 처세에 능란한 송병준이 이용구를 제치고 앞장섰던 것이다. 이토 히로부미의 교묘한 술수는 먼저 재야단체인 일진회를 꼬드겨 외교권 이양을 주장하거나 정부에 요구하도록 하고, 이어 친일관료 세력인 이완용과 이준용을 사주하여 각의에서 통과하게 하는 것이었다.

그 속에 이토 히로부미는 송병준과 이용구에게 서로 공 다툼을 벌이게 했고, 두 사람은 잘도 놀아났다. 이렇게 해서 을사조약은 강제로 황제의 재가를 받아냈다.

그런데 일단 을사조약이 체결되자, 이토 히로부미는 송병준을 농상공부대신으로 발탁하여 그 공을 높이 인정해주었다. 그러나 일진회는 요긴할 적에 써먹고 버려두었다. 송병준은 광업소 총재, 국유재산 관리의 책임자를 겸임하면서 무수한 이권을 챙겼으나, 이용구는 실제적인 지원이 끊긴 일진회를 꾸려나가기에 여간 어려움이 따르지 않았다. 지모와 추진력이라는 면에서 비교해볼 적에 이용구는 송병준의 한 수 아래였다.

송병준은 헤이그 밀사 사건이 터져 고종의 양위가 논의될 적에 그 주역을 맡고 나서 다시 공을 세웠고, 이어 내부대신 같은 실권을 쥐는 자리에까지 뛰어올랐다. 그러나 이용구는 송병준의 출세를 바라보며 큰 역할을 하지 못하는 처지에서 울분을 삭여야 했다.

기회는 언제나 다시 오는 법, 이토 히로부미는 안중근 의사에게 죽임을 당했고, 송병준은 기독교도들의 친미성향을 공격했다가 미국의 항의로 내각에서 쫓겨나는 처지가 되었다. 그리하여 송병준은 일본으로 건너가서 새로운 발판을 마련하기에 마음을 쏟고 있었다.

매국 망동에 앞장서다

1909년, 송병준이 없어진 서울은 이제 이용구의 독무대였다. 일제는 한일병합을 본격적으로 추진하면서 그동안 버려두었던 일진회와 이용구를 다시 이용하기 시작한 것이다. 이때 이용구의 눈부신 활약이 전개되었다. 일진회는 회장 이용구의 이름으로 순종황제, 일본통감, 내각총리대신에게 '한일합방청원서'를 제출하기도 하고, 연일 대중집회를 벌여 그 필요성을 역설하기도 했다.

이보다 앞서 1908년 이용구는 다케다와 함께 일본으로 건너가 일본의 정계거물들을 만나 조선의 사정과 합병의 급박함을 설명하고 동의를 얻어냈다. 이용구는 돌아와 배일단체로 지목되었던 대한협회, 서북학회를 회유하여 동조세력으로 끌어들였다. 그는 이렇게 다져가면서 청원서를 냈던 것이요, 따라서 이른바 정계의 주역으로 부상했다.

그런데 주도권을 놓친 총리대신 이완용은 아직 시기가 이르다며 이들의 청원서에 퇴짜를 놓았다. 동경에 있던 송병준은 합병의 공로에 선수를 놓치자 여간 당황하지 않았다. 그리하여 재빨리 일본 총리대신에게 '일한합방서'를 써서 제출했다.

여기서 하나 밝혀둘 것은 송병준과 이용구의 청원내용이 본질은 같았으나 지향은 달랐다는 점이다. 송병준은 무식쟁이로 어떻게 하면 일제의 주구로 공을 세우고 이권을 챙길 수 있느냐에 온갖 관심이 있었기에 그의 합방론은 단순히 동양평화와 조선의 문명개화를 위해 두 나라가 합쳐야 한다는 논지였다.

그러나 이용구는 이와 조금 달랐다. 그는 첫 단계로 일본과 조선이 동맹관계로 합치고 이어 만주와 몽골과도 이런 관계로 발전시켜 대연방을 만들어야 한다고 주장한다. 그리고 이런 뜻에서 대한제국의 황실을 그대로 두어야 하며, 합병이 성사된 뒤에 일진회에 자치재단을 설립해주고, 만주로 대거 이민계획을 추진해야 한다는 조건을 달아 동의를 얻어냈다.

이것은 일본 민권파 또는 다케다의 뜻에 말을 맞춘 것이다. 이와 달리 송병준은 일본 군부 또는 정한파의 뜻에 맞추었기에 대한제국 황실의 유지나 일진회 보호, 만주 진출 따위에는 전혀 관심이 없었다.

내각총리대신으로 버티던 이완용은 일본의 사주와 일진회의 압력 속에 한일병합을 성사시켰고, 송병준은 멀리 있으면서 공포만 쏘아댔다. 따라서 한일병합의 일급 공로자는 이용구였으

나, 그의 뜻과 다른 '병합'이 이루어져 황실의 보호나 대연방안大
聯邦案이 무산되었다.

송병준이 허겁지겁 달려와 그 공을 가로채려 했다. 그리고 이
용구의 활동을 방해하거나 제동을 걸고 나왔다. 그 결과 두 사람
의 앞날은 영판 다른 양상으로 번져갔다. 다시 이용구가 밀리게
된 것이다.

엇갈린 마지막 모습

병합의 공로로 일제는 작위와 은사금을 내려주었는데, 작위와
함께 이완용에게는 15만 원, 송병준에게는 5만 원을 주었다. 한
편 일진회는 정치단체로 인정해 병합 뒤 2주일 이내에 해산하라
는 명령이 있었고, 해산자금으로 15만 원을 주었다. 이용구는 작
위와 해산자금을 사양하고는 그 처리를 송병준에게 맡겼다.

한일병합의 일급 공로자인 이용구와 일진회는 결국 다케다의
말처럼 "사냥개가 토끼를 잡은 뒤에 주인에게 다시 잡아먹히게
된 꼴"이었다. 이런 꼴을 당한 이용구는 일진회가 해산된 뒤 지
병인 폐병이 도져 객혈을 토하며 쓰러졌고, 송병준은 은사금과
작위를 챙기고는 회심의 미소를 지었다. 언제나 현실적 승리는
송병준에게 돌아갔던 것이다.

이용구는 천도교와 갈라진 친일종교단체 시천교侍天教의 교주
로 새로운 활동을 벌였다. 그러나 애국지사들은 일진회원들과

시천교도들에게 테러를 가하기도 하고 때로는 살해하기도 했다. 그는 끝내 병합이 된 지 1년도 못 되어 폐병으로 드러눕고 말았다. 그리고 일본으로 건너가 병을 치료했다.

이때 송병준과 김연국金演局의 위문을 받았다. 이용구는 어쩔 수 없이 시천교 교무를 송병준에게 맡기기로 했다. 이용구가 심혈을 기울여 키운 시천교를 송병준은 털도 뜯지 않고 삼켜버린 것이다. 이용구는 송병준의 행태와 술수를 누구보다 잘 알았으나 다시 동맹을 모색하려 했던 것이요, 송병준은 죽어가는 이용구를 보고 새로운 술수를 부려 짐짓 새로운 동맹에 협조하는 척했다.

이용구는 병합이 된 지 2년 만에 마흔다섯 살로 죽었다. 정말 영화 한번 누려보지 못하고 한 많은 생애를 마감했던 것이다. 그 뒤 송병준은 시천교를 적당히 주물러대다가 별 잇속이 없자 내팽개쳤다.

송병준은 끝까지 한 점 동요 없이 친일주구 노릇을 했다. 그리고 1920년대에 전국에서 소작쟁의가 크게 일어나자, 조선 소작인상조회를 만들어 한편으로는 소작인을 위해주는 척하며 한편으로는 많은 자기 소유의 토지를 관리했다. 그는 만년에 용인에 살면서 많은 재산과 작위를 아들 송종헌宋鍾憲에게 물려주고 죽었다.

두 사람은 때로는 협조관계로, 때로는 경쟁관계로 이어졌다. 비록 친일주구인 점은 같았으나 이용구는 비참한 생애를 마감했고 송병준은 누릴 것을 모두 누리고 죽었다. 오늘날 친일반민족

행위자 재산조사위원회에서 송병준 소유 토지를 몰수하려는 조치를 내리고 있으나 이용구의 후손들은 토지 한 두락 없어서 거론조차 되지 않는다. 이를 어떻게 해석해야 할까?

내 뜻이
네 뜻이라

"토정을 제갈량과 비교할 수 있습니까?"라고 묻자 이이는 "물物에 비한다면 기화奇花, 이초異草, 괴석 같은 것이지, 콩이나 조는 아닐세."라고 답했다. 이 말을 전해들은 이지함은 빙그레 웃으며, "내 비록 콩이나 조는 못 되나 도토리 정도는 되지."라고 했다. 이 두 사람의 우정과 서로에 대한 이해는 우리가 다 헤아릴 수 없을 정도이다.

김춘추와 김유신
신분의 벽을 뛰어넘은 호국의 이신일체

처남과 매부로 얽인 동지

싸늘한 겨울바람을 맞으며 두 젊은이가 제기차기를 하고 있었다. 아무리 혈기 방장한 젊은이지만 한동안 제기차기를 계속하다 보면 숨이 차게 마련이다. 어느 순간 한 젊은이가 다른 젊은이의 펄럭이는 옷고름을 밟자, 옷고름이 툭 떨어졌다. 낭패였다. 왕의 손자로 진골眞骨인 김춘추金春秋(604~661)에게 겨우 귀족에 끼어든 가야 출신 각간角干의 아들 김유신金庾信(595~673)이 불경한 짓을 저질렀으니 말이다.

김유신은 쩔쩔매는 체하며 방 안에 들어가 꿰매자고 팔을 끌었다. 이에 김춘추가 방 안에 들어가자 예쁘장한 유신의 누이 문희文姬가 정성껏 이 귀공자를 받들었다. 김유신보다 아홉 살이

어린 김춘추이지만 그 뜻을 알아차리고 문희를 가까이했다.

김유신에게는 두 여동생이 있었다. 큰 여동생 보희寶姬가 어느 날, 서쪽 산에 올라가서 소변을 보고 내려다보니 온 서울이 오줌 바다가 된 꿈을 꾸었다. 이 꿈 이야기를 동생에게 하자 동생은 꿈을 팔라고 졸랐다. 그리하여 흥정 끝에 비단 저고리를 받고 꿈을 팔았다. 아뿔싸, 왕비 자리와 비단 저고리를 맞바꾸다니 될 법이나 한 이야기인가?

그 뒤로 김춘추는 틈만 나면 김유신의 집으로 와서 문희와 사랑을 속삭였고, 끝내 문희는 아이를 가졌다. 김유신은 짐짓 그의 여동생을 꾸짖었다. "네가 부모의 허락도 없이 아이를 밴 것은 어찌 된 일이냐?"

이에 김유신은 온 나라에 소문을 내고 왕이 남산에 놀이하는 날을 잡아 가문의 수치라고 하여 여동생을 태워 죽이려 했다. 그리하여 뜰에 땔나무를 쌓아놓고 불을 질렀다. 연기가 무럭무럭 나자 왕이 연기를 내려다보며 그 까닭을 물었다.

"아마 유신이 여동생을 태워 죽이는 연기인 듯합니다."
"태워죽이다니?"
"지아비가 없는 아이를 가졌다고 합니다."
"누가 한 짓인고?"

왕이 좌우를 돌아보자 춘추의 얼굴이 모닥불이 되어 있었다.

"네가 한 짓이로구나. 빨리 가서 구해주라."

　김춘추는 달려가 왕의 말을 전하고 문희를 구해주었고 마침내 아내로 삼았다. 당시 신라의 풍속으로 가야 출신의 각간과 왕족인 진골과는 혼인할 수 없었다. 그런데 이 풍속을 깬 것이 김유신의 여동생 문희였다.

김춘추의 외교를 뒷받침하다

　이런 지략은 잘 써먹으면 영웅이 되고 잘못 써먹으면 간신이 되는 법이리라. 그 오빠에 그 누이는 앞으로의 이야기를 읽어보면 결코 흉물이 되지 않았다.

　이 두 청년은 처남·매부의 사이가 되어 더욱 우정이 두터워졌을 것이다. 그리고 끊임없이 동해 모퉁이에 자리 잡은 조국이 고구려와 백제의 침략을 받자 나라를 구제할 경략經略을 나누었을 것이다. 그리고 선덕왕善德王(여왕이나 정식 시호는 선덕)에게 아들이 없자 어느 때인가 뛰어난 인물 김춘추가 왕위를 계승하여 삼국 통일의 위업을 이룰 것을 김유신은 점쳤을 것이다.

　김춘추와 김유신은 외로운 선덕왕을 신명을 바쳐 도왔다. 그리하여 유신은 20대부터 많은 전공을 세웠다. 642년(선덕왕 11) 백제가 대량주에 쳐들어와 그곳에 있던 김춘추의 사위 품석品釋을 죽이자 그의 아내도 따라 죽었다. 백제의 군사는 이들의 시체를 가져갔다. 김춘추는 딸의 원수를 갚기 위해 고구려에 원병을 청하러 가기를 자청했다. 저 유명한 그의 외교 솜씨의 첫 선을 보이려 한 것이다. 김춘추는 떠나기에 앞서 유신에게 당부했다.

"나는 공과 한 몸이 되어 나라의 팔다리[股肱之臣, 사지와 같은 신하]가 되었으니 내가 고구려에 갔다가 해를 당한다면 공이 가만있겠소?"

"공이 돌아오지 못한다면 내 말발굽이 반드시 고구려와 백제 두 임금의 궁궐을 짓밟을 것입니다."

김유신의 결의에 찬 말을 들은 김춘추는 감동해 마지않았고 서로 손가락을 깨물어 피를 내서 마시며 맹세했다.

내가 60일 안에 돌아오지 않으면 다시 못 볼 것이오.

김춘추는 고구려의 왕을 만나 원병을 요청했으나 왕은 신라의 땅을 떼어주면 원병을 보내주겠다고 했다. 이에 김춘추가 자기 마음대로 할 수 없는 일이라고 하자 그를 옥에 가두었다. 어쩔 수 없이 죽게 된 그는 땅을 떼어주도록 주선하겠다고 거짓말을 했다.

김유신은 기일이 차도 김춘추가 돌아오지 않자 용사 3천 명을 뽑아 고구려로 진격할 준비를 갖추었다. 이 소문이 간첩을 통해 고구려에 전해지고 고구려에서는 사단을 크게 벌이지 않으려고 김춘추를 석방했다. 김춘추는 국경을 넘자 죽음을 면하기 위해 거짓말을 했다고 실토했다.

　김춘추는 첫 외교솜씨를 거짓말로 죽음을 모면하는 정도에 그쳤고 김유신은 그 약속을 지켜 김춘추의 목숨을 구했다. 김춘추가 돌아와 내치內治에 온 힘을 기울이는 동안, 김유신은 백제의 정벌에 동분서주했다. 김유신은 일단 전쟁터에서 돌아왔다가 곧 국경으로 출동하면서, 집 앞을 지나가면서도 들르지 아니했다. 어느 때에는 50리쯤 가서야 자기 집의 미음을 가져오라 했다. 그리고 한 모금 마시고는 우리 집 미음 맛은 여전하다고 말했다. 이에 군사는 모두 대장군이 집에 들르지 않는 것을 알고 집 생각을 버렸다고 한다.

　648년 김춘추는 마흔네 살의 장년으로 당에 가서 갖은 솜씨로 원병을 청했고, 이에 소정방蘇定方이 이끄는 군사 20만을 동원하는 데에 성공했다. 나당연합군으로 백제를 공격하는 소원이 이루어진 것이다.

　김유신은 한동안 술만 마시고 놀이에만 열중했다. 많은 군사들이 김유신을 보고 백제정벌에 나서지 않는다고 원망했다. 이에 김유신은 군심이 돌아가는 모습을 예리하게 짚어보고 싸움은 군사의 용기에 달려 있음을 임금에게 말하고 곧 출정했다. 그리하여 백제장군 8명을 사로잡아, 품석과 그의 아내의 유골과 교환하여 안장했다. 김유신은 이 공으로 대총관이 되었다. 각기 맡은 일을 성공한 두 벗은 손을 잡고 기뻐해 마지않았다.

"죽고 사는 것이 명에 달려 있으므로 내가 살아 돌아와서 다시 공과 만나게 되었으니 얼마나 기쁜지 모르겠소."

"제가 나라의 위엄에 의탁, 백제와 크게 싸워서 성 20과 군사 3만을 목 베고 사로잡았으며, 품석과 그 부인의 유골을 고향에 돌아오게 한 것은 모두 하늘이 도운 것입니다."

이들의 문답은 실로 득의에 찬 내용이다.

용이 날개를 얻으니

이렇게 이들이 나라에 공을 세우는 동안, 선덕왕의 뒤를 이은 진덕왕은 재임 5년 만에 죽었다. 바로 유신이 젊었을 적부터 점치던 기회가 마침내 온 것이다.

선덕왕의 다음 임금 진덕왕이 아들을 두지 않고 죽은 것이다. 이 두 여왕은 우리 역사에서 독특한 존재들로 우리에게 많은 이야깃거리를 남겨주었다. 진덕왕이 죽자, 맨 처음 왕으로 추대된 사람은 알천閼川이었다. 그는 성골인데다 나이도 많았기에 그가 먼저 추대되었다. 그러나 그는 김춘추에게 끝까지 왕위를 사양했다.

아마도 그는 김춘추의 뛰어난 외교 수완과 통일에의 웅지를 알아보았을 것이다. 그리고 뛰어난 지략과 용맹으로 조야의 신망을 한 몸에 받고 있는 김유신마저 김춘추를 추대하고 있는 의

중까지를 짚어본 데서 나온 사양이었을 것이다. 그리하여 김춘추는 진골로는 맨 처음 왕이 되었다. 그리고 신하들은 이제 기상이 씩씩한 남자 왕을 맞이하여 새로운 희망에 부풀었다. 더욱이 김유신에게는 용이 날개를 얻은 격이었을 것이다.

김유신은 얼마 뒤 상대등의 자리에 있으면서 모든 행정을 담당하고 군사권마저 거머쥐고 지휘했다. 그는 백제에 첩자를 보내 모든 사정을 알아냈다. 의자왕은 처음에는 '해동존자'라는 별명을 들을 정도로 선정을 베풀었으나 차차 날로 방탕하고 술과 여자로 세월을 보냈다. 이렇게 의자왕이 방탕한 생활을 한 것도 김유신의 계략이라고 전해진다. 김유신은 시기가 무르익었다고 판단하고 왕에게 백제정벌을 단행할 것을 건의했다.

> 백제가 무도하여 그 죄가 걸·주보다도 더하오니 이제는 진실로 하늘의 뜻에 순응하여 백성을 불쌍하게 여겨 죄인을 토벌해야 될 때입니다.

이리하여 왕은 당나라에 김인문金仁問을 보내 예전의 약속을 지켜 연합군을 보내줄 것을 간곡하고 설득력 있게 요구했다. 이에 소정방이 전선에 군사를 싣고 와서 사자성으로 진격하고, 김유신은 5만의 정병을 거느리고 황산벌에서 계백階伯을 이기고 당나라 군사와 만났다.

소정방은 위세를 부리려 약속한 시일을 어겼다고 하여 신라의 장수를 처형하려 했다. 김유신은 조금도 꺾이지 않고 끝내 장수의 처형을 고집하던 소정방마저 베어버릴 각오를 다지며 말했다.

　　장군은 황산벌의 싸움을 모릅니까? 약속 기일이 늦은 것이 죄라
면 우리는 먼저 당나라 군사와 싸운 뒤에 백제 군사를 치겠소.

　이 기세에 소정방이 꺾이지 않을 수 없었다. 나당연합군은 숙
적 백제를 멸망시키고 통일에의 첫발을 내디뎠다. 김춘추가 왕
이 된 지 7년 만에 이룩된 것이다. 그러나 당나라 군사는 새로운
음모를 꾸미고 있었다. 원래 그네들의 속셈은 백제를 정벌하고
나서 신라마저 자기네들 손아귀에 넣을 셈이었다. 왕은 이를 알
아차리고 여러 신하에게 물었다. 한 사람이 나와 말했다.

　　우리나라 사람에게 백제 사람의 옷을 입혀 당나라 군사를 건드
리면 틀림없이 이를 칠 것이니, 이 꼬투리를 잡아 그들과 싸우면
이길 것입니다.

　이 말에 왕이 주저하자 김유신이 말했다.

　　개는 그 주인을 두려워하지만 다리를 밟으면 뭅니다. 어찌 이런
난을 당하고도 스스로 구하지 않겠습니까? 대왕은 허락하소서.

　이리하여 당나라와 일전을 결정하자 소정방은 이런 분위기를
알고 물러가는 수밖에 없었다. 소정방이 고국으로 돌아가자 당

고종은 의아해서 물었다.

"어찌하여 신라를 치지 않았는가?"
"신라는 그 임금은 어질어 백성을 사랑하고, 그 신하들은 충성스
럽게 나라를 받들며, 아랫사람은 윗사람을 친부모처럼 섬깁니다.
비록 나라는 작지만 칠 수가 없었습니다."

이렇게 작은 나라라도 마음과 몸이 똘똘 뭉치면 함부로 넘볼
수 없는 것이 세상 이치일 것이다. 이듬해 왕은 통일의 첫 걸음만
을 내딛고 한 많은 눈을 감았다. 이 왕을 태종무열왕이라 부른다.

삼국통일의 유업을 이루다

통일의 유업을, 아들 문무왕文武王과 평생의 벗이요 군신의 사
이이기도 한 김유신에게 미루었다. 김유신과 문무왕은 고구려를
쳐서 비록 북쪽 땅은 회복하지 못했으나 삼국통일이라는 김춘추
의 유업을 달성했다. 그뿐만 아니라 문무왕은 선왕의 외교솜씨
까지 배워 고구려의 유민과 손을 잡고 남은 당나라의 군사마저
신라 땅에서 몰아냈다.
김유신이 모든 뜻을 이루고 여든에서 한 해가 모자란 나이로
병이 들어 죽게 되었을 때에 문무왕은 김유신의 집으로 찾아가
서 이렇게 문답했다.

"과인에게 경이 있는 것은 물고기에게 물이 있는 것과 같았는데, 만약 경이 돌아간다면 백성은 어찌 되겠으며 나라는 어찌 되겠소?"

"삼가 원하옵건대 성공이 쉽지 않다는 것을 아시고 또 그 성공을 지키는 것이 어렵다는 것을 생각하셔서, 소인을 멀리하시고 군자를 가까이하소서. 그리하여 위에서는 조정이 화목하고 아래에서는 백성이 편안하여 화가 일어나지 않고 나라가 무궁하게 전해진다면 신은 죽더라도 아무 유감이 없습니다."

『삼국사기』「신라본기」

　문무왕은 눈물을 뚝뚝 흘리며 이 말을 귀 기울여 들었다. 얼마나 절실한 말이며 또 얼마나 정겨운 풍경인가? 김유신은 왕에게 한 말이라기보다 친구의 아들에게 조용히 타이르는 심정으로 말했을 것이다.

　우리는 오늘날 신라의 삼국통일을 두고 두어 가지 견해를 가지고 있다. 하나는 분열되어 있는 한민족을 하나로 통일했다는 데에 큰 의미를 두고 있다. 만약 한민족이 이 통일을 이루지 못하고 1백여 년을 더 갈라져 있었더라면 당나라의 지배를 받았을 것이라는 가정을 내세울 수도 있다. 또 하나는 고구려의 영토를 대부분 토막 내서 만주 일대의 땅을 잃고 백제의 찬란한 문화를 말살시키고 바다로 뻗어나가는 해양사상을 막았다는 비난이다. 그리하여 반도에 안주해 진취적인 기상이 줄었다고 말한다.

　이런 견해가 무시할 수 없는 근거는 있겠으나 통일의 의미를 과소평가할 수는 없을 것이다. 이 거대한 공업은 어쩌면 김유신이 사람됨을 꿰뚫어보고 왕위를 계승할 왕의 손자를 자기 집 뜰로 데려 와 제기차기를 하게 한 수완에서 나온 것일 수도 있다.

그러면서도 두 사람이 각기 거대한 포부와 꿈을 가지고 서로의 마음을 뚫어보면서 사귀었다는 데에서도 큰 교훈을 주고 있다. 위인의 우정이 때로는 역사의 거대한 물굽이를 이루는 경우를 우리는 이 두 사람의 이야기에서 찾을 수 있다.

원효와 의상
득도의 길을 추구한 구도의 동반자

구도의 길에서

　김춘추는 삼국통일을 이룩하려 할 때 불교를 정신적 지주로 삼았다. 당나라에 유학하고 있는 자장율사를 청해 와 황룡사 9층탑을 세우게 하고, 여기에서 원광법사로 하여금 호국이념을 다지게 했다. 백제의 잦은 내침과 고구려의 압박에서 통일을 이룩하는 길은 부처를 잘 받드는 신라를 지켜야 한다는 것을 백성에게 일깨우기 위해서였다.

　그리하여 끝내 백제를 쳐서 이기고 북쪽으로 고구려 정벌을 도모했다. 이때 신라의 젊은이들과 스님들은 더 많은 불법과 학문을 배우기 위해 당나라로 속속 건너갔다. 특히 백제가 멸망한 뒤, 당나라로 가는 구법승들은 서해를 통해 뱃길을 새로 개척하고 있었다.

어느 날 백제 땅이었던 서쪽 바닷가에는 두 장년의 스님이 당나라로 가는 배편을 기다리고 있었다. 며칠을 기다렸으나 어찌된 일인지 배는 좀처럼 나타나지 않았다. 밤늦도록 선창가를 서성이던 두 스님은 다음 날 아침 선창으로 다시 나오기로 하고 잘곳을 찾았다. 캄캄한 밤중이어서 몇 걸음 앞도 분간할 수 없었다.

두 사람은 이슬을 피할 만한 공간을 지닌 움막을 찾아들었다. 한 스님이 밤중에 목이 타서 물을 찾았다. 마침 물이 담겨 있는 바가지가 손에 잡혀서 이것을 움켜쥐고 시원스레 마셨다. 시원한 물을 마신 탓인지 그 밤을 잘 자고 일어났다. 두 스님은 다음 날 아침 다시 행장을 꾸렸다. 그러다가 먼지가 가득하고 빗물이 괴어 있는 해골바가지를 발견했다. 그 물을 마셨던 스님은 구역질이 나기 시작했다. 그들이 잔 집은 움막이 아니라 무덤이었다.

이 두 스님이 곧 원효元曉(617~86)와 의상義湘(625~702)이다. 원효는 마흔다섯 살, 의상은 서른일곱 살 때의 일이다. 물을 마신 원효는 해골바가지를 본 순간, 처음의 구역질과는 달리 곧 무슨 빛이 눈앞을 환하게 비치고 가슴이 탁 트이는 기쁨을 맛보았다.

마음이 있으면 갖가지의 일이 생기고 마음이 없으면 갖가지의 일도 없나니, 모든 일이 마음가짐에 달려 있느니라.

만물유심조萬物唯心造. 바로 이것을 원효는 깨달은 것이다. 중년이 되도록 그토록 마음이 무엇인지 골똘히 생각해보았지만, 뜬 구름을 잡은 것이나 진배없이 허공만 맴돌 뿐이었다. 그러나 해 골바가지의 물 한 모금이 만물을 또렷이 볼 수 있게 한 것이다.

호국이념을 같이하다

원효는 의상의 손을 잡았다. 그리고 빙그레 웃기만 하고 발길을 돌렸는지, 아니면 이런저런 사정을 꼬치꼬치 늘어놓고 작별을 나누었는지에 대해서는 기록이 없어 알 길 없으나 아마도 빙그레 웃는 쪽이 아니었겠는가? 그토록 오래 열망하고 준비했던 당에의 구법을 단념하고 원효는 서라벌로 돌아왔고 그 먼 길을 의상 혼자 가는 수밖에 없었다.

이보다 앞서 10년 전, 그들은 육로로 당에 들어가려 했었다. 그리하여 고구려의 국경을 넘어 천신만고 끝에 요동경계까지 갔다. 그러나 순라군에게 붙잡혀 간첩의 누명을 쓰고 옥에 갇히는 몸이 되었다. 이때는 고구려와 신라가 서로 첩자를 보내 정탐에 열을 올리던 시기였다. 그들은 열흘 만에 혐의가 벗겨져 풀려났으나 당으로 가는 길은 포기하는 수밖에 없었다. 그리고 나서 오랜 준비 끝에 두 스님은 소원을 이루려 하다가 이렇게 서로 헤어지게 된 것이다.

원효는 속성이 설씨. 경상북도 자인 땅에서 만삭이 된 한 부인이 나들이를 나섰다가 밤나무 아래에서 아이를 낳으니, 이 아이가 바로 한국 불교의 횃불을 밝힌 원효이다. 그는 평범한 벼슬아치의 아들로 태어났다. 턱걸이 귀족이었던 셈이다. 의상은 속성이 박씨. 계림부의 평범한 가정에서 태어나 어린 시절을 보냈다. 하지만 원효와는 달리 화려한 도시에서 자랐다.

확실하지는 않으나 이 둘이 출가한 것은 같은 시기로 보인다. 원효는 원광법사가 화랑을 기르던 황룡사에서 스물여덟 살에 출가했고, 의상은 경주에 있는 황복사에서 스무 살 적에 출가했다고 한다. 두 스님이 같은 해에 경주에서 출가했다는 것은 바로 앞으로 신라의 불교를 짊어질 대들보가 나타났다는 데 의의를 찾을 수 있을 것이다.

이 두 스님이 어느 때에 만났는지에 대해서는 전해지는 기록이 없다. 다만 뛰어난 재주로 같은 경주에서 수도하면서 이름이 널리 퍼졌을 터이고, 차차 그들의 학덕이 높아지자 왕이 그들을 불러다 설법하게 한 것을 보아 자연스레 만나 깊은 교우가 이루어지지 않았겠는가? 명산대찰을 찾아 두루 돌아다니고 고승대덕을 찾아 법을 얻는 것은 구도 학인의 길. 그들은 지금의 통도사가 있는 영취산에서 만나기도 하고, 고구려의 보덕스님이 완산에 왔을 적에 함께 가서 설법을 듣기도 했다.

매사에 활달하고 얽매임이 없는 원효와 무슨 일이든 따져 보고 계율에 철저한 의상은 비록 성격과 행동거지는 다르나, 불법으로 가는 길은 한가지였을 테니, 만행도 함께했던 것이요, 조국의 현실을 두고 호국이념을 같이했다.

그리하여 두 사람은 당에의 구법도 함께하려 했고 실제 목숨을 걸고 함께 길을 떠났던 것이다. 원효는 1차 구법의 길에서 되돌아와 정력적인 활동을 벌였다. 수도도 하고 설법도 하고 임금과 고관들 앞에서 불경을 강의하기도 했다. 그의 해박한 지식과 강렬한 웅변, 자비와 진리를 담은 변설이 토해질 적에 모든 대중들은 무한한 감동을 받았고, 임금과 고관들은 일제히 일어나 합장 배례했다고 한다. 한편 「발심장發心章」을 지어 널리 보급하고 초보자들이 빨리 불도를 닦도록 권장하기도 했다.

1차 구법의 길에서 돌아온 의상은, 원효와는 달리 설법보다 자기 자신을 가누기에 더욱 주력하여 계율을 지키고, 교학보다는 도제 양성과 도량 건립에 힘을 기울였다. 고구려 정벌을 앞두고 국가재정이 넉넉하지 못했으나 원찰願刹을 세우는 데에는 재정보다 원력이 앞서는 법임을 강조했다.

김춘추는 이 두 스님의 어깨에 호국불교사상을 짊어지게 했고, 두 스님은 불교로 통일에의 정신적 토대를 제공하기에 여념이 없었다. 한편 당시의 나라 주변 상황은 미묘했다. 고구려는 신라가 백제를 멸망시키자 더욱 경계의 태도를 다지고 있었고, 당은 백제를 멸망시킨 뒤 신라의 맞서는 태도에 정신을 가다듬고 있었다.

목적하는 길은 중생제도

그러면 두 스님은 서쪽 바닷가에서 서로 헤어져 각기 어떤 길을 걸었던가. 의상은 선배 원효를 돌려보낸 뒤, 당 사신이 타고

온 배를 얻어 타고 혼자 당나라로 건너갔다. 쓸쓸한 걸음이었지만 그는 곧이어 종남산에 있는 큰스님 지엄智儼을 찾아갔다. 지엄은 절간을 깨끗이 청소하고 그를 기다리고 있었다.

지난밤에 한 큰 나무가 해동에서 자라 그 가지들이 중국을 온통 덮어버리는 꿈을 꾸고 의상이 올 줄 알았다는 것이다. 지엄 스님은 『화엄경』을 소의경전所依經典으로 하는 화엄종의 제2조였다. 『화엄경』은 어떤 내용인가. 부처가 수도와 공덕을 쌓아 법계 평등의 진리를 설법한 경전이다. 의상은 지엄에게서 『화엄경』의 진수를 공부했다. 뼈를 깎는 8년의 정진. 그는 『화엄경』의 요지를 7자를 1구로 하여 모두 30구에 담은 「법성게法性偈」를 지어 스승에게 바쳤다.

「법성게」를 본 스승은 그의 선지식과 학문이 깊은 경지에 이르렀음을 보았다. 그리하여 찬탄해 마지않았다. 이것이 오늘날 전해지는 의상의 유일한 본격적 저술이다. 이것은 지금도 절에서 의식 때마다 외워지고 있다.

이때 그의 조국 신라는 고구려를 멸망시키고, 이어 당나라 세력을 몰아내기 위해 당과 싸움을 벌이고 있었다. 그리하여 당에서는 신라 원정계획을 세우고 있었다. 의상은 신라에서 사신으로 왔다가 감옥에 갇혀 있는 김인문, 김양도金良圖에게서 이 사실을 듣고 곧바로 이 소식을 전하려고 신라로 돌아왔다. 당나라에 간 지 10년 만의 귀국이다. 그리운 선배요, 벗인 원효와 다시 만나 깊은 우정을 나누게 된 것이다.

원효는 그동안 어떻게 지냈던가? 원효는 이때 장성한 아들을 두고 있었다. 중의 신분으로 파계를 한 것이지만, 이것을 두고 뒷사람들은 그의 무애의 경지를 말한다. 어느 날, 원효는 거리를 돌아다니며 외치고 있었다.

누가 자루 빠진 도끼를 빌려줄꼬.
내가 하늘 받칠 기둥을 찍어 만들겠느니.

사람들이 모두 이 말뜻을 알아차리지 못했다. 그러나 태종무열왕은 '이 스님이 아마도 귀한 부인을 얻어 어진 아들을 얻으려나보다'고 생각했다. 그리하여 과부가 된 둘째 딸 요석공주와 짝 지어주기 위해 그를 찾았다. 원효는 남산에서 내려와 궁궐 앞 다리를 지나다가 짐짓 물에 빠져 옷을 적셨다. 그는 옷을 말린다는 핑계로 벼슬아치에게 이끌려 궁중에 들어갔고, 마침내 요석공주에게서 유명한 학자 설총薛聰을 얻었다. 그는 이렇게 걸림이 없는 행동을 하고 있었다.

진정 민중을 위한 불교

그는 삼국통일의 이념과 단결을 제시하기 위해 『법화경종요法華經宗要』를 지었다. 『법화경』은 '회삼귀일會三歸一'의 사상을 담은 것이다. 『법화경』에는 이런 내용이 들어 있다. 어느 날, 백만장자가 바깥나들이를 했다가 집에 돌아와 보니 세 아이가 집 안에서 장난을 치고 있다. 그런데 집은 불에 타고 있었다. 문이 좁아 뛰어 들어가서 구해올 수도 없었다. 불이 났다고 소리쳤으나 아이들은 나올 생각을 안 했다. 그리하여 백만장자는 거짓말을 하는 수밖에 없었다. "얘들아, 여기 멋진 수레가 있구나. 빨리 나와 재미있는 수레놀이를 하자."

바깥으로 나온 아이들은 집에 불난 것을 알았고 수레가 없음도 알았다. 백만장자는 수레 사주는 것을 잊지 않았다. 이것이 '화택삼거설火宅三車說'로 백만장자는 부처, 불난 집은 번뇌에 찬 세상, 세 아이는 어리석은 중생을 뜻한다.

원효는 이것을 호국불교사상으로 변용시켜, 세 아이는 백제·고구려·신라로, 불난 집은 당시의 사정을, 백만장자는 이상적 지도자로 상징해 셋이 모여 하나로 돌아가는 '회삼귀일'을 주창했던 것이다.

그러면서 원효는 거리낌 없는 행동을 벌였다. 남루한 옷을 입고 거리를 쏘다니며 '하나의 사상', '중생의 평등'을 노래로 불렀고(「무애가無碍歌」), 광대에게서 얻은 표주박을 두드리며 곡을 맞추었다.

이런 원효의 행동을, 근엄한 의상이 10년 만에 돌아와 바라보고 무엇을 느꼈을까? 눈살을 찌푸렸을까? 아닐 것이다. 비록 수행하는 방법은 달라도 목적하는 길은 중생제도였으니 변함없는 우정으로 더욱 격려했을 것이다.

원효는 의상이 깊은 경지에 도달하여 고국에 돌아오자 더욱 저술에 정진했다. 그는 민중불교를 제창하여 통불교通佛教의 이론을 하나하나 정리했다. 그리하여 어느 종지에 집착하지 않고 총화불교를 위해 평생 『금강삼매경론金剛三昧經論』, 『대승기신론소大乘起信論疏』 등 수많은 저술을 남겼다. 더욱이 벗 의상이 오랫동안 걸쳐 공부한 『화엄경』에 대해서도 소疏를 지었다.

의상은 영주의 부석사를 창건하고 『화엄경』을 강론했다. 그리고 이어 해인사, 범어사 등 열 곳을 『화엄경』을 전하는 도량으로 삼아, 구경평등究竟平等을 이 땅에 심기에 심혈을 기울였다. 그는 또 표훈表訓, 능인能仁 등 열 제자를 길러, 이 땅을 영원한 이상향으로 만들려 했다. 이와 같이 원효와 달리 저술보다도 화엄사상을 심는 일, 도제를 기르는 일, 사찰을 세우는 일 등 불교의 기초를 뒷세상에 전하는 일에 몰두했다.

두 스님은 그들이 열망하던 삼국통일을 끝내 보고 천명을 다한 나이로 열반에 들었다. 나라 안에서는 이 두 스님을 한국불교의 가장 우뚝한 봉우리로 쳤고, 고려의 의천과 보조, 조선조의 서산과 사명으로 호국불교의 정신이 이어졌다. 나라 바깥으로는 중국과 일본에 그들의 통불교와 화엄사상이 널리 전해져 중국에서는 외경의 대상으로, 일본에서는 그들의 정신적 광명을 주는 선사로 받들어졌다.

특히 일본의 명혜상인明惠上人이라는 스님은, 화사畵師에게 부탁하여 원효와 의상의 생활을 그린 그림을 세 폭씩 그리게 하여 화첩을 만들어 늘 바라보고 흠모했다고 한다. 이 그림은 일본 명화의 하나로 오늘날에도 전해지고 있다. 두 스님의 우정과 사상은 죽어서 나라 바깥에서도 어깨를 나란히 하고 있는 것이다.

오늘날 찢어지고 갈라진 한국불교는 저 1천 2백여 년 전 두 스님의 정신을 다시 곰곰 되새겨보아야 할 것이다. 진정 민중을 위한 불교는 어디에 있어야 하는가?

김인후와 유희춘
불의에 타협하지 않은 평생지기

죽음 앞에서 우정을 확인하다

하서河西 김인후金麟厚(1510~60)와 미암眉岩 유희춘柳希春(1513~77)은, 조선조 중기 학문이 한창 발전할 적에 같은 지방 출신의 성리학자로 이름이 높았다. 특히 두 사람은 정여립 사건으로 호남 출신을 소외하던 시기보다 약간 앞서 산 호남 출신의 정치가이기도 했다. 김인후는 울산 김씨로 장성이 고향이며, 유희춘은 선산 유씨로 해남이 고향이다. 두 사람은 모두 도덕 있는 선비를 아버지로 두었으나 명문의 후예는 아니었다. 그들은 타고난 재주와 학문으로 조야의 명망을 얻었다.

두 사람은 김정국金正國, 최산두崔山斗의 제자였다. 김정국과 최산두는 깨끗한 선비요 벼슬아치로, 조광조와 함께 기묘명현己卯

名賢으로 꼽혀 이름이 높았다. 최산두는 동복에 살면서 많은 제자를 길렀고, 김정국은 전라관찰사로 와 있을 적에 이곳 자제들을 가르쳤다. 그리하여 이들은 어릴 적부터 조광조, 김정金淨 등 신진 사류의 높은 뜻을 스승에게서 익히 듣고 있었다. 두 스승은 이 정신을 몸소 실천하여 깨끗한 이름을 후세에 남겼다.

청운의 뜻을 품고 서울에 먼저 올라온 것은 유희춘이었다. 그의 형 성춘成春이 이미 관계에 나와 있었다. 유희춘은 서울로 올라와 형을 징검다리로 하여 교우를 넓히고 있었다. 이럴 즈음 김인후도 성균관에 와서 공부를 하게 되었다. 시골뜨기 김인후가 여기의 시험에서 장원을 차지하게 되었다. 이에 놀란 대제학 이행李荇은 남의 글을 빌리지는 않았으나 김인후를 의심했다. 그리하여 그가 보는 앞에서 글을 짓게 했다. 이 일로 김인후의 이름은 하루아침에 널리 퍼졌다.

김인후와 유희춘은 동문 동향의 친구로서 더욱 의기가 투합했고, 교분도 더욱 두터워갔다. 더욱이 유희춘이 성균관 교유校諭로 있을 때 그곳에서 공부하던 김인후에게 커다란 사건이 일어났다. 그가 염병을 앓아서 다 죽어가게 되었던 것이다. 다른 동료들은 감히 가까이 가지 못했고 돌보는 친구 하나 없었다. 이에 유희춘은 김인후를 그의 집에 데려다가 밤낮으로 병을 돌보는 등 정성을 아끼지 않았다. 당시에는 염병에 걸리면 죽음을 각오해야 했으며, 전염성으로 말미암아 감히 가까이하지 못했다. 마침내 김인후는 일어나게 되었고 그 우정에 눈물겹도록 고마워했다.

임금의 죽음으로 서로 다른 길을 가다

젊은 유희춘의 벼슬길은 탄탄하게 뻗어나갔다. 연달아 춘추관, 예문관의 요직을 얻었다. 그때 스승의 형인 김안국金安國이 대제학으로 있었다. 이어 1542년(중종 37)에는 세자시강원의 설서說書가 되어 동궁인 인종을 열심히 가르쳤다. 그는 동궁의 신임을 한 몸에 받고 있었고, 어진 동궁이 왕이 되면 바른 정치가 이루어지리라고 크게 기대하고 있었다. 그는 다음 해 수찬修撰으로 있을 적에 벼슬자리에서 물러날 것을 청했다. 열여섯 살에 아버지를 여의었으므로 홀로 계신 어머니를 모시기 위해서였다. 이리하여 왕은 고향과 가까운 무장현감으로 내려 보냈다.

김인후는 뒤늦은 서른한 살 때인 1540년(중종 35)에 문과에 급제했다. 그 뒤 홍문관의 정자正字, 저작著作 등을 거쳐 3년 뒤 친구 유희춘의 후임으로 동궁의 설서가 되었다. 동궁을 가르치는 친구의 자리를 물려받은 것이다. 그리하여 인종에게서 묵죽도墨竹圖를 하사받는 등 친구의 경우와 같이 두터운 신임을 받았다.

그러나 이 해 8월에 김인후는 부모가 연로하므로 봉양해야겠다는 뜻으로 사직을 청했다. 이리하여 고향과 가까운 옥과현감이 내려졌다. 한두 달을 앞뒤로 하여 두 친구는 고향 가까운 고을의 원이 되었다. 사실 당시 두 사람의 본뜻은 다른 데에 있었던 것으로 보인다.

중종 말년 조정에는 외척 윤씨들의 싸움판이 한창 벌어지고 있었다. 동궁의 외가세력인 윤임과 왕자 경원대군(뒤의 명종)의 외가세력인 윤원형과의 권력투쟁이 치열하게 벌어지고 있었다. 이런 마당에서 늘 학문에 뜻을 두고 있었던 두 사람은 이심전심으로 낙향하려는 생각을 품고 있었던 것이다.

두 사람의 성격과 생활태도를 살펴보는 것도 이렇게 현실에 대처하는 방법을 알아보는 데 도움이 될 것이다. 김인후는 술을 몹시 좋아했다. 길을 갈 적에도 몇 섬의 술을 말에 싣고 가다가 길가의 시골집에 꽃이나 대나무가 있으면 내려 술을 마셨다. 이와 같이 길을 가니 수십 일을 가도 남들이 며칠 가는 것만큼도 못했다. 술이 떨어지면 병을 핑계대고 가지 않았다고 한다(『어우야담』). 이황도 이에 대해 중년에 시주詩酒에 지나치게 빠져 애석하게 생각했더니, 만년에는 학문에 뛰어났다고 썼다.

유희춘은 성격이 몹시 소탈했다. 가산을 전혀 돌보지 않았고 옷이나 버선이 때가 묻거나 해져도 부인이 꾸려주지 않으면 바꿔 입을 줄을 몰랐다. 거처하는 방에는 책상에 책을 펴놓은 것 외에는 먼지가 뽀얗게 앉아도 청소할 줄을 몰랐다. 속된 이야기가 나오면 무식한 사람처럼 깜깜하다가도, 학문 이야기만 나오면 그의 해박한 지식이 쏟아졌다고 한다(허균 『성옹지소록惺翁識小錄』). 이렇듯 걸림이 없는 두 사람의 태도와 상식을 뛰어넘은 생활방식은 곧 두 사람을 큰 그릇으로 만든 바탕이 되지 않았을까?

무장과 옥과는 멀지 않은 거리인지라, 두 사람은 아무런 장애 없이 어릴 적의 정을 다시 나누게 되었다. 그리하여 선운사에서 시주를 나누기도 하고, 고향 주위의 산수를 찾아보기도 했다. 이때 두 사람은 모두 훌륭한 목민관으로 아름다운 치적을 이룩했다는 칭송도 아울러 듣고 있었다. 이들이 고을 원으로 있은 지 1년쯤 지나서 중종이 죽었다.

그리고 그들이 가르치던 인종이 왕위에 올랐다. 두 사람은 다같이 부름을 받고 올라왔다. 김인후는 서울로 와 인종이 즉위한 모습을 보고 곧 부모의 병을 핑계대고 다시 고향으로 돌아갔다. 김인후보다 두 달 늦게 올라온 유희춘은 수찬이 되었다. 그러나 유희춘이 서울에 온 지 한 달 만에 인종이 죽었다. 이 죽음은 두 사람에게 커다란 의미가 있었다. 곧 앞으로 각기 다른 길을 걷게 했으며, 또 영영 서로 헤어져 죽을 때까지 만나지 못하게 되었다.

1545년 7월 인종의 죽음을 들은 김인후는 지나치게 애통한 나머지 마음병을 얻어 벼슬자리에서 물러나, 다시는 조정에 나가지 않을 결심을 굳혔다. 그리하여 그의 학문도 꽃을 피우기 시작했다. 이에 비해 유희춘은 명종이 왕위에 오르자 「시무십책時務十策」을 올리면서 정치에 적극적으로 참여했다. 이는 곧 인종이 죽고 난 뒤 새로운 조정에 대해 두 사람이 견해를 달리한 것으로 풀이된다.

기나긴 유배를 떠나다

조정은 새로운 국면으로 접어들었다. 명종이 어린 나이로 왕위에 오르자 어머니인 문정왕후가 수렴청정을 하게 되었다. 따라서 인종을 받들던 대윤 일파인 윤임 등이 죽임을 당하고 윤원

형 등의 소윤이 득세하는, 이른바 을사사화가 일어났다. 유희춘은 소윤에 가담하라는 권유를 뿌리친 탓으로 파직을 당했다. 그의 꼿꼿한 성격은 문정왕후의 일에 협조하면 출세가 보장된다는 유혹을 감연히 뿌리치고 파직을 자청했던 것이다. 그리하여 유희춘은 죽음을 면한 것만도 다행으로 여기고 고향에 내려와 독서로 나날을 보냈다.

이때 친구 김인후를 만났다는 기록은 보이지 않는다. 김인후는 인종의 1주기가 되는 1546년(명종 1) 7월에 행사를 벌였다. 7월 1일부터 제삿날까지 술병을 들고 매일 집 남쪽에 있는 산에 올라갔다. 그리고 북쪽을 향해 앉아서 한 잔을 마시고 계속 통곡하다가 밤에야 돌아왔다. 이 행사는 평생을 두고 해마다 되풀이되었다. 전왕에 대한 추모의 정이라기보다 잘못되어가는 조정의 일을 안타까워한 데서 나온 것이 아니겠는가.

한편 세상은 유희춘이 고향에서 독서로만 소일하게 내버려두지 않았다. 1547년(명종 2) 양재역 객사의 벽에 이런 글이 씌어 있었다.

여주女主가 위에서 정권을 잡고, 간신 이기가 아래에서 권세를 농락하니 이 나라는 망할 것이로다.

이에 윤원형, 이기 등은 을사사화 때 살려준 자들의 소행이라고 하여, 유희춘을 제주도로 귀양 보냈다. 이어 몇 달 뒤 제주도는 그의 고향 해남과 가깝다고 하여 함경도 종성으로 유배지를 옮기게 했다. 제주도에서 유배지를 옮길 적에 함께 오던 배 두 척이 침몰했는데도 유희춘은 태연했고, 손수 편지를 적어 고향의 어머니에게 유언을 보냈다고 한다.

유희춘은 어느 때 어느 곳에서인지 모르나 북쪽으로 떠나면서 김인후와 마지막 작별을 나눈 것으로 알려졌다. 김인후는 그에게 이렇게 말했다.

자네가 멀리 귀양을 가니 처자가 의지할 곳이 없겠네. 자네의 어린 아들은 내가 사위로 삼을 것이니 걱정 말게.

이 말에 대한 유희춘의 대답이 무엇인지 모르겠으나 친구의 깊은 배려에 가슴이 메었을 것이다. 유희춘의 아들은 재주가 변변하지 못했고 나이도 걸맞지 않았으나, 김인후는 약속을 지켰다. 젊었을 적에 염병을 돌보아준 보은만으로 풀이할 수는 없을 것이다. 장년의 나이로 시세가 비뚤어져 두 사람은 영영 헤어지는 몸이 되었다.

그 뒤 김인후에게는 정랑, 교리 따위의 벼슬이 연이어 내려졌으나, 결코 벼슬길에 나가지 않았다. 그는 제자를 기르고 저술에 몰두했다. 그는 태인에 있는 일재一齋 이항李恒과 학문 토론을 벌이기도 하고, 광주에 있는 고봉高峯 기대승奇大升과 사칠론四七論을 논변하기도 했다. 그리하여 이황과 기대승 사이에 벌어진 유명한 사칠논쟁이 김인후의 서실에서 싹텄던 것이다.

유희춘도 유배지에서 글을 가르치는 한편, 시도 짓고 학문에도 정진했다. 어머니가 머리털을 잘라 보내주자 사물에 한 점 걸림이 없었던 유희춘도 가슴이 메어 「울면서 어머니가 보내주신 머리털을 받고서」라는 고시古詩를 지어 보는 이로 하여금 눈물을 자아내게 했다.

불의와 타협하지 않은 꿋꿋한 정신으로 추앙받다

어머니에 대한 애정과 벗에 대한 그리움이 정리되어갈 무렵, 유배된 지 13년째 되던 해인 1560년(명종 15) 김인후가 먼저 세상을 떠났다. 쉰 한 살의 나이로 세상을 떠난 김인후는 평생의 지기인 유희춘의 전송을 받지 못한 채 황천으로 돌아갔다. 유희춘은 유배 21년 만인 1568년 귀양에서 풀려났다.

명종이 죽고 선조가 즉위하여 윤씨의 전횡이 막을 내렸던 것이다. 유희춘은 곧바로 벼슬살이에 나아갔다. 그리하여 전라감사, 제학, 대사헌 등의 요직을 거쳤고, 『국조유선록國朝儒先錄』, 『미암일기眉巖日記』 등의 저술을 남겼다. 특히 『미암일기』는 선조 즉위부터 11년간의 일기로, 뒤에 『선조실록』을 편찬할 때에 중요한 자료가 되었다.

그는 만년에 담양으로 옮겨와 살았다. 김인후의 묘가 있는 장성과 담양은 바로 이웃 고을로 아마도 친구의 체취를 더 맡으려고 그곳으로 옮겨와 산 것이 아닐까.

장성의 기산에는 문인들에 의해 서원이 세워져 김인후를 받들었다. 1658년(효종 9)에는 필암서원筆岩書院이라는 편액이 내려졌고, 마침내 이곳 유생들의 건의로 문묘에 종사되는 영광을 입었다. 문묘종사는 유학자로서는 가장 영광스런 것으로, 우리나라의 인사로는 18현만이 모셔졌으며, 전라도로서는 처음 있는 일이었다.

유희춘에게는 죽은 뒤 4년 만에 좌찬성의 증직이 내려졌다. 이곳 유림들은 그가 만년에 살던 담양 땅에 의암서원義岩書院을 세워 그를 기렸고, 이 서원도 사액서원이 되었다. 무장에는 충현사忠賢祠를 세워 그의 공적을 기렸다. 『미암일기』는 담양군 대덕면 장산리의 종가에 보관되어오다가 보물로 지정되었다.

이렇게 두 사람이 지방의 높은 선비로 추앙을 받고, 그의 정신이 오늘날도 기림을 받는 것은, 학자로서의 업적 탓일 수도 있다. 그러나 그보다는 권세에 휘말리지 않고 불의와 타협하지 않은 꿋꿋한 정신에 있다고 하겠다.

이이와 이지함
띠신과 야인의 차이를 초월한 비범한 만남

명사와 기인의 만남

대제학, 대사헌, 이조판서를 지낸 대정치가요 명망이 높은 유학자 율곡栗谷 이이李珥(1536~84), 너그러운 성격에 산수를 벗하며 방랑생활을 즐기고 풍수와 비기 등에 심취한 재야의 지사 토정土亭 이지함李之菡(1517~78). 『토정비결』을 지은 이지함과 전형적 유학자인 이이는 인생의 흐름부터 다르다. 그런데도 평생의 선후배 또는 동지로서 격려와 이해를 바탕으로 남다른 교분을 맺은 것은 무엇 때문일까.

두 사람의 만남은 이이가 장원급제를 하고 본격적으로 벼슬길에 들어설 때, 곧 이이의 나이 20대 후반쯤으로 보인다. 이때는 조선조가 외침이 없어 태평을 구가하던 명종연간이다. 시골 선비로 한때 중이었던 이이는 서울의 명사들과 어울리면서 기인 이지함이 금방 눈에 들었으리라.

이지함은 한 말 밥을 먹고 며칠씩 굶어가며 길을 걸어 다녔으며, 그러다가 긴 지팡이에 의지해 길가에 선 채로 잠을 자기도 했다. 그는 가난한 백성들의 고통을 몸소 살펴가며 온 나라를 누비고 돌아다녔다. 제주도에 갈 때였다. 풍랑을 만나 배가 뒤집힐 것 같자, 배의 양쪽에 바가지 꾸러미를 주렁주렁 달아 무사히 건너는 기지를 보이기도 했다. 그때의 제주목사가 이지함을 알아보고 관사에 모셨다. 그러고는 아름다운 기생을 불러 "오늘밤 토정을 유혹할 수 있으면, 저 창고에 그득한 곡식을 몽땅 주겠노라"고 했다. 그러자 그 미기美妓는 온갖 교태를 부렸지만 창고의 곡식 한 톨 얻어내지 못했다.

또 그가 개성의 서경덕에게서 글을 배울 적에, 하숙집 아낙네가 남편을 장사 내보낸 뒤 온갖 아양을 떨며 유혹했지만, 이지함은 인륜을 들먹이며 타일러 보내기도 했다. 여자에 그만큼 초연한 것인지, 초연한 체한 것인지는 모른다.

이지함의 관심은 가난한 백성들의 고통을 살피고 이를 구제하는 데에 쏠렸다. 그는 마포 나루에 토정이라는 오두막을 짓고 가난한 서민들과 함께 살아온 탓으로 세상 사람들이 '토정 선생'이라 불렀다. 지금도 그곳에 토정지土亭趾가 남아 있다.

그대가 없다면 나라꼴이 되겠는가

이에 비해 이이는 이지적인 인물이었다. 어릴 적 어머니를 여의고 허무를 절감, 금강산에 들어가 한때 불교공부에 몰두했다. 그러나 불교가 세상을 구제하기에는 한계가 있음을 깨닫고 과거 준비에 열중했다. 그는 구도장원九度壯元(아홉 번의 장원)을 한 천재였다. 조정에 나간 이이는 정치의 개혁에 힘을 기울였고, 왕에게 참다운 왕의 길을 가르쳤다. 이때 현실 문제에 관해 자문을 구한 사람이 바로 이지함이었다.

당시 사류들은 동·서당으로 갈라져 부질없는 싸움질만 일삼았다. 이에 회의를 느낀 이이는 신병을 평계로 벼슬을 버리고 낙향하려 했다.

이때 이이에게 달려간 이지함은 '성인이 후세에 폐단을 만들었다'(공자가 소인 유비孺悲를 만나지 않으려고 병을 평계 댄 것)는 것을 이이의 경우와 비유해 말하고, 만일 그대가 벼슬에서 떠나지 않는다면 크게 사류를 일신하지는 못할지라도, 적어도 망하는 지경에 이르지는 않을 것이라고 간곡히 말했다. 또 이이가 이 같은 동기로 대사간을 사직하려 할 때도 역시 이지함은 이이를 꾸짖었다.

만약 깊은 병이 든 부친의 목숨이 곧 끊어지려 할 적에 아들이 약을 올렸으나 약사발을 집어던지기로서니, 울면서 약 들기를 계속 권해야지 그냥 물러가는 것은 도리가 아니지 않겠는가.

이지함은 이이가 물러나면 나라꼴이 되지 않을 것이라고 설득했다. 하나 그 자신은 결코 벼슬을 하지 않으려 했다. 이지함은 그의 꿈을 이이를 통하여 실현시키려 했고, 이이는 그가 늘 마음속으로 그리던 김시습의 일면을 이지함에게서 발견했는지도 모른다.

이지함은 "귀하기는 벼슬하지 않는 것보다 더 귀함이 없고, 부하기는 욕심을 부리지 않는 것보다 더 부함이 없다"고 역설처럼 말하곤 했다. 이지함이 서울을 버리고 아산으로 낙향할 때였다. 이이는 그를 이렇게 읊었다.

살림 도구는 한 수레에도 차지 않는데
티끌세상 떠나 외진 곳으로 가시는구려
당신의 집은 세 칸이면 족할 것이요
먹고살기에는 두어 뙈기밭이면 넉넉하리니

냉철하고 이지적인 이이지만 시끄러운 조정에서 하루하루를 보내노라니, 이지함의 생활이 오히려 부러웠는지도 모른다.

토정은 콩이나 조는 아닐세

그런데 이지함은 만년에 이이 등의 천거로 팔자에 없는 벼슬살이에 나갔다. 마지못해 포천현감으로 부임할 때 이지함의 행색은 평소 그대로였다. 베옷에 짚신, 포립 차림. 아전이 푸짐한 밥상을 내오자 이지함은 "먹을 것이 없구나" 하며 물리쳤다. 두 번, 세 번 차려와도 마찬가지였다. 끝내 이지함은 잡곡밥 한 그릇, 나물 한 대접을 차려오라고 일렀다. 이지함이 아산현감으로 갔을 때는 걸인들을 구제하기 위해 짚신을 삼아 생계를 돕도록 하는 이른바 걸인청을 만드는 등 백성을 위한 목민관으로서 칭송이 자자했다. 이런 행적을 안 김계휘金繼輝가 이이에게 물었다.

"토정을 제갈량에 비교할 수 있습니까?"
"물物에 비하면 기화奇花, 이초異草, 괴석 같은 것이지, 콩이나 조는 아닐세."

이 말을 전해들은 이지함은 빙그레 웃으며, "내 비록 콩이나 조는 못 되나 도토리 정도는 되지"라고 했다. 이지함이 이이보다 6년 먼저 세상을 떠나자 이이는 이렇게 애도했다.

내 비록 뒤에 태어나서 일찍부터 거두어들임을 입었노라. 서로 간담을 비추어보아 조금의 장벽도 없었노라. 선생은 나에게 인망을 저버리지 말라 일렀고, 나는 선생에게 천방天放(멋대로 사는 짓)을 조금 거두어들이라고 말했다. 서로 살펴보고 격려를 아끼지 않으면서 늦은 공업功業 얻기를 빌었도다.

이지함은 이이의 뛰어난 경륜을 알아주어 더 많은 일을 이루기를 당부했고, 이이는 천지를 넘나들며 백성의 고통을 자기 고통처럼 생각하는 인도주의자 이지함을 남달리 이해했던 것이다. 어찌 범상한 사귐이랴. 이이는 정치적·학문적 업적으로 후세에 많은 영향을 끼쳤고, 이지함은 『토정비결』을 민간에 널리 퍼뜨려 찌든 서민들에게 위안과 여유를 주었다.

　이이는 독특한 이기철학의 이론을 내 우리나라 형이상학에 한 획을 그었고, 이지함은 목민관의 모범, 민중지도자들에게 정신적 귀감이 되었다. 이렇게 살아가는 분위기는 사뭇 달랐지만, 우정과 서로간의 이해는 우리가 다 헤아릴 수 없을 정도였다.

유성룡과 김성일
전란 속에서도 이어진 향기로운 우정

구국을 위해 신명을 바친 동지

우리나라 역사에서 16세기는 일대 전환기였다. 오랫동안 태평한 세월을 누리던 벼슬아치들은 패거리를 나누어 정쟁에 열중하고 있었다. 이럴 즈음 일본은 도요토미 히데요시가 국내를 통일하고 조선 침략을 준비하고 있었다. 1592년 마침내 임진왜란이 일어나, 우리나라 강토는 역사상 그 유례를 찾을 수 없을 정도로 잿더미가 되었다.

시대가 영웅을 만든다는 말대로 이때에 활약한 인물로 이순신, 권율과 같은 영웅을 꼽을 수 있다. 그 가운데에서도 우리는 남다른 우정으로 서로 격려하며 나라를 구하기에 신명을 바쳤던 서애西厓 유성룡柳成龍(1542~1607)과 학봉鶴峯 김성일金誠一(1538~93)

도 빼놓을 수 없다.

　유성룡은 풍천 하회가 고향이었으나 외가가 있는 의성 사촌리에서 태어났다. 그는 어릴 적부터 관찰사를 지낸 아버지의 임지를 따라다니며 살았기 때문에, 이황에게서 글을 배울 때와 잠시 벼슬이 떨어졌을 때, 그리고 늙어 낙향생활을 할 때 등 20년을 빼놓고는 거의 고향을 떠나 생활했다. 그런 탓으로 이웃 고을의 대학자 이황에게 가서 글을 배운 것도 스물한 살 적이었다.

　이와는 조금 달리 김성일은 안동 천전리에서 태어나 서른 살이 되어 벼슬에 나오기 전까지 줄곧 고향에서 지냈으며, 그 뒤에도 조정에 몸담은 기간보다 고향에 와서 독서하는 기간이 훨씬 많았다.

　이것은 바로 두 사람의 길이 약간 달랐음을 뜻한다. 유성룡은 스물다섯 살 적에 승문원 부정자를 시작으로 관계의 길이 환하게 열려 대제학, 이조판서, 영의정을 거치는 대정치가의 생애를 걸었다. 그러나 김성일은 늦은 나이에 관계에 발을 들였다가 잦은 파직으로, 또는 자의로 고향에서 사는 날이 많았다.

학과 봉의 만남

　이런 신상의 다른 분위기는 그들의 성격과도 관련 있다. 김성일은 꼿꼿한 선비기질 탓으로 불의를 한 치도 용납하지 않았다. 임금 앞에서도 조금의 굽힘이 없어 전상호殿上虎(대전에 있는 호랑이)

라는 별명을 얻을 정도였다. 다시 말해서 소인배들과 어울려 조정에 몸담기보다 새재를 넘어 한적한 고향에서 학문에 심취하기를 즐겼다. 스승 이황의 행적을 본받은 것이다.

그에 비해 유성룡은 원만한 성격으로 조정자의 명수로 일컬어졌다. 싸움을 말리고 일을 조정하고 헐뜯는 말을 입에 담지 않는 조선조의 모범이 된 정치가였다. 이황의 이상을 현실에 실현시키려는 의지에서 나온 것이라 할까? 어쨌든 유성룡은 그다지 자주 새재를 넘지 않았다. 그런데도 이들은 어떻게 아름다운 우정을 꽃피웠는가?

김성일은 열아홉 살 때부터 도산서당에서 아침저녁으로 이황의 곁을 떠나지 않고 글을 배웠다. 도산서당에는 영재들이 구름같이 몰려들었으나 김성일은 그의 아호 그대로 군계일학이었다. 만일 유성룡이 나타나지 않았더라면 이황의 학통은 온전히 그에게만 전수되었을 것이리라. 유성룡은 스물한 살 적에 도산서당의 문에 들어갔다. 그는 이황에게서 글을 배우다가 어느 때 이미 명망이 높던 선배 김성일을 금계로 찾아갔다. 학과 봉의 만남은 용호상박이 아닌 서로 추켜올리는 것으로 시작되었다. 김성일이 말했다.

우리들이 선생님을 따른 지 오래였으나 한마디 칭찬하시는 말씀이 없으셨는데, 선생님께서 그대를 한번 보고, "이 사람은 하늘이 냈도다. 뒷날 큰 공을 이룰 것이다"고 하셨네.

한 점 질투나 꺼리는 마음이 있을 턱이 없었다. 유성룡은 늘

계상정거도溪上靜居圖 겸재 정선이 퇴계 이황 생존시의 건물인 서당을 중심으로 주변 산수를 담아 그렸다고 알려진 그림. 학봉 김성일과 서애 유성룡은 이황 문하의 뛰어난 두 제자로서 죽을 때까지 우의에 변함이 없었다.

"나는 모든 일에 있어서 학봉에게 미치지 못한다"고 말했고, 김성일 또한 "서애는 나의 사표로다"라며 칭찬해 마지않았다.

　그 뒤 김성일의 나이 서른세 살, 유성룡의 나이 스물아홉 살때 이황은 많은 저술을 남기고 세상을 떠났다. 김성일은 스승의 문집을 정리해 간행했다. 유성룡은 바쁜 벼슬살이로 이에 참여하지 못했고, 뒤에 스승의 문집을 보고 그 편집에 약간의 불만을 표시했다. 아마도 두 사람의 사귐에서 이 문집에 대한 의견이 최초요 마지막으로 견해를 달리하는 점이었을 것이다. 그러나 이것은 잠시일 뿐, 스승이 없는 세상에서 서로의 문제를 끊임없이 상의하면서 처신했다.

운명을 가른 말 한마디

1588년(선조 21) 동·서의 당쟁이 한창 시끄러울 적에, 조정에서는 낙향해 있는 김성일에게 환조還朝하라는 특명이 내려졌다. 그에게는 실로 난감한 일이었다. 물러앉거나 나가거나 그에게는 근심만이 마음속에 가득할 뿐이었다. 그는 이때의 심경을 유성룡에게 시로 이렇게 써서 보냈다.

> 하늘가에 드리운 엷은 그늘만이 눈에 가득하고
> 문 앞엔 그대로 천 갈래 길만이 놓여 있네

선비의 진퇴가 어렵기는 고금이 마찬가지다. 유성룡으로서도 이래라저래라 할 처지가 아니었다. 그리하여 유성룡과 김성일은 또다시 조정에서 만나게 되었다. 두 사람은 이때 파당 속으로 말려들었고, 끝내 그들은 자의든 타의든 동인의 거두가 되었다. 1589년에는 정여립의 옥사가 일어나서, 그들의 동료가 죽기도 하고 귀양을 가게 되었다.

이런 소용돌이 속에서 두 사람도 여러 번 연루자로 이름이 오르내렸으나, 임금이 감싸주어 모면되었다. 특히 이 사건으로 두 사람의 친구인 최영경이 죽자, 이의 신원을 위해 온 힘을 기울였다. 현실 대처를 두고 온건론을 편 탓으로 동인이 남인·북인으로 갈릴 적에는 남인으로 지목되었다.

동료들이 죽임을 당하는 마당에 예조판서, 이조판서를 거친 유성룡이 동인으로부터 오해를 받게 되자, 김성일은 유성룡을 위해 동료들을 설득했다. 이어 두 사람은 서로 헤어지면서 커다란 새로운 운명을 맞이하게 되었다.

김성일은 통신사의 일행으로 일본으로 떠났고, 유성룡은 어머니의 병환으로 귀향했다. 유성룡이 고향에서 어머니의 병환을 돌보며 조정의 일을 걱정하는 동안, 김성일은 일본에서 특유의 고집스러운 기질로 일본의 무례한 대접에 예와 의로 타이르며 기개를 떨쳤다.

김성일이 일본에서 돌아올 적에, 유성룡 또한 조정에 나와 있었다. 1년 만에 서로 만났지만 회포를 풀 겨를도 없이 국가의 일은 새로운 국면을 맞이하게 되었다. 임금은 세 사신에게 일본의 동향을 이모저모로 물었다. 특히 일본의 내침 여부를 묻자 황윤길黃允吉, 김성일, 허성許筬 등 세 사신의 대답은 각기 달랐다.

황윤길 "멀지 않은 장래에 왜구가 반드시 침략해올 것입니다."
김성일 "일본은 아직 군사를 일으킬 기색이 없으니 걱정할 것 없습니다."
허성 "그들이 우리 통신사 일행을 맞이할 적에 일부러 파리한 군사만을 동원하는 것을 보니 침략해 올 듯합니다."

선조가 다시 도요토미 히데요시의 사람됨을 묻자, 황윤길은 담력과 지략이 있을 것이라 했고, 김성일은 쥐 눈을 하고 있어서 보잘것없는 인물이라 했다. 이 자리에 함께 참석했던 유성룡은 조정을 나서면서 김성일에게 물었다.

"만일 일본의 침략이 있게 되면 그 책임을 어떻게 벗어나겠나?"
"나도 침략해오지 않는다고 장담할 수는 없네. 다만 인심이 동요되겠기에 짐짓 꾸며 한 말일세."

이 말을 듣고 유성룡은 김성일의 깊은 뜻을 헤아렸다. 그리고 김성일도 곧이어 군사를 기르고 무기를 확보할 것을 건의하여 침략에 대비하자고 했다. 그러나 어쨌든 김성일은 커다란 실수를 한 셈이 되었고, 이 말 한마디가 마치 당쟁의 결과인 것처럼 자주 인용되었다. 김성일의 앞날에 구름이 끼기 시작한 것도 이 때부터였다.

평생의 지우를 잃다

당시에도 김성일의 단견을 나무랐고, 뒷세상에서는 이를 두고 서인 황윤길과 당파가 달라 짐짓 반대의견을 냈다고 기록되었다. 그러나 당파 탓이 아닌 것은 같은 동인으로 지목되었던 허성이 황윤길의 말에 동조한 것을 보아도 알 수 있다.

선조는 김성일의 말을 의심했고, 일본 침략의 조짐이 보이자 승지로 있던 김성일을 경상우병사로 내려 보냈다. 이것은 만일 왜구의 침략이 있게 되면 가장 먼저 피해를 볼 곳으로 가서 왜적을 막으라는 문책의 뜻이기도 했다. 문관을 병사로 보낸 예는 극히 드문 일이다. 유성룡은 임금에게 적절한 조처가 아니라고 만류했으나, 끝내 선조는 김성일에게 내린 문책을 거두지 않았다. 이후 두 사람은 살아서 다시 만나지 못한다.

4월 들어 일본군이 마침내 부산포에 상륙하자 선조는 김성일을 잡아오라고 명했다. 이때 김성일은 김해 일대에 쳐들어온 일본군을 저지하고 부하들의 사기를 북돋우고 있었다. 그는 의금부도사가 들이닥치자 운명을 감수한 듯 관인을 끌러주고 서울로 향했다. 유성룡은 그동안 "인심을 진정시키기 위한 충정에서 나온 것이니, 깊이 죄 주어서는 안 된다"고 임금을 설득했다. 당시 유성룡은 병조판서로 군무를 총괄하고 있었고, 이어 도체찰사로서 전시의 정치·군사를 총지휘했다.

유성룡은 김성일이 경상우도에서 군사와 백성의 사기를 북돋운 공을 임금에게 보고하고, 김성일의 특사를 거듭 청해 봉공奉公할 기회를 주자고 했다. 임금은 겨우 노여움을 풀어 직산까지 올라왔던 김성일을 경상도 초유사招諭使(백성을 안정시키고 군비 준비를 하는 임무)로 삼아 돌려보내도록 했다.

김성일은 불철주야 장수를 격려하고 한편으로는 백성들을 진정시켜 경남 일대에서 커다란 전공을 세웠다. 유성룡은 전국을 총괄하며 동분서주로 군량미의 공급과 명의 원병을 끌어들이기 위한 외교에 한시도 편히 발을 뻗지 못했다. 그러면서 김성일의 활약을 보고하여 경상우도관찰사로 승진하는 데 큰 힘이 되어주었다. 그뿐만 아니라 김성일이 주려 신음하는 백성들을 위해 비교적 양식이 넉넉한 전라도의 곡식을 조금 돌려달라고 했다가 거절당하고 나서 이 사실을 보고하자, 유성룡은 1만 섬을 돌려 보내도록 조처해주기도 했다.

이런 우정의 교환은 사사로운 정에서 나왔다기보다 다 같이 국사에 신명을 다하는 충정을 너무나도 잘 알고 있었던 데서 나온 것이리라. 그리고 서로의 인물됨을 잘 알고 있었기에 어려움을 당할 때마다 스스럼없이 서로 부탁했고, 서로 이끌어주었던 것이리라.

김성일은 임진왜란이 일어난 이듬해 진주의 공관에서 숨을 거두었다. 그는 왜구가 침략해오지 않을 것이라는 말로 임금의 미움을 받았다가, 그것을 신명을 바쳐 풀고 객지에서, 더구나 난중에 나라가 편안해지는 모습을 보지 못한 채 눈을 감고 말았다.

유성룡은 이 죽음을 듣고 "평생 동안의 지우는 오직 그 한 사람뿐이었다"고 말하며 통곡했다. 유성룡은 그의 하나뿐인 지우가 죽은 5년 뒤에 당파싸움에 몰려 고향으로 내려갔다. 김성일이 있었으면 그를 반대파의 모략에서 건져주었을 것임은 말할 것도 없다.

『징비록』에 담은 마음

유성룡은 그 뒤 죽을 때까지 10년 동안 임진왜란의 전말을 적은 『징비록懲毖錄』의 저술에 몰두했다. 그리고 김성일에 관한 일들을 그 책에 담아 죽은 벗의 넋을 위로했다. 그리고 우연의 일치인지, 그의 부모의 묘소도 김성일이 살던 마을에 잡았고, 틈나는 대로 부모의 묘를 참배하며 지우가 살던 곳을 드나들었다.

그때 유성룡은 끼니를 죽으로 때울 정도로 쪼들렸다. 이렇게 축재할 줄 모르던 유성룡이 김성일을 감싸고 돌본 것이 패거리를 짓기 위한 것이었을까.

그들의 우정만큼이나 뒷세상에서도 이들은 영남의 두 유종儒宗으로 추앙되어, 호계서원虎溪書院과 병산서원屛山書院에 나란히 배향되었다. 딱 들어맞지는 않지만 이 지방 인사들이 조정에서 혁혁한 공을 세운 것은, 유성룡의 전통을 본받은 것이요, 조정의 시비를 떠나 문경새재를 넘어가서 후학의 양성에 몰두하는 이 지방의 가풍은 김성일의 정신을 잇는 것이다.

이황을 정점으로 이 지방에서는 많은 꿋꿋한 벼슬아치와 학자들이 매출되었다. 그러나 지나치게 명분을 가리고 시비를 따지는 버릇 때문에 시비도 일게 마련이었다.

서원의 배향을 놓고 김성일의 위패가 윗자리에 있어야 하는가, 유성룡의 위패가 윗자리에 있어야 하는가를 두고 후손들끼리 이른바 병호屛虎 시비가 일어난 것은 두 사람의 뜨거운 우정, 향기 어린 난초에 찬물을 끼얹는 일로 안타깝기 짝이 없는 짓이라 하겠다.

김우옹과 정구
사상의 조화를 이룬 동문수학의 벗

퇴계와 남명을 두 스승으로

　성주 땅은 선비와 지사가 많이 나기로 이름난 곳이다. 동강東
岡 김우옹金宇顒(1540~1603)과 한강寒岡 정구鄭逑(1543~1620)와 그 뒤
의 이진상, 곽종석, 김창숙 등이 이에 해당된다. 그 가운데에서
도 김우옹과 정구를 양강兩岡으로 부르며, 두 사람의 아름다운
우정은 이 지방 사람들 입에서 오랫동안 전해져왔다.

　성주 사월마을은 산 밑 아늑한 곳에 자리 잡았고, 앞에는 실개
울이 졸졸 흐르고 있었다. 개울가에서 세 살짜리 김씨 집 아기가
아장아장 걸어 다니며 물장난을 치던 한여름 7월에, 같은 동네
의 정씨 집에서 경사가 났다. 옥동자를 얻은 것이다. 이 둘이 뒷
날 양강으로 일컬어질 줄은 아마 동네 사람들도 몰랐을 것이다.

두 사람 모두 고향에서 어릴 적부터 가학家學을 전수받았고, 한 고을의 천재로 꼽혔다.

김우옹은 스무 살에 아버지 희삼希參의 친구 딸에게 장가들었는데, 곧 남명南冥 조식曺植의 외손서가 된다. 이때부터 조식에게서 글을 배웠다. 조식은 김우옹의 학문하는 태도가 마음에 들어, 뒷날 차고 있던 방울을 주며 행동거지를 늘 조심하라고 타일렀다.

정구는 아버지 사중思中의 친구로 성주목사로 와 있던 오건吳健에게서 열여덟 살 때부터 글을 배웠다. 오건 역시 남명 조식의 문인이었다. 그러므로 정구는 친구와 스승에게서 조식의 높은 학덕을 듣게 된 것이다. 이 시기에 『주역』을 열심히 읽은 그는 도산으로 퇴계 이황을 찾아가 모르는 부분을 질문했다. 그러나 이황의 대답이 확실하지 않자, 발길을 돌려 나왔다. 길가에서 이황의 제자 조목趙穆의 타이름을 받고 스스로 경솔한 행동을 후회했다고 전한다.

이때 김우옹은 이황을, 정구는 조식을 만나지 못한 것이다. 각기 경상도의 해와 달을 한 쪽만 만나본 셈이다. 그러나 김우옹은 1566년(명종 21) 과거 보러 서울로 와서 비로소 이황을 만났고, 이어 문과에 합격했다. 정구는 김우옹이 서울로 오던 해, 지리산 덕산으로 조식을 찾아갔다. 그리고 의심나는 문제들을 하나하나 풀어갔다. 김우옹은 문과에 합격하여 벼슬을 받았으나 사양했고, 이어 어머니가 세상을 뜨자 3년상을 마쳤다.

높은 명망을 얻다

연이어 이황이 세상을 뜨자 정구와 함께 달려갔으며, 조식의 병이 깊어지자 함께 덕산으로 달려가서 조식의 임종을 지켜보았다. 이황과 조식 두 스승을 잃은 두 제자는 이제 길을 달리하게 되었다. 김우옹은 서울로 와서 본격적으로 벼슬길에 들어섰다. 그리하여 안동부사로 있다가 기축옥사(정여립 사건)에 연루되어 회령으로 유배가기도 했고, 유성룡과 함께 동인의 맹장으로 활약했으며, 임진왜란 때에는 의주로 달려가 「기무 7조機務七條」를 올리며 수습에 나섰고, 이어 병조참판이 주어져 일본군을 막는 데에 온 힘을 기울였다. 그리고 대사헌, 이조참판 등을 역임했다. 그런 가운데에서도 여덟 번이나 벼슬을 버리고 고향에 돌아왔다.

정구는 학문에 전념하고 있었다. 그의 재능을 누구보다도 잘 아는 친구 김우옹이 임금에게 추천하여 여러 번 벼슬이 내렸으나 번번이 나아가지 않았다. 그러다가 1580년(선조 16) 마지못해 창녕현감을 받았다. 그러나 이도 얼마 뒤 버리고 고향에 돌아와 매화 1백 그루를 집 주위에 심고 백매원百梅園이라 이름 짓고 제자 가르치기에 전념했다. 자주 벼슬에서 물러나온 김우옹과 함께, 고향 주변을 답사하며 담소를 나누는 것으로 낙을 삼았다.

다만 정구는 임진왜란이 일어나자 격문을 돌려 의병을 격동시키고, 죽임을 당한 왕의 형을 장사지내준 공으로 벼슬을 받아 난이 끝날 때까지 승지, 성천부사 등을 잠시 지냈을 뿐이다.

이때의 이야기로 다음과 같은 말이 전해진다. 어느 날 둘이 길을 걷는데 갑자기 소나기가 쏟아졌다. 비를 피할 길이 없어 어느 부잣집 처마 밑에서 잠시 머물렀다. 그다지 양반에 들지 못하는 집주인은 처마 밑의 과객이 김우옹, 정구임을 알고 한사코 방으로 모셔 새로 대나무 젓가락을 만들어 음식을 대접했다. 두 사람은 고마움을 나타내기 위해 주인의 호를 죽헌竹軒이라 지어주었다. 집주인은 이때부터 당당히 양반에 끼었다 한다. 이 이야기는 당시 두 사람의 높은 명망을 나타내준다.

김우옹도 죽기 4년 전에는 세상의 시끄러움을 피해 청주, 인천으로 옮겨 살았다. 성주의 백매원과는 얼마쯤 떨어졌을까? 어쨌든 회포를 나눌 기회는 줄었을 것이다. 김우옹이 먼저 세상을 떠났다. 그런데 정구는 옛 벗의 벼슬을 이어받아 늦은 나이에 마지못해 벼슬길에 다시 나섰다. 그리하여 안동부사, 대사헌 등을 차례로 지냈다. 그러나 그의 뜻은 언제나 백매원에 있었기에 광해군의 난정을 보고 끝내 사직하고 물러나왔다.

학문과 우정의 조화

우리는 두 사람의 평가를 다음과 같이 할 수 있다. 성주는 도산과 덕산 중간에 자리 잡은 곳이다. 그런 탓인지 이황과 조식 양쪽을 왕래하며 학문을 익혔다. 사람이 많이 모이는 곳에는 설왕설래가 있게 마련이다. 조식의 제자 정인홍은 자기 스승을 조금 헐뜯어 말한 것 때문에 퇴계의 제자들과 마찰을 일으킨 적이 있었고, 조식의 제자 이정李楨은 처음 스승을 배반하고 이황 쪽으로만 기울어져 두 선생을 난처하게 만든 적도 있었다. 그러나 김우옹과 정구는 두 문하를 드나들며 오히려 두 문풍을 조화시켰다.

김우옹은 성격이 청결한 것은 조식에게 가까웠으나 벼슬살이를 더 많이 했고, 정구의 관용은 이황에 가까웠으나 벼슬살이는 오래 하지 않았다. 그 뒤 김우옹은 조식을 모델로 한 의인소설 『천군전天君傳』을 지어 조식의 실천사상을 천명했고, 이어 남명학파의 전통을 확립했다. 정구는 이황에 더 가까워 이황의 예학과 성리학의 학적 정통을 이어받아 허목, 이익에게 전했다.

두 사람은 학문에 있어서나 인간에 있어서나 우정에 있어서도 조화의 멋을 안 것이리라. 그리하여 평생 동안 의견을 달리하거나 조그마한 마찰도 없이 널리 칭송되었다. 나라에서도 두 사람의 행적을 알아 김우옹에게는 문정공文貞公, 정구에게는 문목공文穆公이라는 시호를 내렸다. 문文 자가 든 시호를 가장 영광스럽게 여기던 시대가 아니던가. 그리고 성주의 서원에도 나란히 모셔져 뒷사람들의 절도 함께 받고 있다.

박지원과 홍대용
새 시대를 열망한 문사와 과학자

당대의 문사와 과학자가 만나니

탑골 원각사 후문 쪽에 다 쓰러져가는 초가 한 채가 있었다. 이 집안에는 세상 명리에는 아랑곳없이 오기로만 똘똘 뭉쳐진 한 선비가 살고 있었다. 하루 내내 잠만 자기도 하고, 기름불을 밝히고 밤새워 책을 읽기도 했다. 양반은 일급 양반인데 처자도 없이 밥 짓는 종만 데리고 살고 있었다. 끼니가 일정하지 않고 술만 퍼마실 적도 있다.

종은 이런 주인을 섬기다 못해 달아나버렸다. 선비는 배가 고프면 초가의 사립문을 밀고 밥을 얻어먹기 위해 어슬렁어슬렁 걸어 나왔다. 운종가(지금의 종로)의 장사치들은 그 선비만 보면 굽실대며 경의를 표했다. 모든 양반네들이 이들 장사치를 보고 거들먹거리지만 이 선비만은 달랐다. 언제나 그들의 인사를 따뜻이 받아주고, 돈 많이 벌라고 격려를 아끼지 않았다. 이를테면 이 선비는 운종가의 정신적 터줏대감이었던 셈이다.

이 초가에 자주 드나드는 남루한 선비들이 있었다. 박제가, 이덕무, 유득공 등 모두 불우한 양반의 자제들이며, 이름난 문장가들이었다. 이들은 초가의 주인, 곧 박지원朴趾源(1737~1805)에게서 학문을 익히고 이야기를 들었다. 그리고 거나해서 밤새워 토론을 벌이는 적도 있었다.

이 자리에 또 한 사람 홍대용洪大容(1731~83)이 찾아오면 모두 그의 말에 귀를 기울였다. 해박한 홍대용의 과학지식과 현실개혁을 위해 변설을 토하는 박지원의 열성에 이들 젊은 선비들은 무한히 감동하고 있었던 것이다. 홍대용은 청주 출신이나 아버지가 나주목사로 오래 재직했기 때문에 그곳에서 어린 시절을 보냈다.

홍대용은 그때 동복에 있는 나경적羅景績의 집을 찾아가서 천문기구인 혼천의渾天儀와 자명시계인 후종候鐘을 보았다. 그리하여 나경적의 제자 안처인安處仁한테서 만드는 법을 배우고, 이것을 얻어와 자기 집에 설치하는 한편, 사설 천문대라 할 용천각龍天閣을 만들어 보관했다. 그리고 매일 천문연구를 거듭한 끝에 서양지식을 토대로 하여 '지구자전'의 이론을 터득했다. 그는 서울로 올라와 과거에 몇 번 응시했으나 낙방의 쓴잔을 마셨다. 과거공부에는 뜻이 없고, 이런 과학기술에만 심취했기 때문이다.

내 이제야 벗 사귀는 방도를 알았노라

박지원은 혁혁한 문벌을 자랑하는 반남 박씨 집안에서 태어났는데, 아버지를 일찍 여의고 할아버지 밑에서 자랐다. 그는 호방한 기질 때문에 양반가문을 더욱 빛낼 수 있는 과거공부를 버렸다. 그리고 그의 빛나는 문체로 현실개혁을 주장하고, 썩은 선비들을 매도하며, 뜻 맞는 몇몇 인사들과만 어울려 다니며 한껏 호기를 부렸다.

이럴 즈음, 1765년 홍대용은 작은아버지 홍억洪檍이 동지사의 서장관으로 북경에 갈 때 수행원인 군관이 되어 따라갔다. 홍대용은 그의 지식, 특히 과학지식을 넓히기 위해 자청해서 북경으로 길을 떠난 것이다. 홍대용은 북경 교외의 유리창(묵은 물건을 파는 곳)에서 우연히 중국의 뜻있는 선비들을 만났다. 이들이 엄성嚴誠, 육비陸飛, 반정균潘庭筠, 손천의孫天義 등이다. 홍대용은 이들과 필담을 나누며 학문과 시국을 토론했고, 곧 서로의 뜻이 맞아 형제의 의를 맺었다.

특히 이들은 홍대용이 지구가 자전한다고 주장하자, 그들도 몰랐던 사실에 감탄해 마지않았다 한다. 이들과 주고받은 이야기는 그가 돌아와서 쓴 기행문 『연기燕記』에 수록되어 있다. 홍대용은 이들과 여러 통의 편지를 주고받았다.

홍대용이 어느 때 박지원과 만났는지는 확실하지 않으나, 이때 돌아와서 박지원에게 지구가 자전한다는 사실을 일러주었다. 그리고 청나라의 과학과 서양의 기술을 소개했고, 홍대용의 당시 독보적이라 할 수학이론도 전해주었다. 홍대용은 뒷날 기하학 책인 『주해수용籌解需用』도 썼다.

그리고 중국 인사들과 나눈 이야기의 내용을 담은 『필담』 3권을 보여주자, 박지원은 「회우록서會友錄序」를 지었다. 그리고 그 끝에 "훌륭할진저, 홍군의 교우여! 내 이제야 벗을 사귀는 방도를 알았노라……"라고 말했다. 그리고 명망과 세리를 떠난, 마음과 마음이 통하는 교우는 곧 국경과 풍속을 초월하여 아름다운 우정을 꽃피우는 것이라고 했다. 이 말은 곧 두 사람을 두고 말해도 딱 들어맞는다.

문사 박지원은 과학자 홍대용에게서 새로운 것을 배우게 되었다. 그리하여 탑골 초가의 마루에서 지게문을 괴어놓고 더운 여름날 담소를 나누었다. 이 사실을 스스로 기록한 담소의 내용은 예전과 조금 달랐을 것이리라.

이들 모임을 우리 역사에서는 실학자들 중에서 북학파라고 부르며, 도시적 분위기 속에서 상공업의 발달로 나라를 부강하게 해야 한다고 주장한 점을 들어 이용후생학파라고도 부른다. 그러기에 이들은 운종가에 있는 장사치와 장이들을 애정 어린 눈으로 바라보았고, 생산에 참여하지 않는 양반 유식배遊食輩들은 먹지도 말라고 외친 것이다.

곧이어 홍대용은 청주 수동에 내려가 담헌湛軒을 지은 뒤 그의 아호로 삼고, 과학책의 저술과 현실개혁책을 짜기에 몰두해, 유명한 『주해수용』과 『임하경륜林下經綸』을 완성한다. 이때 박지원 또한 「예덕선생전穢德先生傳」, 「민옹전閔翁傳」 등 주옥같은 한문 단

편들을 지은 것으로 보인다.

그러나 현실은 이들을 저술에만 몰두하게 내버려두지 않았다. 이들의 운명은 새로운 국면으로 접어들게 되었다. 홍대용이 기울어진 가세를 어찌할 수 없게 되었을 무렵 벼슬이 내려졌다. 동궁(뒷날 정조)의 시직侍直이 된 것이다. 마흔네 살의 홍대용은 이때 어머니의 나이 일흔이 된지라 벼슬살이를 할 수 없다고 토로했다 한다. 하여간 홍대용은 미관말직에서 사헌부 감찰을 거쳐 태인현감이 되었다.

천리 먼 곳에 떨어져 있어도

홍대용이 벼슬길에 나선 지 7년이 지난 1777년, 정조가 새 왕이 되었다. 이때 정조가 동궁으로 있을 적에 보호의 소임을 다한 홍국영洪國榮이 세도를 부리기 시작했다. 홍국영은 평소 안하무인격인 박지원을 미워하여 정조를 반대하는 벽파로 몰아붙였다. 그리하여 박지원은 금천의 두타산 연암 골짜기로 피신했다. 그곳에서 돌밭 두어 뙈기를 갈아먹으며 자의든 타의든 생산하지 않는 자는 먹지 말라고 한 말을 실천에 옮겨보았다.

손등이 찢어지고 손바닥이 부르트도록 농사일을 해보았지만 농사꾼의 일을 얼마나 따라갈까? 그리하여 사농공상의 소임을 절실히 깨달았고, 사士는 농공상의 윗자리에 있는 것이 아니라, 사의 역할을 다하여 농공상을 이끌어야 한다고 생각했다. 이런 견해는 홍대용 또한 같았다. 이때쯤 박지원과 홍대용은 각기 외로운 심정을, 천리나 몸이 떨어져 있으면서 서신을 통해 주고받았다. 박지원은 그 답신에 이렇게 썼다.

> ……눈을 씻고 보아도 벗이라고는 한 사람도 없습니다. 어찌 과연 한 사람도 없겠습니까? 사람만 되어 있다면 소몰이꾼도 있고, 나무꾼도 있겠지요. 그러나 이들과 흉금을 트기에는 부족합니다. 이 먼 골짜기에까지 편지를 보내주시니 천고의 기사奇事라 할 만합니다. 이 생애와 이 세상에 다시 만날 수 없다면 꿈이나 다름없겠습니다. 어느 때나 만나 흉금을 털어놓으리오…….

이때 박지원의 고생은 스스로 수숙풍찬水宿風餐이라 표현할 정도로 말이 아니었다. 그러나 홍대용이 영주군수로 있을 적에 박지원은 연암 골짜기에서 나왔고, 그의 친구 홍대용이 그랬던 것처럼 삼종형 박명원朴明源의 수행원으로 북경에 가기를 자청했다.

박지원은 북경으로 떠나기 전에 홍대용의 소개장을 받았다. 새로운 친구를 찾으려 한 것이다. 그는 출발하면서 일기를 썼다. 그의 패기와 독설은 또다시 『열하일기』 첫머리를 쓰면서부터 되살아났다. 맨 먼저 서문에서 명나라의 은혜를 잊지 못해 '숭정후삼경자崇禎後三庚子'라는 연호를 쓰는 사실부터 꼬집었다. '숭정'은 명나라 마지막 임금의 연호요, '후삼경자'는 숭정 때로부터 세 번째 맞이하는 경자년이라는 뜻이다.

그는 홍대용이 그랬던 것처럼 중국 인사들과 필담을 주고받았으며, 교당을 찾아 서학을 알아보고, 청의 문물을 예리하게 관찰하면서 국내의 상황을 빗댄 「호질문」, 「허생전」을 『열하일기』에 끼워 넣었다. 특히 홍대용에게서 배운 지구의 자전설을 중국 인사들에게 역설하기도 했다.

박지원은 보통의 예와 같이 1년여 만에 돌아왔다. 이제 세계를 보는 그의 눈은 한결 넓어졌고, 홍대용의 북학을 더욱 높이 평가하게 되었다. 특히 그의 제자 박제가와 이덕무가 그보다 앞서 북경에 다녀왔는데, 그곳 학자들이 이들의 안부를 묻고 훌륭한 사람들이라고 칭찬해 마지않자 박지원은 "그들은 모두 나의 제자다"라고 득의에 찬 말을 했다. 그의 세계관과 현실관은 한결 넓어졌던 것이다. 연암은 『열하일기』를 완성하여 그의 제자들은 물론 여러 사람들에게 보여주었다. 홍대용도 이를 보았을 터이다.

그의 이름은 썩지 않을 것이다

그러나 많은 사람들은 박지원의 자유분방하며, 비어, 속어를 거침없이 쓴 문체에 당혹했고, 거기에 따른 비난도 비등했다. 더욱이 그 내용은 여느 선비나 벼슬아치들이 받아들일 수 없을 정도로 파격적이었다. 그 뒤부터 그는 더욱 기승을 부려, 이를테면 여염에서 쓰는 말들을 그대로 거침없이 써댔다. 문장에 대해 별 관심을 기울이지 않던 홍대용은 이런 문체에 대한 가부의 평을 찾을 수 없었다.

이렇게 박지원이 패기에 차 있을 적에, 홍대용은 어머니의 병을 핑계대고 영주군수의 자리에서 물러나왔다. 홍대용은 그동안 별 신통치 못한 고을살이에서 많은 선정을 베풀어보았다. 그는 『임하경륜』에서 이렇게 썼다.

> 우리나라는 본래 명분을 중히 여기어 양반붙이는 빌어먹게 되어도 팔짱을 끼고 편안히 앉아서 부삽도 잡지 아니하며, 더러 실지에 힘써 부지런히 일하고 비천한 일도 달게 하는 자가 있으면 여러 사람들이 모두 비웃고 천대하여 종처럼 보니, 이 까닭에 놀고먹는 자가 많고 생산하는 자는 적다. 마땅히 법을 엄하게 세워 사민에 속하지 않고, 놀며 입고 놀며 먹는 자는 관에서 형벌로 다스려야 하며, 재주 있고 학문이 있으면 농사꾼이나 장사치의 자식도 벼슬자리에 앉아도 참람함이 없고, 학문이 없으면 공경의 자식이라도 하인으로 돌려도 한으로 여기지 않아야 한다.

홍대용은 이를 일부나마 실천해보려 했으나 중앙의 정책에 걸리거나 토호들의 반대로 뜻을 이루지 못했고, 선정을 베풀었다는 이름만 남겼다. 기득권 세력의 반대가 만만치 않음을 절실히 깨달은 것이다.

벼슬길에서 물러난 지 1년도 못 되어 홍대용은 중풍으로 갑자기 쓰러졌고, 이어 유언도 없이 세상을 떠났다. 박지원은 홍대용의 빈소에서 중국으로 사행길 떠나는 사람을 불렀다. 그리고 중국 삼하에 있는 홍대용의 벗 손유의孫有義에게 부고를 띄우고, 항주에 있는 홍대용의 친구들에게도 알려달라고 부탁했다. 그리고 그들이 자신이 홍대용의 친구임을 알 것이라고 했다. 그리고 중국 항주 친구들의 글씨나 그림, 편지와 벗의 시문을 빈소 옆에 진설해놓고 영구를 어루만지며 통곡했다.

박지원은 명문의 후예로 많은 사람을 사귈 수도 있었으나 모두 거절하고, 홍대용 등 몇 사람만을 지기로 삼았다. 이제 그의 오직 하나밖에 없는 벗의 시신을 놓고 통곡하면서 홍대용이 그에게 준 이런 시구를 읊조렸을 것이리라.

분수 지켜 몸 잘 보전하여
골짜기에서 여생을 마치세

박지원은 술을 양껏 마시고 나서 서슴없이 벗의 묘지명을 썼다. 이것이 우리나라의 명문으로 꼽히는 '홍덕보묘지명洪德保墓誌銘'(덕보는 홍대용의 자)이다.

앞에 중국에 부고한 사실을 쓰고, 뒤에 엄성 등과의 특별한 교분을 쓰고, 끝에 "내가 묘지를 짓지 않더라도 그의 이름은 썩지 않을 것이다"고 했다. 마음에서 우러나 글을 쓰면 명문이 되는 법, 형식의 틀을 벗어난 이 글은 묘지명이라는 문체의 한 표본이 되어오고 있다.

문체반정의 회오리에서 살아남다

홍대용이 간 지 3년 뒤인 1886년에 박지원도 벼슬길에 나섰다. 홍대용이 그랬던 것처럼 찢어지게 가난한 살림살이를 어찌 해볼 수 없는 처지에서 비록 감역이라는 미관말직이었지만 이를 받아들였다. 이어 10년 동안 한성판관을 거쳐 면천군수가 되었다.

생활은 조금 나아졌을까? 그러나 박지원은 새로운 문제에 부딪혔다. 그의 제자들을 중심으로 많은 젊은 문사들이 그의 혁신적인 문체에 심취하여 다투어 이를 본받았다. 『열하일기』와 그의 소설들이 널리 애독되면서, 고문을 배격하고 풍자를 서슴없이 구사한 그의 새로운 문체가 유행처럼 번졌던 것이다. 이를 못마땅한 눈으로 바라보던 전통적 선비와 문사들은 이런 풍조를 바로잡아야 한다고 들고일어나, 임금의 처분까지 요구하고 나섰다.

정조는 『열하일기』와 그의 다른 글들을 보고 이런 여론은 옳은 것이라는 견해를 보이면서도 너그러운 처분을 내렸다. 그에게 새로이 고문의 문체를 써서 올리라고 한 것이다. 그리하여 그는 어쩔 수 없이 농업개혁을 담은 『과농소초課農小抄』라는 농서를 써서 올렸다. 정조는 이것도 고문은 아니라고 하면서도 너그럽게 용납했다.

이것을 이른바 '문체반정'이라 부른다. 실제에 있어서는 고문의 회복이 아니라 당시의 정치·경제·문화에 대해 해학을 섞어 풍자한 '연암문학'의 시련이었고, 서학과 새로운 기술, 그리고 상공업의 중요성을 역설한 연암사상에 대한 매도에서 나온 것이다.

이때 『과농소초』를 써서 자기의 문체관을 조금 굽힌 것은, 그의 평소 언행으로 보아 약간 의외일 수 있다. 그러나 그의 벗 홍대용이 수분전신守分全身을 부탁한 것이 떠올랐을까? 어쨌든 한번 굽힌 탓으로 이어 양양부사로 승진했다가 벼슬자리에서 물러나왔다.

그리고 박지원은 동료 제자들과는 달리 한시 짓기를 거부했다. 그가 남긴 시는 모두 합해서 15~16수 정도에 지나지 않는다. 그의 이런 소신은 음풍농월을 일삼는 시인, 묵객들이 도통 마음에 들지 않아서인지, 문장 쓰는 일에 몰두한 탓인지 모를 일이다.

아무튼 우리는 두 사람이 열렬한 북학파로서 현실의 모순과 비리에 과감히 도전한 실학자임을 충분히 알 수 있다. 구체적 방법으로 하나는 과학기술을, 다른 하나는 개혁과 문체를 들고 나왔으나, 상공업의 중시, 신분의 타파, 자주의식 등에 있어서는 한 치도 다름이 없었다. 이렇게 과감하게 현실에 도전했으면서도 당시 정치적 인물들과 달리 두 사람은 유배 한 번 가지 않았다. 그리고 온갖 비난을 받으면서도 비명에 가지 않고 수분전신을 했다.

이들의 정신을 이어받은 박제가, 유득공, 이덕무, 이서구 등은 북학파로, 당대의 명문장가로 후세에 빛나는 이름을 남겼다. 오늘날 두 사람은 어느 고관이나 문사들보다 추앙을 받고 있다.

박제가·이덕무·이서구·유득공
조선 후기 사상계를 빛낸 한문학 신파 4대가

평생에 한 번밖에 없을 우정

연암 박지원이 탑골 옆에 살면서 한창 풍류를 즐기며 장안에 문명을 드날리고 있을 때였다. 이 쓰러져가는 초가에 열여덟 살의 젊은 박제가朴齊家(1750~1805)가 찾아왔다. 집주인은 옷을 너덜거리며 뛰어나와 이 젊은이의 손을 잡고 방 안으로 끌어들였다. 벌써부터 박제가의 이름을 들어오던 터여서 옛 친구를 반기듯 했던 것이다. 또 문사의 만남이고 보니 자연스럽게 박지원은 자기가 지은 글을 내놓았고, 두 사람은 머리를 맞대고 읽어갔다.

밥 먹을 때가 훨씬 지났으리라. 박지원은 손수 쌀을 일어 차 끓이는 탕기에 들이붓고 밥을 지었다. 그러고는 밥을 물 담는 옹기그릇에 퍼 담아 와서 농지거리처럼 많이 먹고 오래 살라고 축수했다. 이때의 감정을 박제가는 글로 남겼는데 "놀랍고 기쁘고 분에 넘치는 대접을 받아서 천고의 성사盛事라 생각하여 글을 지어 갚았다. 그 경도傾倒한 모양과 지기의 감격이 이와 같았다"고 했다.

그리하여 박제가는 이 집에 한번 찾아오면 열흘이고 한 달이고 돌아갈 줄 모르면서 글을 짓고 술을 마시며 어울렸다. 엄연히 스승과 제자의 사이이지만, 그때의 통념으로는 심히 결례되는 짓으로 보였을 것이다.

여기에 박지원의 집 건너편에 살고 있는 이덕무李德懋(1741~93)가 건너와 어울리고, 또 몇 집 건너에 집을 둔 어린 이서구李書九 (1754~1825)도 자리에 끼어 시를 배우고 짓기도 했다. 또 유득공柳得恭(1749~?)도 어쩌다가 모습을 나타냈다. 연암을 뺀 이 넷을 뒷사람들은 조선 후기 '한문학 신파 4대가'라 부른다.

이덕무는 박지원과는 네 살 아래로 친구가 되었지만, 나머지는 박지원을 스승으로 받들고 있었다. 이덕무, 유득공, 박제가는 모두 양반의 서자로 태어나 불우한 어린 시절을 보냈다. 그리고 뛰어난 재주를 지니고 있으면서도 벼슬길이 막히자 술과 시로 울분을 달래는 한편, 찢어지게 가난한 살림 속에서 학문과 독서에 여념이 없었다.

이런 그들이 박지원의 집에 찾아들면 시국을 논하고 정담을 벌였다. 그 중에서도 홍대용이 찾아와 청의 문물을 소개하고 박지원이 가차 없는 현실비판을 해대면, 이들은 새로운 지식에 한없이 심취했다. 그리하여 이 네 젊은이는 너무나도 잘 어울렸고,

하루라도 만나지 못하면 몸살이 날 지경이었다.

어느 해 추석, 유득공이 해가 한낮이 지나서 이덕무의 집으로 찾아갔을 때, 방 안에서 글 읽는 소리가 낭랑히 들려왔다. 이덕무의 목소리였다. 두 사람은 시간 가는 줄 모르고 담소에 열중했다. 유득공은 명절인데도 집안에서 술 한 잔, 떡 한 조각 내오지 않는 것에 짚이는 것이 있어 학동에게 추석치레는 했느냐고 물어보았더니, 이틀이나 밥을 짓지 않았다는 대답이었다. 그런데도 찾아온 벗에게 그런 내색 하나 없었던 것이다.

이덕무는 서재의 이름을 구서재九書齋라 했지만, 가난하여 책한 권 사지 못한 탓으로 남의 책만 열심히 빌려 보았다. 구서재의 뜻은 독서, 장서, 저서 등 아홉 가지 뜻으로 지은 것이었지만, 장서가 있지 않았던 것이다. 그런데 후배 이서구의 이름을 바꾸어 놓은 것과 같은 것은 우연이었지만, 이서구에게 이 우연한 사실을 편지로 써서 보내면서 '구서'의 뜻을 풀이해 주기도 했다.

이들의 두터운 우정은 박제가의 고백에서 잘 드러난다. 박제가는 장가들던 날 저녁, 말을 타고 시내를 돌아다니다가 술을 몇잔 들이켜고는 주위에 있는 벗들의 집을 차례차례 돌았다. 그리고 스승이 거처하고 있는 탑골 주위를 한 바퀴 돌아보고서야 차려놓은 신방으로 갔다.

6~7년이 지나 뿔뿔이 흩어져 살면서 자주 만나지 못하게 되자, 박제가는 이때의 그리움을 달래고 풍류가 옛날만 못하다고 안타까워하면서 당시에 주고받은 시와 편지를 모아 『백탑청연집白塔淸緣集』이라 이름 붙였다. 그리고 끝에 "우리들의 교유가 당시

에 가장 성했고, 또 평생에 한 번밖에 없었던 일을 드러내기 위해 이 글들을 엮었다"고 썼다.

새로운 길이 열리다

1773년(영조 49) 봄에는 어린 이서구를 남겨둔 채, 이덕무와 유득공은 박지원과 함께 평양 등지 북쪽의 옛 유적들을 돌아보러 떠났다. 이들은 유람만을 위해 길을 떠난 것이 아니었다. 그들의 시재를 더 뽐내려 다양한 소재를 찾기 위한 것이었다. 세 사람은 시를 지어 모았고 때로 이서구에게 보내 평을 구하기도 했다. 이때의 시를 뒷날 『삼십일도회고시三十一都懷古詩』라는 제목으로 묶어 세상에 내놓았고, 이것이 서울의 문사들에게 널리 애송되었다. 이때 박제가는 이들 일행과는 달리 호남, 영남을 돌아보며 세상 물정을 익히느라고 동행하지 못한 것으로 보인다.

어쨌든 이런 풍류와 술로 세월을 보내며 집안 살림을 돌보지 않으니, 가난은 더욱 뼈에 스며들었다. 그리하여 태인현감으로 나가게 된 홍대용은 이덕무 등에게 같이 내려가 밥이나 나누어 먹자고 간곡히 권유했지만, "공문公門에서 밥을 얻어먹기보다는 나의 초막에서 마음 편히 지내겠다"는 말로 거절했다. 예부터 청유淸遊란 이런 담담한 생활이었지, 의식이 해결된다고 빌붙어 사는 것이 아니었다.

이들에게 새로운 전기가 왔다. 영조가 죽고 정조가 새로운 왕이 되어 문풍을 진작시키고, 학문과 문화에 새로운 기운을 불어넣고 있었다. 더욱이 청나라의 문화를 접해보고 그곳 학자들을 만나보려 한 그들의 열렬한 꿈이 이루어졌다. 이들을 평소에 아끼고 동정하던 명신 채제공이 진주사陳奏使로 청에 가면서 이덕무와 박제가를 비공식 수행원으로 데리고 간 것이다. 이는 재야 엘리트를 기용하기 위한 하나의 시험케이스였던 것으로 보인다.

1778년(정조 2) 겨울, 두 젊은이는 선배인 홍대용의 소개장을 들고 북경의 여러 인사들을 만나보았다. 그리고 건륭 문화의 이모저모를 살펴보고, 특히 홍대용의 중국인 친구인 반정균, 이조원 등과 새로운 문화와 학문을 토론했다.

그들은 돌아와 홍대용, 박지원보다 더욱 열렬한 북학론자가 되었다. 다시 말해서 청나라의 훌륭한 문화를 배워 우리의 부국강병을 이룩해야 한다는 것이요, 명에 대한 사대모화만으로는 현실을 개혁할 수 없다고 주장한 것이다. 그리하여 이런 주장을 박제가는 『북학의』라는 책에 담아 세상에 내놓았다. 특히 정조와 채제공은 이들 엘리트의 주장에 귀를 기울였다. 이들을 우리는 실학자 중에서도 북학파라 부르는 것이다. 이들에게 새로운 길이 열리고 있었다.

문예혁신운동에 앞장서다

정조는 왕위에 오르자, 첫 번째로 규장각을 설치했다. 이것은

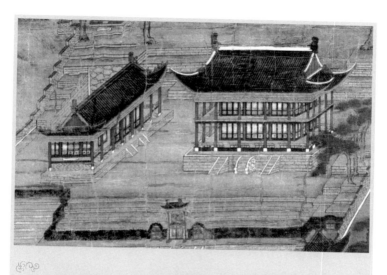

규장각 정조가 학문연구를 위해 설치한 규장각의 모습. 박제가, 이덕무, 유득공, 이서구 등은 이곳에서 정조의 두터운 신임을 받으며 정조조 문예부흥을 이끈 주역들이었다.

동궁으로 있을 적에 벽파로부터 많은 위협을 느꼈던 그가, 왕권의 강화를 위해 단행한 조치였다. 다시 말해서 참신한 인재를 등용하여 친위세력으로 기르고, 모든 학문과 정책을 이들 손에 맡기려 한 것이다. 그리하여 규장각 학사로 정약용 등을 기용했다.

이때는 과거가 부정으로 치러지고 관리 승진이 몇몇 문벌가에 의해 이루어지고 있었다. 하지만 규장각에 드는 일은 조금의 부정도 없이 엄선된 인재가 발탁되었다. 더욱이 여기에 한번 들면 왕의 측근에게서 두터운 신임을 받기 때문에 벼슬아치나 문인, 학자에게는 가장 영광된 자리였다.

1779년(정조 3)에는 왕의 모든 일을 실질적으로 도와주는 검서관檢書官을 두었다. 검서관은 벼슬길이 막힌 서자들에게 벼슬길을 터주는 조처이기도 했다. 그리하여 첫 번째로 검서관이 된 사람들은 이덕무, 박제가, 유득공, 서이수였다. 이 중에서 조금 이들과 교유가 소원했던 사람은 서자가 아닌 서이수뿐이었다. 이들을 '4검서'라 부르며, 뒤에 서이수 대신 이서구가 들어가 명실상부하게 북학파의 네 사람이요, 한문학 신파 4대가가 바로 '4검서'로 불리게 된 것이다. 이서구는 이덕무가 북경에 갈 적에 이런 시를 주어 전송했다.

> 벗님은 우리나라의 선비로
> 10년을 글 읽었지만 알아주는 이 없네
> ……
> 벗님은 글을 읽어 눈이 활짝 열려
> 큰 기쁨으로 팔방을 두루두루 다 보려 하네

이제는 알아주는 사람도 있고 활짝 트인 눈으로 임금의 눈까지 밝히는 처지에 있었다. 이들은 임금 곁에서 그림자처럼 따라다니며 궁 안에서나 궁 바깥에서나 임금에게 글을 지어 올리고, 임금의 물음에 답했다. 그들은 규장각의 업무 일지(『내각일력』)를 쓰고, 임금의 언행과 정책(『일성록』)을 기록했다.

정조는 이들의 높은 학문의 경지와 참신한 현실관을 충분히 알아주었다. 그리하여 그들이 마음대로 학문을 토론하고 현실개혁의 의견을 모으라고 규장각 안에 검서청檢書廳을 별도로 지어

주었다. 참으로 득의의 시기였고, 용이 물을 얻은 격이었다. 이들은 규장각의 많은 책 속에 파묻혀 책읽기에 여념이 없었다. 그리고 창덕궁의 송림 속에서 시를 읊었고 이덕무의 집으로 몰려와 술을 마시며 문장을 논했다. 이때를 회고하여 유득공은 이렇게 썼다.

> 봉록은 먹고 입기에 넉넉했고, 집은 붓과 벼루를 둘 만했다. 다만 직무에 시달리다 보니 즐거이 시를 짓지 못했고, 지은 것이 있어도 모두 쉽게 이루어져서 옛날의 고음苦吟을 돌이키지 못했다…….
>
> 「영재시고발泠齋詩稿跋」

하나를 얻으면 하나를 잃는 법인가? 이럴 즈음 스승 박지원은 제자들보다 뒤늦게 1780년 청나라에 다녀왔다. 그리고 박지원은 제자들의 문명이 청나라에 널리 퍼졌음을 보고 한없는 기쁨을 맛보았다. 그는 돌아와 찾아온 제자들에게 『열하일기』를 내놓았다. 『열하일기』에서 박지원은 두 가지를 제자들에게 보이려 했다. 하나는 북학에 대한 더욱 철저한 주장으로 현실개혁을 피력한 것이요, 다른 하나는 문체의 혁신이다. 속어와 비어, 토속어를 그대로 학문으로 표현하는 수법이다. 특히 『열하일기』 속에 담긴 「허생전」은 산업의 장려는 물론 한낱 허구에 찬 북벌론을 신랄히 공격했다.

이에 이덕무와 박제가 그리고 그 일파는 북학의 이론을 더욱 주장했고, 더욱이 스승의 문예를 다투어 본받았다. 그리하여 이들 4검서는 문예혁신운동에 앞장섰고, 이에 대해 이들을 아끼던 정조로부터 주의를 받기도 했다. 이들은 다투어 중국으로 건너가서 그곳 인사들과 친밀한 교분을 나누었고, 문체반정에 가담한 벗들의 글을 중국에 널리 소개하기도 했다.

어디서 만난들 아름답지 않으리

그러나 현실은 이들을 정조 곁에만 두지 않았다. 반대파들은 한사코 이들을 정조의 곁에서 떼어 내려 했다. 그리하여 규장각에 있은 지 7년 만에 뿔뿔이 흩어지게 되었다. 찰방察訪으로 나가기도 하고, 시골 원으로 나가기도 했다. 적성현감으로 있던 이덕무가 먼저 세상을 떠났다. 그들은 이덕무의 죽음을 보고 다시는 못 올 탑골의 오붓했던 옛 모임을 생각했다. 비록 가난에 찌들었을망정 술과 시 속에서 피어오르던 우정.

박제가는 부여현감으로 있을 적에 이덕무의 죽음 소식을 들었다. 그는 평생의 동지를 잃어 실의에 빠져 있었다. 이미 북학은 빛을 잃었고, 뜻을 같이하는 동지들도 영락한 생활로 되돌아가고 있었다. 아니 현실은 그들의 연소기예年少氣銳 때와는 달리 끼리끼리 모여 음풍농월과 객담을 늘어놓게 내버려두지 않았다. 이들은 서학에 연루되었다 하여 감옥에 갇히기도 했고, 귀양살이를 가기도 했다. 유득공은 영해에서 귀양살이하는 이서구에게 이렇게 써서 보냈다.

어느 곳에서 만난들 아름답지 않으리
어제는 그대를 감옥 우리에서 만났구려
나는 그대 올 줄 알고 앉아 기다리노라
그대 날 보게 되면 문득 놀라리

이들의 처지는 이렇게 달라져 있었다. 1800년 정조가 죽자, 이들에게 다시 큰 시련이 닥쳤다. 이른바 신유박해가 일어나 정조에게 신임을 받던 신하들이 속속 쫓겨나게 되었다. 유득공은 풍천부사에서 쫓겨나 서울 집에 돌아와 있었고, 박제가는 종성으로 귀양살이를 떠났다. 유득공은 옛 벗들과 주고받은 시와 문집들을 정리하는 데 힘을 기울였다. 박제가는 5년 동안 귀양살이하다가 풀려났으나, 젊을 적에 너무 눈을 혹사한 탓으로 책을 접할 수 없게 되었다.

이용후생을 표방한 북학파는 빛을 잃은 것이다. 다만 어린 나이로 북학파의 말석을 차지했던 이서구만이 안동 김씨 정권에서 벼슬살이를 계속했을 뿐이다. 하지만 그들의 우정과 문학 업적은 많은 사람들의 입에 오르내렸다.

나철과 오혁
동교를 통한 민족애와 동지애

구국의 길을 약속하고

19세기 끝 무렵은 풍운의 시대, 5백 년 왕국이 일제의 사나운 발톱에 무너져 내리던 때였다. 이럴 적에는 죽음으로 나라를 지킨 애국지사도 있고, 더러는 시세에 편승한 매국노도 있게 마련이다. 우리는 목숨을 내걸고 나라를 지키기로 굳게 약속한 두 거목, 민족사상을 세워 인민들에게 용기를 불어넣고 독립투사들에게 민족이념을 제시한 두 민족사상가로, 나철과 오혁의 행적을 역사에서 알아볼 수 있다.

나철羅喆(1863~1916)은 보성군 벌교읍 칠동리 금곡부락에서 지주의 둘째 아들로 태어났고, 어릴 적 이름은 인영寅永이었다. 오혁吳赫(1865~1916)은 강진군 군동면 덕천리에서 지사志士의 장남으로 태어났고, 어릴 적 이름은 기호基鎬였다.

이 두 사람은 부모의 뜻대로 한문을 익히며 어린 시절을 보냈다. 그러다가 1894년 동학농민전쟁이 나던 해, 두 사람은 우연하게도 같은 시기에 서울로 올라왔다. 촉망받는 시골의 두 청년은 부모와 주위의 뜻에 따라 이른바 출세의 길을 찾은 것이다. 그리하여 나철은 대과에 장원하여 역사 기록을 담당하는 주서注書라는 벼슬을 받았고, 오혁도 뒤이어 주서라는 벼슬을 얻었다. 이들이 혼란의 시기에 줄도 변변치 못한 시골뜨기로 이런 벼슬을 얻은 것은 부모의 재력 등 여러 가지 뒷바라지에 힘입은 것으로 보인다.

그러나 민씨의 부패와 일제의 간교한 농간 앞에서 벼슬에만 매달리며 조용히 출세의 길을 걷기엔 두 청년의 기개가 용납하지를 않았다. 두 청년은 결국 벼슬을 버렸다. 징세서장徵稅署長 따위의 벼슬이 내려졌으나 받지 않고 구국의 길로 나서기로 작정했다.

을사오적의 암살을 기도하다

이 무렵에야 두 사람은 서로 만나 흉금을 털어놓고 나라를 걱정하는 동지로 결속되었다. 오혁이 서른다섯 살 적에 나철을 만나 이야기를 나누어보고 그의 민족애에 무한히 심취했고, 나철은 오혁의 꿋꿋한 기상을 보고 마음을 주고 모든 일을 상의했다.

이때 부안 출신의 선배 이기李沂를 만나 뜻을 함께했다.

1904년에 접어들어 한일신협약 따위로 일제의 침략이 구체화되자, 이들은 첫 번째로 일본의 이성에 호소하기로 했다. 그리하여 이기와 나철은 일본으로 건너가 이토 히로부미 등 요로에 동양평화를 역설하고 공존의 관계를 호소했다. 오혁은 중국으로 건너가 일제의 침략마수를 저지해달라고 호소했다. 그러나 을사조약이 맺어졌다는 소식을 듣고 아무런 성과도 없이 급히 돌아왔다.

이들은 호남 인사를 중심으로 유신회를 조직하고 자금을 조달하여 국내 인사들의 회유에 나섰으며, 외부대신 박제순에게 목이 잘려도 일제의 조약에 동의하지 말라고 요구했다. 이때 나철은 가산을 몽땅 털어 돈 4만 냥을 내놓았고, 오혁도 가산을 다 털어 넣은 것으로 알려졌다.

나철은 온건한 방법을 통해서는 나라를 구할 수 없다고 생각했다. 그리하여 을사조약에 도장을 찍은 대신들을 암살하는 것이 민족정기를 바로잡는 길이라 판단했다. 나철은 오혁에게 맨 처음 이 일에 가담할 것을 권고했고, 오혁 역시 흔쾌히 받아들였다. 곧 이들은 자금을 모으고 동지를 규합하고 무기를 구입했다. 결사대로 감사의용단敢死義勇團 20명을 모집했다. "2천만 민족의 노예의 굴레를 벗기기 위해 함께 목숨을 바치자"는 뜻의 「동맹서」는 나철이 직접 썼고, 나라를 팔아먹은 오적을 민족의 이름으로 응징한다는 「참간장斬奸狀」은 이기가 썼다. 이것을 인쇄하여 각자 가지기도 하고, 전국 요로에 배포하기도 했다. 그리고 이

거사의 실무담당자를 결정했다.

참정대신 박제순 — 오기호吳基鎬
내부대신 이지용 — 김동필金東弼
군부대신 조중현 — 이홍래李鴻來
학부대신 이완용 — 박대하朴大夏
법부대신 이재극 — 서태운徐泰云

이 중 일선 지휘책임자는 오기호였다. 맨 먼저 박제순과 이완용에게 폭탄을 선물상자로 위장해 보냈다. 그런데 박제순이 이를 눈치 채고 상자를 열지 않았고, 이완용에게도 연락, 폭탄임이 확인되어 실패했다. 이홍래는 길에 숨어 있다가 조중현에게 권총을 쏘았으나 총알이 빗나가 부상을 입힌 것에 끝나고 말았다. 그러다 끝내 계획이 탄로 났다. 연루자 18명이 잡혀가자, 나철은 스스로 나타나서 자기가 주모자임을 밝혔다. 그리하여 오혁은 화를 면하는 대신 나철은 지도智島로 10년의 유배형을 떠났다.

독립운동의 중심이 되는 대종교를 창시하다

그 뒤 나철은 5개월 만에 특사로 풀려나 다시 오혁과 다시 결합했다. 또다시 두 사람은 일본으로 건너가 일본 지식인들에게 한국의 자주와 독립을 호소했으나 '쇠귀에 경 읽기'일 뿐이었다.

이들은 좌절과 함께 새로운 결심을 했다. 민족정신을 굳게 다지지 않고는 자주독립이 성취될 수 없음을 깊이 깨달은 것이다. 그리하여 국조 단군을 받들어 민족의 혼을 일깨우기로 뜻을 맞추었다.

1909년 1월 15일, 서울 제동의 취운정翠雲亭이라는 조그마한 정자에는 매서운 겨울바람도 아랑곳없이 결의에 찬 여러 사람이 모여 앉았다. 나철, 오혁, 이기, 김윤식, 유근柳瑾, 김인식金寅植 등으로, 나이는 노인, 장년으로 나누어졌으나 뜻은 하나였다. 단군교(뒤에 대종교大倧敎로 개명)를 창시하여 민족정신을 함양하자고 굳은 결의를 다진 것이다. 나철은 대종사로 추대되고, 오혁은 서울 남부의 책임자가 되었다. 이때 두 사람은 이름을 인영에서 철, 기호에서 혁으로 바꾸었다.

대종교에 독립투사들이 모여들었다. 이렇다 보니 일제는 대종교를 종교단체가 아니라 독립운동단체로 점을 찍어 철저히 감시하고 자금출처와 용도를 엄격하게 통제했다. 그리하여 국내에서는 더 이상 부지할 수 없는 지경에 이르렀다. 나철은 하나의 일대 전환을 꾀하지 않을 수 없었다.

1916년, 나철은 단군신사가 있는 구월산으로 들어갔다. 이것이 이승에서는 오혁과의 마지막이었고, 20년의 교분이 종언을 고한 것이다. 구월산에서 나철은 한가위의 달도 밝은 밤에 민족과 교도들에게 남기는 유서를 쓰고 고요히 숨졌다. 독약을 마신 것도 아니요, 자결한 것도 아니었다. 나름의 비법으로 숨을 끊은 것이다.

이 소식을 들은 오혁은 서울에서 구월산까지 한숨에 달려가 시신을 손수 거두었다. 그리고 나철의 유해를 북간도로 옮겨 백두산 언저리인 청파호 옆에 묻었다. 오혁은 다시 서울로 돌아와 제기동 우거에서 평생의 동지요 벗인 나철이 간 지 4개월이 지난 겨울, 또한 숨을 거두었다. 풍운의 시대에 태어나 몸과 집을 돌보지 않고 뜻을 합쳐 나라를 구하려다가 뜻을 이루지 못하고 간 장한 죽음들이었다.

이들의 뜻대로 대종교는 본부를 만주로 옮겨 민족독립운동의 가장 큰 줄기가 되었다. 만주에서 북로군정서가 창설되어 이시영, 조성환, 김규식 등이 여기에서 독립투쟁을 했고, 서일, 여준 등이 3·1운동이 일어나기 전 해에 독립선언을 맨 먼저 했으며, 청산리싸움에서 김좌진, 이범석 등은 일제와의 무력투쟁에서 가장 빛나는 승리를 거두었다. 상해에서는 신규식, 박은식 등의 활약으로 임시정부의 기초를 다졌는데, 이들 모두가 대종교 인사들이었다. 더욱이 남북 만주의 독립투사들은 모두 대종교 계통의 인사들이었다.

이를 통해 우리는 두 거목의 동지애가 반식민지 민족투쟁에 있어서 커다란 결실을 맺었음을 알 수 있다.

시대를 맞든 맞수

선조가 정구에게 퇴계와 남명 두 사람의 인품을 말해보라고 하자, "조식은 천 길 절벽에 선 것 같아 길을 찾아들기가 어렵고, 이황은 평길이 쭉 곧은 것 같아 길을 따라 들기가 쉽습니다."라고 했다. 퇴계와 남명은 같은 해에 태어나 비슷한 나이를 살았고 같은 도에서 한 사람은 좌도, 한 사람은 우도에 자리를 잡아 수많은 제자를 길러낸 영원한 맞수였다.

성삼문과 신숙주
생사의 길을 달리한 친구

세종을 도운 집현전 학사들

우리는 흔히 성삼문成三問(1418~56) 하면 충신의 표본으로, 신숙주申叔舟(1417~75) 하면 변절자의 표본으로 알고 있다. 과연 정당한 평가일까? 적어도 지난날에는 그런 의식이 고정관념으로 굳어 있었다. 유교 윤리에서 충과 효는 가장 중시되는 실천의 덕목이었다. '충'의 기준에 따라 충신과 역적이 갈라지고 절개와 변절이 나뉘는 것이다. 하지만 충을 기준으로 하더라도 두 사람에 대한 지난날의 평가는 올바르지 못하다.

두 사람의 출신 배경과 입신 과정은 너무나 비슷하다. 나이로 따지면 성삼문이 한 살 위였으나 조정에서 학자관료로 입신할 적에는 서로 앞뒤 자리를 주고받았다. 창녕 성씨는 고려 이후 고관을 지낸 명문이었다. 고령 신씨는 성씨보다 처진다고 볼 수 있으나 명문으로 꼽혔다. 성삼문의 아버지 성승成勝은 무관으로 출세하여 도총관都摠管(정2품위 무관직)의 자리에 올랐다. 신숙주의 아버지 신장申檣은 문관인 참판의 벼슬을 누렸다. 두 사람 모두 중간 벼슬아치의 아들이었다는 점도 비슷하다.

성삼문은 외가가 있는 홍주 노은골에서 태어났다. 그가 태어나던 날 하늘에서 "아이를 낳았느냐"고 세 번 묻는 소리가 들려서 '삼문'으로 이름을 지었다 한다. 그의 형제는 삼三자 돌림이었다. 신숙주의 아버지는 나주 오룡동에 저택을 마련하고 살았다. 그의 아버지가 이곳에서 아들 다섯을 연달아 두어서 사람들이 '다섯 마리 용'이라 하여 오룡동이라는 마을 이름을 붙였다 한다.

이들은 말할 것도 없이 글을 익히고 과거시험을 통해 조정에 나왔다. 성삼문은 1435년 생원시에 합격해 첫 벼슬을 받았고, 3년 뒤에 신숙주도 생원시에 합격해 조정에 나와서 성삼문을 만나게 되었다. 성삼문이 신숙주의 선배였던 셈이다. 이 시기 세종은 임금 노릇한지 20여 년이 넘어 내정으로나 문화로나 많은 업적을 쌓고 있었고, 마지막 『훈민정음』의 창제에 정열을 쏟을 무렵이었다.

두 사람의 나이 20대에 세종을 만났으니 새로운 희망에 부풀어 서로 의기투합했다. 이들은 낮은 벼슬자리를 몇 차례 돌다가, 20대 중반에 마침내 집현전의 학사가 되었다. 이 무렵부터 두 사람은 문화 군주인 세종으로부터 가장 총애를 받던 신하요 벼슬아치였다.

『동국정운』 신숙주와 성삼문은 집현전 학사로서 세종을 도와 우리나라 음운을 집대성한 『동국정운』 등의 편찬에 공을 세운 학문적 동지였다. 그러나 세종 사후 정치적 격변기에 길을 달리해 엇갈린 운명을 맞았다.

세종은 집현전을 설치하고 젊고 재기발랄한 학자들을 불러 모았다. 임금은 학사들에게 밤낮 글을 익히게 하고 때때로 친히 시험해보기도 하고 토론을 벌이기도 했다. 그러고 나서 정음청을 만들어 한글창제의 일에 이 학사들을 동원했다. 이 속에서 두 사람은 언제나 어울려 다녔다. 여기에 때때로 박팽년, 이개, 하위지 등이 끼었다.

세종의 특명으로 한 철을 진관사에서 함께 사가독서賜暇讀書했고, 임금이 온천에 갈 적에도 이들을 데리고 다녔다. 이 둘에게 쏟은 임금의 은총은 극진했다. 두 사람의 우정은 형제사이보다도 더했으며 서로를 이해하고 격려하는 지기였다.

훈민정음 창제에 큰 공을 세우다

이 무렵 세종은 이 두 사람에게 주로 『훈민정음』 창제의 일을 맡겼다. 임금은 자신을 이을 큰 제자를 길러낸 것이다. 1444년 세종은, 집현전 학사들에게 운회韻會(음운의 집대성)를 언문으로 번역하라는 분부를 내렸다. 이 작업을 위해 의사청에서 머리를 맞댄 사람들은 동궁(문종)을 비롯해 수양대군, 안평대군 그리고 집현전의 최항, 박팽년, 신숙주, 이개, 성삼문이었다. 이들은 하루를 멀다 않고 만나 의견을 나누고 토론을 벌여 임금에게 질의를 하면서 『동국정운東國正韻』을 완성했다. 신숙주는 세종의 지시에 따라 이들을 대표해 「서문」을 썼다. 그 내용을 모두 설명할 수는 없으나 일부를 소개하면 이러하다.

> 임금은 우리에게 음운 정리의 일을 맡겼다. 습속을 두루 채집하고 전적을 널리 살펴보아서 널리 쓰이는 음을 기본으로 삼고 옛 운韻을 전부 조화하고 자모 7음과 청탁 4성의 본말을 궁구하여 바르게 회복하지 않는 것이 없었다.……이에 4성을 조화하여 91운, 23모母를 정하고 어제 훈민정음으로 그 음을 정했다.
>
> 『동국정운』 「서문」

이 「서문」을 쓴 시기는 1447년이다. 『동국정운』은 몇 년 동안 노심초사한 결과로 이루어진 것이다. 이 일로 하여 세종의 성삼문과 신숙주에 대한 신임은 더욱 굳건했다. 그리하여 두 사람을 요동으로 보냈다. 당시 요동에는 명나라 한림학사인 황찬黃瓚이 유배생활을 하고 있었다. 세종은 이 소식을 듣고 중국 음운을 익히려 두 사람을 사신이라는 사명을 씌워 보낸 것이다. 이들은 황찬과 끊임없이 질문과 토론을 벌였는데, 적어도 13차례 이상 왕래했다고 한다. 이때의 얻은 지식은 물론 『동국정운』에 반영되었다.

1450년에 명나라의 사신이 올 적에 세종은 "이번 사신은 유사들이니 운서 번역도 그들에게 물어 고칠 것이 있으면 고치게 하고 수창酬唱도 잘하게 하라"(『세종실록』 31년조)고 이르고 그 임무를 신숙주와 성삼문에 맡겼다. 두 사람은 태평관을 드나들면서 명의 사신 예겸倪謙의 접대를 맡아 시를 주고받기도 하고 음운에 관련되는 학문을 토론하기도 했다. 당시 예겸은 조선의 학풍과 문풍 수준이 높다고 하여 특별히 선발해 보낸 학자요 문사였다.

이 일을 훌륭하게 해낸 두 사람은 또 한 번 세종의 두터운 신임을 받았다. 그리하여 세종이 어느 날 궁중에서 두 사람에게 "어린 왕손을 잘 이끌어 달라"고 특별히 당부했다. 아들 문종이 늘 병약해서 언제 죽을지 모른다고 판단한 세종이 어린 손자 단종의 앞날을 염려해 고심한 끝에 나온 당부였을 것이다. 세종은 수양대군과 안평대군, 금성대군 등 많은 대군들이 도사리고 있는 왕실의 사정을 살펴보고 뒷일을 염려했던 것이다.

　이때 신숙주는 수양대군과 어울려 명나라 사신 일행으로 따라
갔고 돌아와서는 친분을 두텁게 가지기도 했다. 하나 성삼문은
수양대군의 포악한 성격을 별로 좋아하지 않아 되도록 경이원지
敬而遠之하고 있었다. 이것이 두 사람의 운명에 중요한 갈림길이
되었다.

　세종이 죽자 사정이 달라졌다. 병약하여 일찍 죽은 문종의 뒤
를 이어 어린 단종이 왕위에 오르자, 범 같은 수양대군은 어린
조카의 왕위를 빼앗으려고 기회를 엿보고 있었다. 이때 수양대
군은 신숙주를 자주 불러 시국문제나 반대파 제거의 일을 상의
했다. 신숙주는 순순하게 응대했고 때로는 대책을 내기도 했다.
하지만 막후 인물은 한명회였고 성삼문은 자연스레 소외되었다.

　수양대군은 가장 강력한 정적인 김종서를 철퇴로 내리쳐 죽이
고 그 세력을 제거했다. 이를 계유정난이라 부른다. 수양대군이
공로자를 정할 때 신숙주는 2등급, 성삼문은 3등급에 올랐다. 성
삼문은 공신 칭호를 줄 적에 일단 모르는 척 그대로 받았다. 그
런데 정권을 잡은 수양대군은 스스로 영의정이 되어서, 신숙주
를 도승지, 성삼문 등을 승지로 임명해서 학자들을 정권유지에
이용하려 들었다. 이 무렵 신숙주는 수양대군을 돕고 있었으나
뒤늦게 승지를 맡은 성삼문은 내밀하게 딴 일을 벌이고 있었다.

　새 임금은 인심을 무마시키기 위해 집현전 학사들에게 공신칭
호를 내렸던 것이요, 이에 학사들은 돌아가며 축하연을 베풀고

있었다. 신숙주는 새로운 발돋움을 위해 축하연을 즐겼지만 성삼문은 축하연의 거절은 물론 울분을 삭히고 있었다. 두 사람은 이제 만날 수 없는 길을 가게 된 것이다.

수양대군은 1455년(단종 3) 마침내 단종을 압박해서 왕위를 물려받았다. 이때 마침 명나라의 사신이 와서 경회루에서 연회를 베풀기로 되어 있었다. 이 자리에서 성승이 운검雲劒을 추기로 예정되어 있었는데, 성삼문과 박팽년 등은 이 자리에서 새 임금과 그 동조자들을 제거하기로 결의했다. 이를테면 쿠데타 음모였다. 이상한 낌새를 알아차린 한명회가 운검 춤을 중지시켜 음모는 불발로 그쳤다.

이 음모를 한명회, 정인지, 정창손, 신숙주 등은 알아차리고 있었다. 그리고 신숙주는 고령군의 공신 봉호를 받은 몸으로 새 임금의 즉위를 알리는 명나라의 주문사奏聞使로 가게 되었다. 신숙주가 서울을 떠나 있을 때, 그의 아내 윤씨가 신병으로 다음 해 곧 1456년 정월에 죽자 새 임금이 초상을 극진하게 돌보아주게 했다. 이 죽음을 두고 뒷말이 많았다.

이때 성균관의 사예 벼슬을 하는 김질과 그의 장인으로 의정부 우찬성인 정창손이 고변의 밀계를 올렸다. 그러자 새 임금은 이들을 불러들여 직접 사정을 들었다. 김질이 고변한 내용을 요약하면 이러하다. "성삼문이 김질을 불러서 요즈음 혜성이 나타나고 사약방의 숯이 저절로 우는 소리를 내니 변고가 일어날 조짐이다. 이런 때 상왕의 복위를 도모해야 할 것이다." 그 뒤 또 이렇게 말했다 한다.

신숙주, 권람, 한명회 같은 무리를 먼저 제거해야 한다. 너의 장인(정창손)을 남들이 모두 곧은 사람이다 하므로 이때를 맞이해 상왕 복위를 창의하면 누가 따르지 않겠는가? 신숙주는 나와 좋아하는 사이이다. 그러나 이제는 죽어야 한다.

『세조실록』 2년 6월조

여기에 성삼문이 친구 신숙주를 죽이기로 마침내 결심한 내용이 주목된다. 이렇게 하여 대대적인 옥사가 일어났다. 신숙주는 귀국해 병조판서의 자격으로 국문鞫問의 자리에 참여했다. 성삼문, 박팽년, 이개, 하위지 등은 끌려와 심한 고문을 받았다. 신숙주는 이들을 주리를 틀고 불로 지지는 참경을 바라보고 있었다. 성삼문은 새 임금을 '나으리'라 부르면서 항거했다. 더욱이 새 임금이 내 녹을 받아먹지 않았느냐고 묻자 성삼문은 "나으리의 녹은 내 집 창고에 쌓아 놓았다"고 대답했다. 신숙주는 이를 바라보면서 고개를 돌리며 부끄러워했다고 전한다.

한쪽은 충절을, 한쪽은 문화를 남기다

성삼문은 물론 온 가족이 몰살을 당했다. 온갖 회유도 뿌리치고 목숨을 바쳐 '충'의 가르침을 철저하게 지킨 것이다. 하나 그것만이 아니었다. 새 임금 세조는 군왕이 된 뒤 사림 세력을 억제하고 왕권을 강화하는 조치를 취했다. 사림 중심의 정치 세력을 존중한 세종과는 달리, 세조는 독재적 수법으로 전제정치를 펴서 사림의 반발을 불러온 데서 유발된 측면도 있었다. 성삼문이 형장으로 끌려갈 때 지었다는 시를 보자.

북을 울려 목숨 재촉하는 적에
머리를 돌려보니 해 저물려 하네
황천 가는 길에 여점 없다 하니
오늘밤 누구 집에 잘까?

이 시를 그가 지었는지는 모를 일이나 뭇사람들의 입에 오르내렸다. 성삼문의 일가 곧 아버지를 비롯해 동생 삼형제, 아들 삼형제가 죽임을 당했고, 아내와 딸은 관비로 삼았다. 이를 멸문지화라 부른다.

물론 신숙주는 이와 달랐다. 옛날의, 생사를 같이하자던 동료들이 형장으로 끌려갈 적에 그는 거듭 새 왕에게 충성을 맹세하고, 뒤에 고령군이라는 공신 칭호와 우찬성의 벼슬을 받았다. 하지만 신숙주에게는 여러 비난의 말들이 쏟아졌다.

이 중 두 가지 이야기를 들어보기로 한다. 신숙주가 사육신을 판결하는 국청의 일을 끝내고 집으로 돌아와 보니 아내가 보이지 않았다. 신숙주의 아내는 다락의 들보 아래에서 베를 손에 쥐고 있었다. 신숙주가 물어보니 "그대가 오늘 죽었다는 소문을 들으면 자결하려 했소. 왜 친구들이 죽는데 살아 돌아왔소?"라고 말했다 한다. 또 하나, 민중들은 녹두나물이 여름철에 잘 쉬는 것을 두고 '숙주나물'이라 불러 신숙주의 변절을 꾸짖었다 한다.

이 이야기는 모두 사실이 아니다. 신숙주의 부인은 늘 병환에 시달렸는데, 신숙주가 명나라에 갔을 시기에 죽었다. 곧 사육신 사건이 일어나기 5개월 전에 죽어, 세조가 그 초상을 극진하게 보살했다. 숙주나물은 숙수菽水(하찮은 음식물로 표현되는 콩과 물)의 변형일 수도 있고, 조선 후기 성삼문 등 사육신을 복권할 때 뒷사람들이 지어낸 말로 보기도 한다.

한편 사육신의 시체가 노량진에서 굴러다닐 때, 김시습, 남효온 등이 시체를 모아 묘를 썼다고 한다. 지금도 노량진에 보존되어 있다. 후기에 와서 이이 등이 그의 복권을 주장했고, 17세기 말기 숙종 연간에 사림 출신의 벼슬아치들의 주장을 받아들여 사육신의 복권을 결정한 뒤, 충신으로 기리는 작업이 이루어졌다. 뒤이어 영조는 성삼문에게 충문공忠文公이라는 시호를 내리기도 했다.

신숙주는 6대 임금을 섬기며 영의정을 지내는 등 현세에서 영화와 부귀를 한평생 누렸다. 신숙주의 동생과 아들들은 모두 고관의 자리를 누렸고, 손자 신용개申用漑는 할아버지의 대를 이어 김종직의 제자로 추앙을 받았으며 영의정 등 고관을 누렸다. 신숙주가 죽자, 성종은 직접 제문을 지어 올려 추모했고 성종의 묘정에 배향되었다. 신숙주는 역대의 임금에게 충성을 다해 공적을 이룬 탓으로, 때로는 위징魏徵(당 태종을 도운 명신), 때로는 관중管仲(전국시대 제나라 환공을 도운 명신), 때로는 주공周公(무왕의 동생으로 조카인 주나라 성왕을 도움), 소공김公(무왕의 동생으로 조카 성왕을 도움)이라 일컬어졌다.

신숙주는 이 땅의 민족문화를 위해 그의 재질을 마음껏 발휘했다. 『국조오례의國朝五禮儀』를 편찬하여 문화정치의 기틀을 다지고, 『동국정운』을 편찬해 한글 발전에 커다란 공을 세웠다. 그리고 많은 저술을 냈으며 일본, 여진 등과의 외교와 국방에도 많은 공헌을 했다.

이 과정에서 그에게도 지나친 칭찬의 말들이 만들어져 전해진다. 그는 음운을 정리하면서 한어, 몽골어, 여진어 등 많은 외국어를 익혔다고 했다. 하지만 이는 과장된 것이다. 세종은 "신숙주는 큰일을 맡길 만하다. 비록 한어를 모르지만 음과 훈에는 정밀하다"(『문종실록』 원년 8월조) 했고, 명나라 사신 예겸이 왔을 때 한어 통역관으로 손수산과 임효선이 따라가서 통역을 맡았다. 그는 언어학자였지 외국어 전문가가 아니었는데도, 그의 학문을 높이 평가하다보니 외국어를 잘 구사하는 학자로 과장했던 것이다.

그가 죽었을 적에 양주 송산리(지금의 의정부시 고산동)에 묘소를 번듯하게 조성했다. 그의 자손들은 파주 등 경기도 일대와 청원 등지에 집성촌을 이루어 살면서 민족사학자 신채호, 독립지사 신규식, 신백우, 신석우 등을 배출했다.

그런데 이 갈림길에서 성삼문과 신숙주가 다른 길을 걸었기에 역사 속에서도 사뭇 양극의 평가를 받게 된 것이다. 그리하여 조선 후기부터 성삼문은 청사에 빛나는 충신이요, 만세의 사표라는 우러름을 받은 것이다. 신숙주의 시호는 문충공文忠公이었다. 우연인지 고의인지 확인할 수 없으나, 신숙주와 성삼문은 글자

한 자의 순서를 바꾸어 놓은 시호를 올렸던 것이다.

그러나 현대에 와서 이들에게 역사적 평가를 달리하는 견해들도 있다. 성삼문이 몸을 바쳐 한 임금을 섬긴 것은 유교적 '충'에는 충실했던 것이요, 또 군신 사이의 절의를 지킨 기준에 따르면 마땅히 존중되어야 할 것이다. 반면 성삼문의 죽음이 과연 '이 땅의 문화와 학문에 기여한 것은 무엇인가' 하는 의문도 있다. 이에 비해 신숙주는 조선 초기 제도와 문화가 정비되는 시기에 많은 업적을 쌓았음을 높이 평가하기도 한다.

충이란 본질적으로 왕조체제에서는 국가와 민족의 발전에 큰 힘이 되는 덕목이지만, 임금 개인에게로만 향하는 편협한 가치관으로 귀결되는 것은 바람직하지 않다. 우리나라의 충은 때때로 이런 편협한 쪽으로 흘러간 경우가 많았다. 이렇게 볼 적에 신숙주는 이 나라 역사에 충을 쏟았다고 볼 수 있고, 성삼문은 단종이라는 개인에게 충을 쏟았다고 볼 수도 있다.

이황과 조식
가깝고도 멀었던 도학의 쌍벽

경상 좌도 우도를 대표하는 도학자

　조선시대에는 도학을 높이 숭상했다. 도학은 정심수신正心修身을 근본으로 하기에, 도학자들은 초야에 묻혀 학문을 익히고 제자를 길러내는 것을 첫째 사명으로 여겼다. 때로 이들이 조정에 불려나오게 되면 그 도학을 정치의 요체로 삼아 정치·경제 등 목민의 학을 실행했다. 조정에서는 때로 이름 높은 도학자를 유일遺逸이라는 이름으로 불러올려 벼슬을 주었고, 이들을 산림 출신이라 하여 높이 우러러 받들었다.

　조선 중기에 도학자로 이름을 떨친 두 인물이 경상도의 좌도와 우도에서 태어났다. 태백산 줄기가 뻗은 경상우도의 예안에서 퇴계退溪 이황李滉(1501~70)이 태어났고, 합천의 삼가에서 태어난 남명南冥 조식曹植(1501~72)은 경상좌도 지리산 아래 덕산에 터를 잡았다. 이들은 같은 해에 태어나 비슷한 나이를 살았고 같은 도에서 한쪽은 좌도, 한쪽은 우도에 자리 잡아 많은 제자를 길러냈다. 두 사람은 평생 만나지 못했으나, 때로는 남다른 지기로 대했고 때로는 작은 갈등이 유발되기도 했다.

이황은 젊은 나이에 벼슬길에 나와 순탄한 길을 걸었고, 더러 고향에 와서 살기도 했다. 그는 문신으로서는 가장 영광스럽다는 대제학, 예조판서를 거쳤으나, 언제나 고향으로 돌아가 학문을 익히고 제자들을 기르는 데에 뜻을 두었다. 그리하여 대제학은 1년을 못 채웠고, 예조판서는 단 며칠을 출사했을 뿐이다. 그러나 임금은 일이 있을 때마다 그를 불렀고, 그는 마지못해 조정에 나갔다.

1545년(인종 1) 병을 핑계 대고 내려갈 적에는 그를 마중하느라 선비들이 모두 나와 성내가 텅 비었다고까지 했으며, 이별을 서러워하는 동료와 후배들을 떨쳐버리지 못해 송파의 나루터에서 사흘이나 머물렀다 한다. 명종이 죽었을 때에는 마지못해 잠시 올라왔다가 예조판서를 받고서도, 임금의 장사가 끝나지 않았는데도 새 임금 선조에게 하직인사도 없이 훌쩍 떠나버렸다.

그를 그리워한 선조는 새로운 정치를 펴기 위해 그를 또다시 불렀다. 그는 마지막으로 올라와 옛날 성인들의 가르침을 도면으로 그린 『성학십도聖學十圖』를 바쳤다. 이를 토대로 도학정치를 펴라는 뜻이었는데, "마지막 나라에 보답하는 길은 이뿐이다"라는 말을 남기고 돌아섰다.

하늘이 울어도 울리지 않는다

조식은 젊었을 적에 향시와 서울의 문과에 합격한 적도 있고 서울 나들이도 했으나, 30대 초반부터 김해에 살면서 벼슬을 단념했다. 여러 차례 벼슬이 내려졌으나 모두 거절했다. 문정왕후가 섭정을 하고 외척 윤씨 일파가 발호할 적에 그에게 벼슬이 내려졌다. 이때 그는 조정에 나가, 임금(명종)이 성년이 되었으니 친정을 펴고 아녀자가 정치하는 것을 막으라고 강한 어조로 말하고 돌아왔다. 이때 이황은 조정에 머물며 벼슬하고 있었다.

조식은 이웃 고을에 사는 이희안李希顔, 성운成運 등의 도학자와 교유하고 탁족濯足하면서 지냈다. 어느 때에 회재 이언적이 경상우도 관찰사로 와서 그의 높은 이름을 듣고 한번 만나자는 편지를 보냈다. 이에 그는 "제가 알기로는 상공께서도 벼슬을 버리고 시골로 돌아갈 날이 멀지 않은 듯하니, 그때 댁으로 찾아가도 늦지 않을 듯합니다"라는 답서를 보냈다.

조식은 회갑이 된 나이에 지리산 아래 덕산으로 들어가 덕천 강가에 세심정洗心亭을 짓고 살았는데, 이때 이런 시를 남겼다.

저 무거운 종을 좀 보오
크게 두드리지 않으면 소리가 없다오
어찌 하여 지리산과 같아서
하늘이 울어도 울리지 않는다오

자신을 '무거운 종'으로 비유하여 지리산과 겨루고 있는 것이리라. 이럴 적에 그는 서울에 가서 임금을 만나고 돌아온 것이다. 벼슬 따위가 그의 눈에 보였겠는가?

평생 만남 없이 편지만 주고받아

이러한 삶과 처신을 보면 두 사람 모두 인품이 고결한 도학자였음을 알 수 있다. 그러나 그 구체적 행동방식은 상당히 달랐다. 두 사람은 상대의 명성을 익히 듣고 있었다. 그러나 서로 만날 기회는 좀처럼 오지 않았다. 이황이 먼저 편지를 보냈다. 이황이 성균관 대사성으로 있을 때에 임금이 숨은 인재를 찾아 벼슬을 주려 하자, 이황이 조식에게 조정에 나오라고 권고한 것이다. 이에 조식은 이런 답서를 보냈다.

평소에 높이 우러러봄이 하늘에 있는 북두성과 같았고, 뛰어난 인물 만나기 어려운 것이 책 속에 있는 성인 같았습니다. 갑자기 간절한 편지를 받으니 약됨이 아주 많아 일찍부터 아침저녁으로 만난 것과 같았습니다.…… 생각건대 그대는 세상을 환하게 보는 밝은 마음이 있고 나는 눈앞도 못 보는 탄식이 있는데도, 가르침을 받을 길이 없습니다.

이대로 보면 대단히 정중하고 겸손한 뜻을 담고 있다. 그리고 간곡하게 벼슬에 뜻이 없음을 밝히고 이황의 당부를 거절한 것이다. 그러나 깊은 뜻이 내면에 깔려 있지 않았을까. 이에 이황은 "나도 마땅히 시골로 돌아갈 뜻을 가지고 있다"는 답서를 보냈다.

그 뒤 10여 년이 지나 조식은 이황에게 편지를 보냈는데, 평생토록 마음으로 사귀면서도 지금까지 만나지 못했음을 말하고, 세상 선비가 제 앞도 못 가리면서 이치를 말하며 헛이름을 훔치는 풍조는 선생 같은 분이 경계를 게을리 한 탓이라고 했다. 이에 이황은 일단 옳은 말이라고 칭찬해 마지않으며, 나를 채찍질하고 격려한 것이라고 제자들에게 일렀다.

그러나 조식의 말 속에는 그런 풍조에 물든 사람들 속에 이황이 끼어 있다는 뜻을 풍기고 있었고, 이황은 이를 알면서도 일단 점잖게 수용했다. 하지만 어떤 빌미가 만들어지고 있었다. 이황과 조식은 이렇게 평생 다섯 차례에 걸쳐 편지를 주고받았다. 그리고 당시 명망 있는 젊은 학자요 벼슬아치이던 동강 김우옹, 한강 정구 같은 사람들이 양쪽의 문하를 드나들며 두 스승의 뜻을 전해주었다.

조식은 김우옹을 손녀사위로 맞이하는 한편 정구를 남달리 아꼈는데, 두 사람은 뒤에 이황에게 가서 다시 학문을 익혔다. 이황은 조식의 제자를 다시 자기 제자로 받아들였고, 이에 조식은 한 점 섭섭한 마음을 나타내지 않았다.

서로의 현실관에 따라 비판을 하다

이런 사이였으나 다른 한편 출처出處와 현실관을 두고 서로 조금씩 다른 견해를 보이고 있었다. 조식의 행동철학을 철저히 따른 제자 정인홍은 "벼슬길에 나아가는 것과 향리에서 학문에 정진하는 것에 대한 옳은 의리"를 글로 물었다. 이에 조식은 답서를 보냈다.

> 이것이 어느 때이고 어떤 자리인데, 허위의 무리가 여기에서 겉모양을 그럴 듯하게 꾸미고 뻔뻔하게도 현자의 지위를 함부로 차지하고, 마치 종장宗匠인 것처럼 해서야 옳겠는가?
>
> 『남명집』 초간본

앞에서 말한 대로, 당시는 문정왕후가 섭정을 맡고 척족 윤씨가 발호할 적이었다. 이때 조식은 주어진 벼슬을 받지 않았을 뿐만 아니라 강한 어조로 잘못을 지적한 데 반해, 영남의 두 거두인 이언적과 이황은 별말 없이 벼슬자리를 차고 앉아 있었다.

이 글에서 '현자', '종장'은 구체적으로 누구를 지적한 것은 아니나, 해석에 따라서는 이언적과 이황일 수 있는 것 아닌가? 말 만들기 좋아하는 선비들이 이런 내용을 알았다면 심상하게 흘려보내지 않았을 것이다.

여기에서 두 사람의 성격과 행동양식을 다시 말해둘 필요가 있겠다. 이황은 비록 학문에 관심을 쏟아 고향으로 내려가려고 늘 마음에 다짐했으나, 조정에서 불러올리면 완강하게 거절하지 못하는 성품이었다. 이황은 또 한 치의 논리적 틈이 보여서는 안 되는 성리학을 깊이 팠으나, 남의 허물이나 제자들의 행동에 그 다지 엄격하지 않고 너그럽게 이해해주는 품성을 지니고 있었다.

반면 조식은 한번 결심을 하면 조금도 흔들리지 않고 지켜나 갔다. 그는 의리에 조금이라도 벗어나면 용서 없이 질책했고, 또 그렇게 가르쳤다. 그는 늘 방울을 차고 다니면서 그 소리를 들으 며 자기를 깨우쳤고 칼을 머리맡에 두고 의리의 결단을 생각했 다. 조식이 죽을 적에, 평소 그의 음식과 기거를 살펴주던 부실副 室이 임종을 지켜보려 하자, 이를 완강히 거절했다. 부실이 임종 을 지켜보는 것은 명분에 어긋난다는 것이다. 이런 조식을 두고 이황은 다음과 같은 평을 했다.

첫째는 남을 깔보고 세상을 가볍게 여긴다 했고, 둘째는 뜻이 지나치게 높은 선비여서 중도中道를 맞추기가 어렵다고 했고, 셋 째는 도학이 노자, 장자를 빌미로 삼고 있다고 했다. 따라서 조 식은 편소偏小하고 하나의 절조만을 지키는 사람이라고 했다. 이 말 또한 말 많은 선비들이 그냥 넘길 리 없었다. 세 가지 지적 중 에 앞의 두 가지는 출처와 성격에 관계되는 말이었으나, 끝의 지 적은 또 한 번 짚고 넘어가야 할 것이다.

이황은 철저하게 주자학을 받들고 이를 심화, 체계화시키는 데에 열중했다. 그는 성리학의 이론을 펼 적에 고전적인 주리론 을 내세워 '이발기승理發氣乘'을 주장했다. 곧 완전한 선인 '이'가 발하고 불완전한 선인 '기'가 올라탄다는 뜻으로, '이' 중심의 논리를 편 것이다. 이런 논리를 펴다보니 그는 많은 저술을 남겼다.

조식은 성리학에 큰 관심을 두지 않고 실천행동을 중시했다. 성리학에 조금 관심을 기울인 경우에도 주희朱熹보다 장재張載의 이론을 중시했다. 그리고 그는 은둔해 있으면서 실제로 노장적 분위기에 젖어 있었다. 그의 시에는 불교적 분위기는 깔려 있지 않았으나, 노장적 또는 도가적 분위기가 짙게 드리워져 있다. 이런 탓인지 글을 별로 남기지 않았다.

이황의 세 가지 지적은 인생관과 학문관의 차이일 뿐이다. 그러나 듣는 쪽에서는 유교국가에서 '도가적'이니 하는 표현은 못마땅해 했음직하다.

그런 탓으로 뒷날 정인홍은 이에 대해 "이황은 과거로 벼슬길에 나와서는 진퇴가 분명하지 못하면서 우물쭈물 세상을 엿보는 것으로 중심을 삼았다. 조식과 성운은 어릴 적에 과거공부를 폐하고 산림에 들어앉아 도를 지키기에 흔들림이 없었으며, 여러 번 벼슬자리에 나오라고 불러도 응하지 않았다. 이 점을 이황이 갑자기 '괴이한 행실'과 '노·장의 도'라고 하다니……"라고 반격하고 나섰다.

이황이 먼저 세상을 떠났다. 이 소식을 전해들은 조식은 애통해 마지않고 눈물을 흘리며 "같은 해에 태어나 같은 도에 살면서 서로 만나지 못한 것은 어찌 운명이 아니겠는가? 나도 얼마 안 있어 죽을 것이다"고 했다.

그런데 또 이런 말이 전해진다. 이황이 죽을 적에 "내 명정에 처사이공지구處士李公之柩라고만 쓰라"는 유언을 남겼다고 했다.

벼슬을 지낸 사람이 죽으면 명정이나 축문에 어김없이 벼슬이름을 쓰는 것이 예식이었다. 그런데 이황이 벼슬이름을 쓰지 못하게 하고 '처사'라고만 쓰라고 한 것은 그가 어디까지나 명리에 초연한 학자임을 드러내고자 한 뜻이었다.

이 말을 전해들은 조식은 "할 벼슬은 모두 다하고 처사라니. 전정 나야말로 처사일 것이다"는 말을 했다 한다. 이 말도 사실은 옳았다. 그러나 다시 말 많은 선비들은 이런 지적을 그냥 넘겨버리지 못했다. 양쪽의 제자들은 서로 수군대기도 하고 서로 헐뜯기도 했지만, 그래도 표면에 드러내기는 조심했다.

사후에 벌어진 제자들 간의 분쟁

이런 작은 갈등이 알알이 드러난 것은 1611년(광해군 3) 정인홍의 상소내용이 계기가 되었다. 당시 그동안 해결하지 못하고 있던 5현의 문묘종사가 정해졌다. 곧 본받을 사표로 김굉필, 정여창, 조광조, 이언적, 이황을 뽑아 공자를 모신 문묘에 들게 한 것이다.

이럴 적에 고향에 가 있던 정인홍에게 찬성이라는 벼슬이 내려졌다. 이에 그는 사직상소를 올리면서 이언적과 이황의 문묘종사를 두고 시비를 벌였다. 정인홍은 앞에서 언급한 이황이 조식을 지적한 말을 적고 그 잘못을 변석辨釋해나갔다.

그러면서 '중도에 맞추기가 어렵다'는 표현을 두고 비꼬는 투로 "벼슬길에 나갈 줄만 알고 물러날 줄은 모르는 이 슬픈 중용이 세상에 넘친 듯합니다"라고 썼다. 그는 여러모로 이황의 잘못을 걸고넘어졌다.

이 상소가 알려지자, 성균관의 유생들과 조정의 언관들은 시끌시끌하게 그 시비를 가리며 정인홍을 규탄하고 나섰다. 그것이 한걸음 나아가 조식의 도가적 분위기에 대한 시비로 이어졌다. 서로 있는 말, 없는 말을 들춰내며 헐뜯기에 정신이 없었다. 두 도학자의 사후에 제자들 사이에 심한 갈등과 도전이 유발된 것이다.

여기에서 또 한 가지 말해둘 것은 이황은 여론 형성세력인 성균관의 대사성으로 있으면서 이들을 길렀고, 유생들은 그의 가르침에 충실했다. 이와 달리 정인홍 세력은 정치적으로는 집권세력인 대북파로 광해군의 신임을 받았고, 정인홍의 제자들은 경상우도의 유림이었으나 성균관으로는 제대로 진출을 못했다. 따라서 정인홍 세력은 성균관의 유생들에게 밀리고 있었다. 결국 문묘종사 문제는 기정사실로 굳어져버렸다.

어느 때 선조가 정구에게 두 사람의 인품을 말해보라고 했다. 선조도 두 도학자의 관계를 짐작하고 있었던 것이다. 이에 정구는 "조식은 천 길 절벽에 선 것 같아 길을 찾아들기가 어렵고, 이황은 평길이 쭉 곧은 것 같아 길을 따라들기가 쉽습니다"라고 말했다. 또 뒷날 유학자로 두 쪽을 모두 이해한 하겸진河謙鎭은 "두 선생의 기상과 규모가 조금 다르기는 했으나, 이황은 도를 밝히기에 힘을 쏟았고 조식은 세상의 잘못을 바로잡기에 힘을 썼다.

그러니 그 마음 씀이 같았고 도를 위함도 한가지였다"고 썼다.

　분명히 두 사람은 진리를 찾아 나섰고, 많은 제자들을 길러내 그들의 정신을 폈다. 그러나 출처와 인생관, 현실관에 따라 때로는 비판을 가하기도 하고, 때로는 서로 이해하기도 했다. 그러면서 작은 갈등이 생기고 시비가 벌어졌다. 그리고 이것이 사후에 격화되어 제자들끼리 분쟁을 일으키며 서로 섞일 수 없는 지경에 빠졌다. 그런 갈등은 지금도 그 앙금이 남아 있다.

　그러나 여느 관계와 같이 정치적 압제와 살육으로까지는 번지지 않았다는 사실에 유의할 필요가 있다. 어디까지나 출처와 명분을 두고 시비를 벌였지, 이를 꼬투리로 하여 서로 죽이는 지경에는 이르지 않았다. 이런 것이 부질없는 다툼이었다고 말할 수 없으나, 작은 꼬투리를 따지다 보니 서로 스승을 욕보인 것이다.

최명길과 김상헌
명분과 실리로 맞선 서인의 두 거두

현실인식의 차이

역사에서는 개인감정으로 길을 달리하는 수가 흔했으나, 현실 대처의 방법이 달라 역사의 길을 달리한 경우도 흔히 있다. 여기에 그 표본이 되는 두 인물이 있으니, 청음淸陰 김상헌金尙憲(1570~1652)과 지천遲川 최명길崔鳴吉(1586~1647)이다.

두 사람은 모두 서인 계열로 광해군의 대북 정권 아래에서 벼슬살이를 했으나 별로 두드러진 활약을 보이지는 않았다. 김상헌이 선배 격으로 먼저 조정에 나왔고, 최명길은 그 뒤를 따라 벼슬살이를 했다. 두 사람 모두 인품을 남달리 인정받았던 것으로 보인다. 그들은 당상관에 올라 한창 기백을 드러낼 적에 파직을 당하는 첫 시련을 겪었다.

최명길은 1612년(광해 6) 인목대비에 대한 폐모논의가 진행될 적에, 그 사실을 미리 알고 동료에게 알렸다 하여 파직되는 몸이 되었다. 김상헌은 그보다 3년 뒤에 중국에 보내는 글을 잘못 지었다 하여 벼슬살이에서 떨려났다.

　두 사람의 이런 경험은 서로 길을 약간씩 달리하는 계기가 되었다. 첫째는 그들의 학문 경향이다. 최명길은 장유, 이시백 등과 어울려 시세를 한탄하며 영락한 생활을 하면서 양명학에 깊숙이 빠지게 되었다. 양명학은 주자학보다 현실 문제에 좀 더 적극적인 참여를 주장하는 경향이 있었다.

　이와 달리 김상헌은 철저한 주자의 문도門徒로 서인의 학문 경향에 더욱 빠졌다. 그는 명분과 의리를 숭상하는 주자학에 몰두했고, 현실 문제에서도 이를 적용하는 의식을 더욱 깊게 지녔다. 쉽게 말해 존명양이의 의식에 빠져든 것이다.

　둘째는 이런 학문 경향 탓인지, 정치적 행동을 달리한 것이다. 1623년 인조반정이 일어나 광해군을 몰아낼 적에, 최명길은 여기에 적극 참여하여 공신이 되었다. 이와 달리 김상헌은 의리를 중시하여 인조반정에 가담하지 않았다.

　그러나 일단 서인이 집권하자, 두 사람은 모두 요직을 거치며 크게 활약하기 시작했다. 그런 가운데에서 최명길은 선배 김상헌과 거의 동렬에 서는 벼슬을 누리며, 정계의 중심 역할을 하게 되었다. 이런 정계의 여건과 관련하여 두 사람은 1627년의 정묘호란과 1636년의 병자호란을 겪으면서 각기 다른 현실인식으로 길을 달리했다.

그대 마음 돌 같아 끝내 돌리기 어렵고

이 두 전란은 왜 일어났던가? 명나라는 당시 국력이 피폐해 각지에서 민중봉기가 연이어 일어나고 있었다. 그런데다 신종은 자기의 능을 화려하게 꾸미는 따위로 재정을 파탄으로 몰고 갔고, 임진왜란의 참전으로 국력은 더욱 소모되었다. 한편 이를 틈타 만주 일대에서 일어난 누르하치는 욱일승천의 기세로 힘을 키우며 명나라 국경을 압박하고, 이어 황제라 일컬으며 청을 건국했다.

조선에서는 명에 대한 은의와 함께 오랑캐인 청에 대해 고분고분할 수 없었다. 또 과거 광해군이 후금後金(청의 전신)에 호의를 보인 사실을 치욕으로 여겼다. 그리하여 언제나 청의 요구를 거절하고 존명배청의 외교노선을 걸었다. 청에서는 명나라를 멸망시키기 이전에 후환을 없애기 위해 조선을 침략해서 굴복시키려 했다.

정묘호란이 일어났을 적에 후금의 군사는 10여 일 만에 무인지경으로 서울 가까이까지 쳐들어왔다. 왕은 신하들을 거느리고 허겁지겁 강화도로 들어갔다. 그리고 유도대신留都大臣 김상용金尙容은 서울 주변의 창고들을 모조리 불태운 뒤 강화도로 도망쳤다. 강화도에 모인 벼슬아치 가운데에 김상헌이 빠져 있었다. 그는 이때 동지사로 북경에 가 있었다. 그때 최명길은 참판의 직책에 있으면서 화의를 성립시키려고 노력했다.

강화도에 모인 벼슬아치들은 모두 내심 화의를 바라고 있었지만 감히 말을 꺼내지 못하고 눈치만 살피고 있었다. 이럴 때에 최명길만이 앞뒤의 사정을 들어 화의를 주장했다. 마침내 형제의 맹약을 맺고 화의가 성립되어 후금의 군사는 물러갔다. 그러나 최명길은 주화파로 지목되어 탄핵을 받고 벼슬자리에서 물러났다. 이와 달리 김상헌은 북경에서 이런 글을 올렸다.

> 진실로 이런 때에 속히 군사를 내어 그 빈틈을 타서 그들의 소굴을 짓밟아 도둑의 머리를 끌고 꼬리를 잡아당기면, 일거에 모든 요동 땅을 회복할 수 있고 속국도 보전할 수 있습니다.
>
> 『인조실록』 5년 정묘 5월조

그러나 이런 요구는 실효를 거두지 못했다. 그야말로 엉뚱한 소리로 들릴 정도로 무모한 건의였다. 그렇게 해서 이때부터 최명길은 주화파, 김상헌은 척화파로 지목되었다.

그 뒤에 조정에서는 후금과의 약속을 하나도 지키지 않았다. 뿐만 아니라 홍타이지皇太極(태종)가 정식으로 청을 건국하고 황제라 일컫게 되자, 이를 받아들이지 않고 더욱 적대의식으로 대했다. 이에 청나라에서는 12만 대군을 거느리고 압록강을 건너 5일도 안 되어 서울 근교까지 육박했다.

당시 조정에서는 오기만 부렸지, 군사를 기르지도 않았고 양곡 비축 등 침략에 대비하지도 않았다. 그저 입놀림만 잦았을 뿐이다. 다시 말해 정묘호란이 있은 지 10여 년이 되었으나 아무런 준비도 하지 않았던 것이다. 임금은 강화도로 들어가기로 결정했으나 이미 길은 막혀 있었다. 그리하여 남한산성으로 들어가기로 하고 수구문을 나와 송파로 내달았다. 어찌나 혼란스러웠는지 세자의 마부가 도망칠 정도였다.

남한산성에는 한 달 먹을 양식밖에 없었고 군사도 1만여 명이채 안 되었다. 참으로 절박한 지경이었다. 청나라 군사는 잽싸게남한산성을 포위하고, 성 안에서 바라보이는 곳에 진을 치고서는 민가에 불을 지르고 부녀자들을 겁탈하며 겁을 주고 있었다.

이때 최명길은 예조판서, 김상헌은 이조판서로 남한산성에 들어와 있었다. 남한산성에서 버티고 있는 동안, 임금은 추운 겨울인데도 이불이 없어 옷을 입은 채로 잠을 잤고, 하루에 닭다리하나로 연명할 정도였다. 더욱이 임금은 동상에 걸려 걸음을 걸을 수조차 없었다. 그리고 외부와는 완전히 차단되어 있었다.

청나라 홍타이지는 계속 항복을 요구하고 나왔다. 그들은 조선을 '신臣'이라 부르고 청의 임금을 '황제'라고 부를 것을 요구했다. 이제 최명길, 장유 등은 이 요구를 받아들여 나라를 보존하자는 논의를 벌였고, 임금은 결정을 못 내리고 주저하고 있었다. 이 소식을 들은 김상헌은 "이런 이야기를 꺼낸 자들을 죽여서 결단코 이 세상에서 함께 살지 않겠다"고 소리쳤다. 그리고이리 뛰고 저리 뛰며 척화 대신들을 찾아다니면서 호령했다.

그러나 최명길은 끝내 화의의 글을 가지고 청군 진영에 분주하게 드나들었다. 그러는 동안 김상헌은 온조왕(남한산성은 온조왕의발상지라 한다)에게 제사를 드리는 일을 맡아보며 길길이 뛰며 더욱척화에 열을 올렸다.

이에 척화파인 심광수沈光洙는 "최명길의 목을 베어 나라를 그르친 죄를 군사와 백성에게 사과하고, 김상헌을 정승에 임명하면 군정軍情을 감복시킬 수 있다"고 요구했고, 이조참판 정온鄭蘊은 "하늘에 두 해가 없는데 최명길이 두 해를 만들고자 하며, 백성에게는 두 임금이 없는데 최명길이 두 임금을 만들고자 한다"고 하면서 최명길의 '나라를 팔아먹은 죄'를 다스려야 한다고 주장했다(『인조실록』 15년 정축 정월조).

명분인가 실리인가

이에 아랑곳하지 않은 최명길은 분주하게 국서를 가지고 청군 진영을 왕래했다. 한번은 김상헌이 청에 보내는 답서를 보고 이를 찢어버리며 대성통곡을 했다. 그리고 최명길에게 "공의 무리들은 어찌 이따위 짓을 하는가?" 하고 꾸짖었고, 최명길은 "어찌 대감을 그르다고 하리오만, 이는 어쩔 수 없는 일입니다"라고 대답했다. 그리고 최명길은 찢어진 국서를 주워 모아 붙였다.

최명길은 국서를 들고 나갔고, 김상헌은 대궐 뜰에 엎드려 6일 동안이나 밥을 먹지 않았다. 이때 장수와 군사 수백 명이 임금 앞에 나아가 척화하는 문신들을 내달라고 요구하며 칼집을 쥔 채 소리를 질렀다. 척화파를 죽이려 한 것이다. 그리고 그들은 "오늘의 사태는 명사들이 불러온 것이니 이들을 제거해야 한다", "만일 나라에 문사가 없으면 편안해질 것이다", "우리는 명

『산성일기』 병자호란 당시 치욕적인 외교사를 전하는 역사 기록. 명분과 실리를 위해 각기 목숨을 걸고 시대를 지탱했던 두 인물은 정적이기보다는 나라를 위한 큰 뜻에서 서로를 인정한 동지였다.

사들을 볼 적마다 칼자루를 만지게 된다"고 떠들어댔다.

사태는 반전되었다. 이렇게 되자 척화파는 몸을 도사렸고 주화파는 가슴을 폈다. 끝내 항복이 이루어져서 남한산성에 들어간 지 한 달 보름 만에 임금과 벼슬아치들은 서울로 돌아왔다. 그리고 세자와 왕자를 볼모로 보내기로 하고 청과 군신의 관계를 맺었으며, 황금 1백 냥, 은 1천 냥 따위의 공물을 바치기로 약속했다.

이 사건은 조선조가 건국한 이래 가장 큰 치욕이었다. 왜 이렇게 되었던가? 그야말로 아무런 대비도 없이 명분만 내세우다가 이 꼴을 당한 것이다. 이렇게 현실에 달리 대처한 두 사람을 두고 "항복문서를 찢은 신하도 나라를 위해서요, 이를 주워 맞춘 신하도 나라를 위해서였다"는 말이 생겨났다. 바로 명분과 실리에서 두 사람은 현실인식을 달리 했던 것이다. 그러나 과연 그럴까? 청군에게 맞아죽고 찢겨죽은 민중의 말을 들어보아야 할 것이다.

백 년 묵은 의심을 풀다

김상헌은 삼전도에서 임금이 항복하는 의식을 가질 적에 따라오지 않았고, 또 서울에 들르지도 않고 안동의 옛 집으로 가서 몸을 깨끗이 하려 했다. 그러나 조정에서는 그를 내버려두지 않았다. 그를 귀양 보내야 한다고 요구했고, 임금은 이를 누르고 삭탈관직의 처분만을 내렸다. 임금도 공론만을 일삼는 척화파를 못마땅하게 여기고 있었다.

반면 최명길은 서울로 돌아와 우의정, 좌의정을 지내고 청나라와의 외교교섭을 담당했다. 그는 두 차례나 심양에 가서 볼모로 잡혀간 삼학사 등 척화파 벼슬아치들의 석방교섭을 벌이기도 했다. 그러면서 다시 새로운 사단이 일어났다.

청나라에서는 늘 명나라와 내통하고 청을 반대하는 척화파를 잡아오게 했다. 그리하여 김상헌이 여기에 걸려들어 청의 수도인 심양의 북관北館에 갇히는 몸이 되었다. 최명길도 심양에 갔다가 청에 제대로 협조하지 않는다고 하여 북관에 갇혔다. 그리하여 두 사람은 벽 하나를 사이에 두고 머나먼 타국 땅에서 영어의 몸이 된 것이다.

두 사람은 한 감옥에서 무슨 이야기들을 나누었던가? 최명길은 김상헌이 죽음을 눈앞에 두고도 흔들림이 없이 의젓함을 보고 그의 절의를 믿고 탄복했다 한다. 다시 말해 이름만 낚으려는 사람이 아니었다고 생각한 것이다. 김상헌도 최명길이 죽음을 걸고 뜻을 지키며 꿋꿋함을 보고 나라를 위하는 뜻을 알았다 한다.

최명길의 아들 후량後亮은 많은 재물을 가지고 심양에 들어가 아버지를 위해 뇌물을 썼고, 또 김상헌의 죄를 늦추어주기도 했다. 이렇게 해서 두 사람의 감정은 눈 녹듯 풀리게 되었다. 김상헌은 이런 시를 남겼다.

두 세대의 좋은 우정을 찾고
백 년 묵은 의심이 풀리로다

최명길은 이런 시를 남겼다.

그대 마음 돌 같아 끝내 돌리기 어렵고
내 도道는 고리 같아 때 따라 도는도다

서로 간담을 비춘 시구들이다. 이들은 돌아와 다 같이 재상의 반열에 서서 조정의 일을 의논했다. 유종의 미를 거둔 것이다. 그러나 그 뒷이야기는 사뭇 이와 다르게 전개되었다.

이들이 죽고 난 뒤 당쟁은 더욱 격화되었다. 여러 가지 사단을 벌이는 속에서 서인들은 노론과 소론으로 갈라졌다. 그러면서 최명길의 후손들은 소론으로, 김상헌의 후손들은 노론으로 돌아섰다. 최명길의 손자 석정錫鼎은 상당한 정치적 지위를 누렸으나, 노론에 밀려 크게 빛을 보지 못했다. 그리하여 이들 후손은 강화도에 근거를 두고 양명학파를 형성했고 현실비판세력이 되었다.

이와 달리 김상헌의 손자 수항壽恒과 후손들은 철저한 노론으로 집권을 계속하여 뒷날 안동 김씨 척족문벌정치의 뿌리를 박았다. 그러면서 이들은 존명배청과 주자학을 신봉하는 이념을 강하게 지녔다. 이렇게 갈라지면서 주화파, 척화파의 행동을 두고 시비를 가리기도 하고, "이쪽이 옳았다"거니 "저쪽이 틀렸다"거니 하면서 분란을 일으켰다.

오늘날 이 소재를 토대로 『남한산성』이라는 소설이 많은 독자의 관심을 끌고 있다. 오늘날에도 극우와 극좌가 대결을 벌이는 현실에서 이 소설은 어떤 느낌을 줄까? 어중간하게 둘 다 옳았다는 방향으로 끌고 갈 것인가?

민영환과 송병선

순국의 양면성, 개화론자와 척사위정론자

순국에 담긴 뜻

예전 우리나라에서는 자기가 섬기던 임금이나 나라를 위하여
신하가 스스로 목숨을 끊는 것이 충신의 기본 요건으로 여겨왔
다. 충과 효의 궁극적인 도달점은 충과 효를 위하여 목숨을 바치
는 것이다. 이런 극단적인 행위야말로 가장 아름답고 가장 선한
것으로 여겨져 왔다. 이를 순국이라 불렀다.

정몽주의 경우에서 이런 사정이 더욱 뚜렷해진다. 정몽주는
고려왕조를 위하여 조선왕조에 저항하다가 목숨을 잃었다. 그렇
다면 고려왕조에는 충신이 되고 조선왕조에는 역적이 되어야 마
땅하다. 그런데도 조선왕조에서는 그를 더욱 충신으로 떠받들었
다. 이것은 유교윤리의 본질문제와 관계되기 때문이기도 하려니

와, 자기 왕조를 위한 충의 본보기로서의 일면성이 있기 때문이었다.

다시 말해서 조선왕조가 정몽주를 높이 평가한 데에는 "너희들도 정몽주처럼 우리 왕조를 위하여 목숨을 바치라"는 뜻이 담겨 있다. 이런 까닭에 목숨을 바친 충신은 왕조가 바뀌어도 끊임없이 예찬을 받아왔다.

일본 제국주의 침략에 항거하여 순국한 민영환閔泳煥(1861~1905)이나 송병선宋秉璿(1836~1905)도 그 정신의 흐름은 본질적으로 이와 통한다. 다만 현실의 상황에서 그들의 죽음이 인민 모두의 일체감을 다지는 데에 이바지했고, 또 적절히 이용되기도 했던 점이 달랐을 뿐이다.

싸움 한번 벌여보지 못하고 5천 년 동안이나 지켜온 나라를 오랑캐라고 얕보던 섬나라 일본에게 고스란히 먹히는 것을 안타깝게 지켜보던 인민의 가슴에 이들의 죽음은 불을 댕기는 기름구실을 했다. 물론 이때에 순국한 사람은 이들만이 아니었다. 그러나 민영환은 정계에 큰 영향을 미치는 사람이었고, 송병선은 이 땅의 사림 세력을 대표하는 선비였기 때문에 그들의 순국은 파급 효과가 더욱 컸다.

사는 길과 죽는 길

1905년 10월 21일에 일본 제국주의자들은 이 나라의 다섯 대

신들을 온갖 회유와 공갈로 굴복시켜, 고종의 동의도 받지 않은
채로 대한제국을 일본의 보호 아래에 둔다는 이른바 을사보호조
약을 강제로 맺었다. 그로부터 5년 뒤인 1910년에 그들은 피 한
방울 흘리지 않고 이 땅을 삼켜버렸다.

이때 나라 안팎의 사정을 살펴보면, 일본은 메이지 유신 이래
로 군사적인 힘과 외교적인 힘을 적절히 섞어서 조선을 침략할
준비를 꾸준히 닦아왔고, 미국은 가쓰라-태프트 조약에 따라 조
선을 일본에 넘겨주기로 하고, 자기들은 필리핀을 넘겨다보고
있었다. 영국은 인도를 식민지로 만든 데에 이어 청나라에 검은
손을 뻗치기에 여념이 없었고, 일본과는 공수동맹조약을 맺고
있었다. 프랑스는 인도차이나(베트남)의 경영에 힘을 쏟고 있었
고, 러시아는 일본의 힘에 밀려 동방정책을 포기하고 있었다.

이런 마당에서 나라 안의 사정은 너무나 복잡했다. 권력 싸움
은 끊일 날이 없었고 권력층의 부패는 극도에 이르렀다. 당시의
사회상을 전해주는 「황성신문」, 「제국신문」, 「대한매일신보」 따
위에 쓰인 기사를 추려보면 그 정도를 잘 알 수 있다.

중화군수 신도균과 평안도관찰사 조민희는 무고한 양민 볼기
치기, 벼슬 팔아먹기, 관물 축내기, 명목 없는 세금 거두어들이
기 따위의 온갖 수법으로 1년 동안 1만 6천 냥의 재산을 긁어모
았고, 귀성군수 오일영은 스스로 '만물잡세 감리'라 하면서 규정
에도 없는 목화, 소금, 잡곡 따위는 물론이고 감, 밤나무에까지
세금을 거두어들여 착복했다.

또 북촌에 사는 유병률이라는 사람에게는 자기도 모르는 중추

원 의관 사령장이 날아들었으나, 며칠 만에 이 사령장은 회수되어 남촌에 사는 동명이인의 유병률에게 전해졌다. 남촌의 유씨가 1만 냥을 주고 산 감투였던 것이다. 또 남촌에 사는 이정래라는 사람은 군수를 지내면서 토색질한 돈을 다 써버리고는 옛날의 영화스러운 꿈을 버리지 못해 8만 8천 냥의 빚을 얻어 민씨 세도가의 정부인 어느 기생에게 벼슬 살 대금으로 건네주었다. 그러나 그 기생이 중간에서 대금을 착복하고 말았다. 이와 같은 일화는 사회의 한 단면에 지나지 않았다. 궁실의 왕족들과 민씨 고관들에게는 이보다 더 엄청난 비리가 저질러지고 있었다.

이런 따위의 사정이야 접어두고라도 을사조약이 발표되자 온 나라는 가마솥에 끓는 물처럼 시끄러웠다. 그때에 민영환은 잠깐 용인에 내려갔다가 올라와서 이 소식을 들었다. 그는 피를 토하며 통곡하다가 조병세와 함께 모든 관원을 거느리고 대궐로 나아가 고종에게 조약을 파기할 것을 상소하는 한편, 조인을 한 이완용을 중심으로 한 다섯 대신들을 규탄하고 나섰다.

그는 대궐에서 며칠 밤을 지새우면서 기어코 고종의 허락을 받으려 했다. 그러나 고종은 끝내 허락을 내리지 않고, 오히려 물러가지 않으면 잡아가두겠다는 조칙을 내렸다. 어쩔 수 없이 물러나온 민영환은 견지동에 있는 중추원 의관 이완식의 집에 잠자리를 정하고는 곁에 하인 한 사람만을 남겨두고 모두 물러가게 했다. 그는 11월 4일 새벽에 하인마저 심부름을 보내고 나서 칼로 목을 찔러 자결했다.

그는 두 통의 유서를 남겼다. 하나는 2천만 동포에게 보내는 것으로서 "살기를 도모하는 자는 반드시 죽고 죽기를 기약하는 자는 반드시 산다"는 요지의 글이 씌어 있었다. 또 하나는 각 나라 공사에게 보내는 것으로서 "우리의 독립을 도와주시오"라는 요지의 글이 씌어 있었다. 이 소문은 짧은 시간에 온 나라로 번져 벼슬아치에서 어린 학생에 이르기까지 그의 죽음을 슬픔과 함께 감동으로 받아들이게 했고, 고종도 남다른 슬픔으로 그의 충성심을 기렸으며, 「황성신문」과 「대한매일신보」에서는 그의 죽음을 예전의 비판적 기사와는 달리 예찬했다. 『민충정공유고』 중의 「민충정공실기」에 따르면, 벼슬아치는 말할 것도 없고 외국 공사, 기생, 중들까지 그의 장례 행렬에 참가했다 한다.

유가의 도와 나라를 위해 죽는것이니

송병선도 을사조약 체결 소식을 듣고 상소문을 들고 궁궐에 들어가 고종을 만났다. 그리고 '보호조약'의 철회를 포함한 10가지 조목을 끝내 들어주지 않으면 물러가지 않겠다고 버텼다. 그러자 옆에서 이를 지켜보던 장례경, 남정철이 궁내부에서 기다려달라고 간청하여 그를 임금 앞에서 물러나오게 했다. 이튿날에 궁내부에서 기다리고 있는 송병선에게 경무사 윤철규가 와서 "황제께서 들어오라고 명하셨다"고 거짓말을 하고는 그를 교자에 태웠다.

일본 헌병과 순사가 위장해 한복을 입고 교자를 감시하며 따랐다. 계획했던 대로 송병선을 태운 교자는 궁궐로 들어가지 않고, 지금의 서울역인 남대문역으로 갔다. 그리고 거기에서 일본 헌병들은 황제가 편찮다고 꾸며대고는 그의 몸을 뒤져 칼과 독약을 빼앗고, 그를 강제로 기차에 태워 대전에 내려놓았다.

그는 그의 집이 있는 회덕의 석촌으로 가서 고종에게 올리는 상소와 국민에게 보내는 글 그리고 뜻을 같이했던 유림들에게 보내는 글을 썼다. 그러고는 준비했던 약을 먹고 나서, 제자를 불러놓고 다음과 같이 말했다.

나는 약을 먹었으니 곧 약기운이 돌 것이다. 우리 유가의 도와 나라를 위해 죽는 것이니 결코 나라에서 내리는 장례비 같은 것은 받지 마라.

그날이 1905년 11월 30일이었다. 민영환의 죽음보다 조금 늦었던 셈이다. 『연재선생문집』에 따르면, 그의 죽음의 소식은 온 나라로 번져나가 유림들에게 많은 충격과 격동을 안겨주었다. 이와 때를 같이하여 조병세, 홍만식, 이상철 같은 사람이 잇달아 순국했다. 그러나 민영환과 송병선의 죽음은 이들보다 더 특별한 의미를 던져주었다.

일본에 항거하는 데 힘이 되다

이 두 사람의 죽음을 계기로 하여 일본과 이 나라 조정의 눈치만 보고 있던 벼슬아치들이 다섯 대신을 성토하는 데에 앞장섰고, 외국 공사들도 본국 정부에 일본의 잔악상을 적극적으로 보고했으며, 글만 읽던 유림들도 옷깃을 털고 때로는 상소로, 때로는 총칼을 들고 의병의 이름으로 일어섰다. 일본은 이런 격앙된 감정을 겪지 못하고 물리적인 행동의 확대만을 막았다. 이들의 죽음은 입에서 입으로 전해졌고 한 입을 건너 전해질 때마다 극적인 장면이 덧붙여졌다.

박은식의 『한국통사』에는 이들의 죽음을 적고 있다. 민영환에 대해서는 다음과 같이 적혀 있다.

칼로 목을 찔렀으나 칼 길이가 짧아 깊숙이 들어가지 아니했다. 다시 칼을 굳게 잡고 목에서부터 배에까지 난자했다. 피를 한방에 그득하게 흘리고 죽었다. 하인이 신음소리를 듣고는 문을 부수고 들어가 보니 칼은 아직도 손에 쥐여 있고 살아 있는 것 같았다.⋯⋯그때 큰 별이 서쪽에서 떨어졌으며 까치 1백여 마리가 몰려와 우짖었다.

박은식 『한국통사』

송병선에 대해서는 다음과 같이 적혀 있다.

문인을 불러놓고, "내가 교활한 오랑캐에게 치욕을 받은 것이 이에 이르렀다. 내 한 몸은 진실로 중할 것이 없지만 우리의 사림은 어찌 되며 우리의 도는 어찌 되겠느냐?"고 말했다. 그러고는 의관을 갖추어 북쪽을 향하여 네 번 절하고, 주머니에서 약물을 꺼내 삼켰으나 원래 선천적으로 몸이 강건하고 또 수양을 한 탓으로 약기운이 돌지 아니했다. 다시 먹었으나, 낯빛이 평시와 조금도 다름이 없자 "이 약은 매우 효력이 없구나" 하고 세 번째 먹고서야 죽었다.

　　　　　　　　　　　　　　　　　　박은식 『한국통사』

　　이 기록들은 가장 정확하다고 할 『민충정공유고』의 「기사」나 「실록」에 적힌 것이나 『연재선생문집』의 「연보」나 「행장」에 적힌 것보다 훨씬 극적으로 묘사되어 있다. 독립의지를 고취하려는 뜻이 숨어 있을 것이다. 민영환이 죽은 지 일곱 달 뒤쯤에 죽을 때에 입었던 피 묻은 옷과 칼을 놓아두었던 안국동 자택의 마루방에서 대나무 네 그루가 솟아나왔다는 이야기가 나돌았다.

　　그러나 그가 죽은 곳인 견지동의 이완식의 집이 아닌, 자택의 침실에서 절개의 상징인 대나무가 나온 것은 아무래도 믿기지 않는 일이다. 이런 이야기는 모두 그들의 죽음에 더 깊은 의미를 부여하는 구실을 했을 뿐만이 아니라, 온 국민이 일체감을 느끼고 일본에 항거하는 데에 힘이 되었다.

구국의 뜻은 하나로다

그러나 이들의 죽음을 두고 다른 방향에서 해석하는 사람들이 없는 것은 아니다. 첫째로 민영환이, 그가 누린 부귀와 영화와 권세가 무너지는 마당에서 가장 명예롭게 선택할 수 있는 것은 죽음뿐이었을 것이라는 해석이다. 인간은 자신이 추구하는 욕구가 더 이상 채워질 수 없는 막다른 길에 다다르면 좌절과 절망으로 죽음을 택하기도 한다. 우리는 어느 인간이 줄기차게 권력을 추구하다가 그것이 떠나버리면 병들어 허탈에 빠지는 것을 흔히 본다. 민영환도 권력이 떠나버리고 손과 발을 제대로 놀릴 수 없게 되고 눈과 귀가 가려지자 죽음을 택했는지도 모른다.

송병선에 대해서는 이와는 조금 다른 이야기가 전해지고 있다. 그의 순국은 제자들의 강요에 의해서 이루어졌다는 것이다. 예부터 어느 문중에서 충신이 나오면, 그 문중의 명예로 여겨졌을 뿐만이 아니라 그 문중과 연이 닿는 모든 인사가 추앙을 받았다. 이런 사정을 잘 알고 있는 제자들이 스승의 죽음을 강요했다는 것이다. 송병선이 약사발을 앞에 놓고 결행을 하지 못하자, 제자들이 번갈아 문을 열어보며 은근히 압력을 넣었다고 한다.

이 두 견해는 말하기 좋아하는 사람들의 입에서 나왔을지도 모른다. 아름다운 옥에 굳이 생채기를 내고 싶은 것이 사람의 미묘한 감정이니까. 이순신도 가장 명예롭게 죽을 자리와 때를 택하여 일부러 전포를 벗었기 때문에 죽었다는 말도 있고, 조헌 역시 싸움에서 이길 지형보다 자기가 죽으면 서원이 세워짐직한 좋은 곳을 택해 싸우다 죽었다는 말도 있다.

민영환은 민유중의 7대 손이다. 민유중은 숙종의 비인 인현왕후의 아버지이며 송시열의 제자이다. 민유중은 노론의 중진으로서 정계를 한동안 뒤흔들었으며, 판서 따위의 높은 벼슬을 지냈다. 그의 형인 민정중은 좌의정을 지냈고, 그의 아들 민진후와 민진원도 높은 관직을 지냈다.

이 집안은 노론의 선봉으로서 풍양 조씨와 안동 김씨의 세도정치 아래에서도 대대로 높은 벼슬아치를 배출했다. 민영환의 할아버지인 민치구는 흥선대원군을 사위로 맞이했고 그의 아들 민승호는 민치록에게 양자로 가서 고종의 왕비인 민비의 오빠가 되었다. 그러니 민영환은 흥선대원군의 처조카이며 고종과는 이종사촌 사이가 된다. 따라서 민비는 한쪽으로는 이종사촌 형수가 되고 한쪽으로는 고모가 된다.

민비가 고종의 왕비가 된 뒤에 여흥 민씨는 흥선대원군까지도 몰아내고, 온 나라의 권세를 휘어잡아 여흥 민씨의 세도정치 아래에 두었다. 그러고는 안동 김씨의 세도정치에 못지않게 좋은 자리는 자기들이 몽땅 차지했다. 민영환의 아버지인 민겸호는 이들 세력 중에서도 중추적인 인물로서 병조판서와 이조판서를 거쳐 선혜청 당상으로 있을 적에 신식 군대인 별기군을 창설했다. 그러다가 구식 군인들이 일으킨 임오군란 때에 구식 군대를 차별한다고 하여 그들에게 죽임을 당했다.

송병선은 송시열의 9대 손이다. 송시열은 노론의 영수로 좌의정에까지 올랐으나 복상문제 같은 당쟁으로 말미암아 귀양을 갔다가 끝내 사약을 받았다. 그러나 가장 영향력 있는 정치가로 활약했으며, 그의 문하에서 민유중과 같은 이를 포함한 많은 인재가 나왔다. 또 학문적으로도 주자학을 확립시키는 업적을 남겼다.

그러나 후손들이 별로 번창하지 못하여 여러 차례 양자를 들여 대를 이었다. 그의 후손들은 공신의 자손에게 과거를 보지 않고 주는 벼슬인 음직을 대대로 받았다. 송병선의 할아버지 송흠학이나 아버지 송면수는 죽은 다음에 주는 관직인 증직으로 이조참판의 벼슬을 받았다. 또 송병선의 큰아버지 송달수는 이조참의를 지냈으며, 작은아버지인 송근수는 여러 판서를 거쳐 좌의정까지 지내다가, 정부의 개화정책에 반대하여 사임했다. 그러나 이 집안의 인재들은 벼슬을 하는 것보다는 산림에 묻혀 송시열의 학문과 정신을 계승하는 데에 더 힘을 기울였다. 어쨌거나 민영환과 송병선은 모두 노론의 후예들이었다.

그러나 이 두 사람이 걸은 길은 저마다 달랐다. 민영환은 1877년(고종 14)에 벼슬길에 들어서서 내부대신과 학부대신을 거쳐 시종무관장에 이르기까지 높은 벼슬을 모두 거쳤다. 그리고 1896년에는 특명 전권 공사의 자격으로 러시아 황제인 니콜라이 2세의 대관식에 참여했고, 1897년에는 영국을 위시한 유럽의 여섯 나라를 순방했다. 이와는 달리 송병선은 학행으로 성균관에서 제사를 맡아 지내는 좨주에 천거된 뒤에 대사헌에까지 이르렀으나, 현직에는 끝내 나가지 않았고 때때로 상소로써 자기 의견을 개진하면서 학문에만 골몰했다.

민영환의 생애는 1896년을 앞뒤로 하여 크게 두 단계로 구분할 수 있겠다. 첫 번째 단계는 수구세력에 끼었던 때이고, 두 번째 단계는 개혁의 의지를 가졌던 때이다. 그는 적어도 외국의 문물을 접하기 전에는 지배층의 한 사람으로서 권력 추구의 의지에 가득 차 있었다고 보아야 할 것이다. 그 때문에 그도 개화세력을 탄압하는 처지에 서 있었다.

그러나 서양의 문물을 접하고 나서는 근대적인 사회를 지향하는 교육제도를 들여올 것을 건의했고, 군사제도를 근대화할 것을 끊임없이 주장했다. 그런 생각의 바탕으로 독립협회를 적극 지원하며 시정의 개혁을 시도하다가, 황국협회를 움직이는 같은 세력의 민씨 일파에게 미움을 받아 파직되기도 했다. 그는 나라를 바로잡는 일이 옛 제도와 통치방식으로는 불가능한 것임을 알아차렸고, 문벌정치의 체제 아래에서는 부국강병이 이룩될 수 없음을 깨달았던 것이다.

한편 송병선은 평생 동안을 전통 유림의 가치관에서 벗어나지 않았다. 다시 말해서 정치는 유교의 이상정치로 돌아가야 하며, 제도와 문물은 옛 것을 정비하면 되는 것이지 새로운 것을 받아들여서는 안 된다고 주장했다. 그뿐만이 아니라 학문을 하는 사람은 공자와 맹자와 주자의 도를 깨우치면 그만이지, 짐승의 가르침인 서양의 것을 한 가지라도 배운다면 오히려 '우리의 도'를 그르치는 일이 된다고 주장했다.

그리고 서양의 세력은 말할 것도 없고 나라 안에서 개혁을 주장하는 사람들까지 적으로 보고 우리의 도를 지키기 위해 이들과 맞서 싸울 것을 천명했다. 또한 그는 죽음에 다다라서도 "우리의 도를 지키기 위해 죽는다"고 했다. 그는 한 2백 년 전에 송시열이 가지고 있던 의식 세계를 굳게 지키면서 생애를 바쳤던 셈이다.

역사적인 사건이 되다

어느 인간이든지 바람직하지 못한 일면을 가지고 있게 마련이다. 역사적인 인물일 경우에 이런 점이 가끔 묻혀서 알려지지 않는다. 민영환은 앞에서도 말한 것과 같이 그의 생애의 앞부분, 곧 문벌정치의 한 줄기가 되어 벼슬살이를 하고 있을 적에는 많은 사람의 지탄의 대상이 되었다. 민씨들은 민비를 등에 업고 흥선대원군을 따돌리고 모든 권한을 그들의 손아귀에 쥐고, 안동 김씨의 세도정치 아래에서 이루어졌던 모든 비리를 그대로 저질렀다. 곧 벼슬 팔아먹기, 세금 거두어들이기, 공금 착복하기 따위가 공공연히 행해졌다.

그래서 민씨 문벌정치의 후기에 와서는 인민들로부터 가장 지탄받는 네 사람의 민씨 곧 사민을 지목하기에 이르렀다. 민영준은 '일준一駿'으로 민영달은 '이달二達'로 민영환은 '삼환三煥'으로 민영소는 '사소四韶'로 불렸는데, 이들은 저마다 한 해 추수가 몇 만 석에서 몇 십만 석에 이르렀다. 이들은 곳곳에 별장을 두고 여러 첩을 거느리고 살면서 굶주리는 백성이나 메말라가는 나라의 재정은 돌볼 줄을 몰랐다.

　개화세력은 그들의 적이었다. 내정개혁의 조목에 민씨를 겨냥한 대목들이 있었기 때문이다. 19세기 말엽에 와서 이들은 개화세력을 본격적으로 탄압하기 시작했다. 자기들의 앞잡이 단체로서 황국협회를 만들어, 독립협회를 폭력 따위의 수법으로 탄압했다. 그러나 이때부터 민영환은 현실의 비리를 깊이 깨닫고 독립협회를 지원하고 내정을 개혁할 것을 내용으로 한 '천일책千一策' 따위를 올려 개화세력과 이념을 같이했다. 그리하여 민씨 세력들은 그를 오히려 지탄의 대상으로 삼았었다.

　송병선은 앞에서도 말했듯이 전통 유림이었다. 학계 일부에서는 우리나라에 주자학적인 교조사회를 확립시키고 모화사상을 맹목적으로 고취시킨 것은 송시열이었다고 말한다. 그런데 송병선은 그런 송시열의 가르침과 행적을 몸소 실천했다. 그래서 그는 19세기에 살고 있으면서도 16세기식의 의식체계와 현실타개책을 고수했다. 다시 말해서 일본이나 청국이나 서양 세력에 대한 국제적인 역학의 관계를 살필 줄 몰랐으며, 서양의 모든 문물을 짐승에서 나온 것이라고 경멸했다.

　그리고 우리가 오랑캐의 지경에 떨어지지 않고 우리의 도인 유교를 지킬 수 있는 방법은 서양의 문물을 철저히 거부하고 그들과 통교를 끊는 것이라고 거듭해서 주장했다. 이것은 송시열의 이념에 충실한 유림들, 곧 이항로 같은 이들이 주장한 척사위정론을 고스란히 답습한 것이다. 어쨌거나 송병선은 벼슬에는 한 번도 나가지 않고 권력에 초연한 채로, 조선왕조 마지막 선비의 품위를 지켰다.

　이들의 순국은 하나의 역사적인 사건이었고 그때로서는 큰 의미를 가졌을 것이다. 꺼져가는 이 나라를 위하는 방법이 달리 없었을지도 모를 일이기 때문이다. 그렇다고 하여 그 행위가 모두 역사적 의미를 지닌 것만은 아닐 것이다.

문일평과 현상윤
식민지시대 정신사의 두 기둥

국학운동의 주역

1920~30년 사이에 국학운동이 힘차게 일어났다. 곧 제국주의 일본의 통치 아래에서 우리의 얼을 찾는 데에 많은 학자들이 심혈을 기울였다. 근래 전통문화의 계발에 열을 올리고 있는 것은 그때에 얻은 교훈의 한 여파라 하겠다. 1920년대의 국학운동이 자아상실의 상황에서 일어난 자기 복귀의 운동이었다면, 근래의 전통문화 계발은 자기상실에 대한 반작용으로 일어난 자기 발견의 작업이라 할 수 있다.

문일평文一平(1888~1939)과 현상윤玄相允(1892~납북)은 20년대부터 일어났던 국학운동의 주역들이다. 그러므로 오늘날까지도 두 사람의 영향이 음으로 양으로 끼쳐지고 있다. 이 두 사람은 같은

현상윤 그는 국학운동을 통해 일제 암흑기를
헤쳐간 대표적인 계몽가요, 지식인이었다.

길을 걸었을 뿐만 아니라 여러 점에서 공통점을 지녔다.

첫째, 두 사람이 모두 외유내강한 성격을 지니고 있었다. 문일
평이 일본에 유학하고 있을 때의 이야기이다. 음악 교수인 어느
부인의 초대를 받아 양식을 먹게 되었다. 그는 양식 먹는 절차를
몰라 쩔쩔매면서도 쑥스러워서 물어보지 못한 채로 서툰 솜씨로
칼을 놀려 비프스테이크를 자르다가 칼을 바닥에 떨어뜨리는 바
람에 끝내 먹지 못하고 말았다. 그는 「나의 반생」이라는 글에서
"부끄러움을 타서 종내 먹지 못했다"고 썼다.

이기백은 문일평의 내력을 쓴 글에서 "그는 성품이 어질어서
사환에게도 먼저 절을 하곤 했으며, 금전이나 물품을 가난한 사
람에게 서슴지 않고 내어주곤 했다"고 했다. 그렇지만 절개는 대

쪽같이 곧았다. 총독부에서 그를 회유하려고 그때로서는 굉장히 많은 월급을 줄 터이니 「매일신보」에서 일을 보라고 꾀었으나 한마디로 거절했다고 한다.

현상윤이 중앙학교에서 교편을 잡고 있을 때의 이야기이다. 장난 좋아하는 어느 학생이 칠판지우개를 교실 문 안쪽에 매달 아두었다. 현상윤이 교실에 들어서자, 지우개가 떨어져 머리와 얼굴에 온통 분필가루를 뒤집어쓰게 되었다. 그는 평소와 다름 없이 얼굴에 웃음을 띠고 수업을 마치고는 지우개 문제에 대해 서는 한마디도 하지 않고 교실을 나갔다. 이런 그였는데도 최형 련이 쓴 글에 따르면, 일본어 사용을 강요할 때에 우리 국어를 꿋꿋이 사용했고, 창씨개명을 강요할 때에도 온갖 수난을 무릅 쓰고 호응하지 않는 강인성을 보여주었다.

짧지만 울림이 있는 삶

둘째, 두 사람 모두 짧은 생애를 살고 갔다. 문일평은 1888년 에 태어나서 1939년에 쉰두 살의 나이로 세상을 떠났고, 현상윤 은 1892년에 태어나서 1950년에 쉰여덟 살의 나이로 납북 당했 다. 한 사람은 조국의 광복을 보지 못한 채 눈을 감았고, 한 사람 은 소식조차 알 길 없는 곳으로 끌려갔다. 그들이 태어날 때에 나라는 어지러워 비틀거렸고, 그들이 자랄 때에 이 나라는 이미 제국주의 일본의 강압 아래 허덕였으며, 그들이 활동할 때에 이

나라는 일본의 식민정책과 맞서 싸웠다. 그래서 이들이 산 짧은 생애도 그때의 이 나라처럼 험난하고 불행스러웠다.

셋째, 성장 배경이 비슷했다. 문일평은 평안북도 의주의 창성에서 태어났다. 그는 열일곱 살까지 자기의 고향에서 한학을 배우고, 열여덟 살에 머리를 깎고 일본 유학의 길을 떠났다. 현상윤은 평안북도 정주의 남양골에서 태어났다. 그도 열일곱 살까지 집안에서 한학을 배우다가 평양 대성학교에 입학했고, 대성학교가 문을 닫게 되자 서울의 보성학교로 와서 졸업을 하고 동경으로 유학을 갔다.

문일평은 동경에 가서 메이지학원 중학부를 졸업하고 곧 평안북도 대성학교에서 한 학기 동안 교편을 잡다가 의주 양실학교를 거쳐 서울 경신학교로 전임했다. 그리고 1910년에 나라가 망하자 미국으로 가려다가 뜻을 이루지 못하고, 이듬해에 다시 동경으로 가서 와세다대학 예과와 정치학과에 다녔다. 그러다가 이 학교를 채 마치지 못하고 1913년에 중국의 상해로 건너갔다. 현상윤도 1916년에 와세다대학의 사학과와 사회학과를 졸업하자마자 귀국하여 중앙학교에서 교편을 잡았다. 종교도 비슷하여 문일평은 기독교의 감리교 신자였고 현상윤은 기독교의 장로교 신자였다.

굳이 그들의 행적 중에서 다른 점이 있다면 다음과 같다. 문일평은 상해로 건너가 그곳에서 중국 신문인 「대공화보」에서 일을 보다가 국내에서 활동하기로 마음을 바꾸고 다시 귀국하여 중동·중앙·배재·송도(개성) 등의 학교에서 교편생활을 시작했다.

문일평 문일평과 현상윤은 계몽운동가의 성격을 띤 민족 사학자들이다. 그러나 그들은 지난 역사를 미화하기보다는 민족사의 반성과 민족혼의 발굴에 힘을 기울였다.

그렇게 하여 그는 15~6년 동안 교육에 전념한 것으로 보인다 (『호암전집』에도 이와 관계되는 확실한 기록은 없다).

현상윤은 중앙학교에서 학생을 가르칠 적에 3·1운동에 연루되어 2년 동안 옥고를 치르고 나와 1922년에 이 학교의 교장이 되었으며, 1926년부터 7년 동안은 폐병으로 요양을 했고, 1932년에 다시 중앙고등보통학교의 교장이 되어 8·15광복을 맞이했다. 그러나 문일평은 송도학교를 마지막으로 교육계를 떠나 「중외일보」에서 잠깐 일을 보다가 1933년에 「조선일보」에 들어가서 편집 고문 등의 일을 보며 죽을 때까지 있었다.

현상윤은 1945년에 서울대학교 예과부장을 거쳐 1946년에 보성전문학교 교장이 되었다가 다시 고려대학교 총장이 되어 6·25 때까지 지냈다. 한 사람은 중국에 망명했던 데에 견주어 한 사람은 3·1운동을 지도했으며, 한 사람은 교육계에서 언론계로 옮겼으나 한 사람은 교육계를 줄곧 지켰다. 그러나 어떤 방법으로든 나라 잃은 백성으로 구국운동을 폈던 점에서는 굳이 다르다고 할 수 없다.

정신이 살면 민족이 산다

넷째, 식민통치 아래에서 꿋꿋이 지조를 지켰다. 문일평은 1910년에 나라가 제국주의 일본의 침략에 유린당하자, 스물두 살의 나이로 광화문 네거리에서 군중을 모아놓고 나라 잃은 설움을 토로하고 민중의 자각을 외쳤다. 또 조선총독부에 그들의 불의를 나무라는 투서를 했다. 일본에서 유학할 때에는 이런 때문인지 늘 형사가 그의 뒤를 따랐다.

그는 한국 침략의 원흉인 메이지 천황이 죽고 예비 검속이 한창일 때에 상해로 건너가서 독립운동을 하려 했다. 그러나 해외에서의 독립운동이 현실적으로 별로 효과를 거둘 수 없겠다고 생각해서인지 이내 귀국했다. 앞뒤의 사정으로 미루어보면, 우리나라가 독립국이 되려면 민중의 자각이 앞서야 한다고 생각했는지 모른다.

그것은 그가 언론을 통해서나 다른 방법을 통해서나 민족 계몽운동에 온 열의를 다 바쳤기 때문이다. 그러니 조선총독부 쪽에서는 그를 교육자로서, 언론인으로서, 사학자로서 크게 이용

가치가 있는 인물로 보았을 것이다.

그리하여 때로는 지위로, 때로는 돈으로 그의 환심을 사려 했지만 민족을 사랑하는 그의 의지를 꺾을 수는 없었다. 그는 곱게 살다 깨끗이 죽었다. 가난을 서러워하지 않았으며 고생을 타고난 운명인 양 다소곳이 받아들였다.

현상윤은 해외에 나가지는 않았으나 학생들에게 민족혼을 심어주는 데에 온 생애를 걸었다. 스물일곱 살 때인 1919년에 3·1운동이 일어나자, 중앙학교의 교사로서 학생을 동원했고 그 운동의 막후에서 한몫을 담당했다. 그리고 끝내는 마흔여덟 사람 중의 한 사람으로 2년 동안 옥고를 치렀다. 그는 학교에서도 결코 일본말을 쓰지 않았으며 학생들이 쓰는 것도 용납하지 않았다.

1940년에 창씨개명이 강요되자 그는 한 학교의 교장으로서 전반적인 반대운동을 펴지는 않았으나 그 스스로 그것을 용납하지 않음으로써 학생들에게 무언의 가르침을 주었다. 조선총독부에서 여러모로 회유하려 했으나 묵묵히 자기 갈 길만 갔다. 그도 문일평과 같이 민중계몽이 곧 독립을 찾는 길임을 알고 글과 말로 계몽운동을 폈다. 『우심학적 민족개량론』을 발표하여 정신이 살면 민족이 산다는 뜻을 강조했고, 민족구성원의 수효가 많아야 나라가 강해질 수 있다고 역설했다. 또 일상생활, 곧 의복이나 음식에도 검소함을 내세워 안빈낙도한 선비의 풍모를 풍겼다.

적어도 35년이라는, 길다면 긴 세월 동안을 제국주의 일본의 지배 아래에서 살면서 많은 우국지사들이 자신의 안일을 찾아 일본에 동조했다. 우리가 잘 아는 이광수, 최남선, 최인을 위시하여 그 수효를 헤아리기도 어려울 만큼 많은 사람들이 변절했다. 어떤 이는 일본에 동조했고, 어떤 이는 지조를 지켰다. 왜 그랬는지를 한마디로 말하기는 어렵다.

그러나 한 가지 분명한 것은 지조를 지킨 이들은 안일을 추구하지 않았다. 일시적인 명예나 분수에 맞지 않는 돈을 거들떠보지도 않고, 민족과 자신과의 이음새를 더 든든히 하는 데에만 마음을 썼다. 문일평과 현상윤도 바로 그런 이들이다.

민중혁명과 자주정신을 높게 평가

그러나 이런 사실보다도 두 사람에게 두루 중요한 것은, 그들이 사학자로서 독특한 변모를 보여준 것이다. 문일평은 물론 박은식이나 신채호, 정인보처럼 민족 사학자의 계열에 든다. 현상윤도 세부적으로 조금 다를 수는 있으나 마찬가지로 이 범주에 든다.

먼저 문일평이 역사를 어떻게 보았는지를 알아보자. 「양계초와 인물평」에서, 양계초가 우리나라에는 인물이 나지 못했다고 쓴 데에 맞서 다음과 같이 썼다.

양씨의 이른바 인재는, 치우쳐 정치·군사 방면의 경제적 역량을 가진 인물을 의미한 것인데, 그러면 양씨의 말과 같이 조선에는 일반이 승낙할 만한 정치·군사계의 인재 하나도 나지 못했는가? 일찍이 중국의 사가로부터 침착 진지하고도 술수가 있었다는 찬탄을 받은 을지문덕은 어떤가? 만일 을지문덕도 양씨의 눈에 차지 않는다면 중국 사람이 낳은 대제왕인 당 태종과 겨룬 동방의 풍운아 연개소문은 어떤가? 그는 전쟁에 이긴 고구려의 강력을 배경으로 하여 안중에 대당大唐의 천자가 없었다. 당의 상승군을 깨뜨리고 당의 태종 황제를 윽박질렀다. 왕안석이 개소문을 비상인으로 평했거니와……(현대어로 고쳤음).

이 한 대목에서 그의 역사의식을 엿볼 수 있다. 그는 우리나라의 역사를 결코 중국에 매어놓고 보지 않고, 중국과 맞서는 역사곧 자주사관으로 보았다. 그리하여 을지문덕과 연개소문을 역사의 위인으로 꼽았다. 그러면서도 정치나 군사의 위인보다도 사상 또는 문화의 위인을 더 중요하게 여겼다. 그는 「사안으로 본 조선」에서는 이렇게 썼다.

사상계에 위대한 영향을 미친 이로 말하면 세종 이전에는 원효 대사가 있었고, 세종 이후에는 퇴계 선생이 있었을 뿐인데, 원효는 불교의 성인이요 퇴계는 유학의 현인이다. 이 두 분은 불교·유학의 철학을 완성하는 동시에 불교·유학의 교세를 널리 폈으니만치, 고금 사상계의 쌍벽으로 전해 칭송하는 바다.……그러나 오늘날에 와서는 불교·유학이 쇠하여짐에 따라 원효와 퇴계의 사상적인 영역도 점점 좁아져, 다만 철학 사상의 일개 학설로서의 그 남은 모습을 남길 날이 멀지 아니하다. 원효·퇴계의 철학사상이 현 사회에서 그 자취를 감추어 감을 생각지 않고, 세종의 무실務實적 사상은 오히려 그가 창정한 훈민정음을 통하여 조선 사람 대중 사이에 활개를 치고 있다. 원효·퇴계가 귀족 문명 시대에서 사상계의 대표자가 되었다면, 세종은 장차 오는 민중 문명시대에 가서도 사상계의 선도자 됨을 잃지 않을 것이다.(현대어로 고쳤음)

여기에서는 그가 민족의 고유한 사상을 중요하게 여기고 있음을 볼 수 있다. 우리 민중을 중요하게 여긴 세종을 가장 빼어난 위인으로 꼽고 그것을 민중 문명이라 표현하고 있다. 또 정치사에서는 이른바 반역이라는 이름으로 역사의 이단아가 되었던 인물들을 높이 평가하고 있다. 「사상의 기인」이라는 글에서 삼별초 난의 주동자인 배중손, 노예해방을 외친 만적, 대금황제라 일컬은 이징옥 따위를 꼽고, 그들이 없었더라면 한국 정치사에서 발랄한 기백이 사라졌을 것이라고 했다. 그는 다음과 같이 말했다.

문화적으로 탁월한 조선 사람이 정치적으로 졸렬한 것은 무슨 까닭일까? 수백 년 동안 특권계급의 압제 밑에서 은인隱忍하여온 것도 사실이며 은인하다 못해서 반항하게 된 것도 사실인즉……

이는 반역도가 사회 정의를 이루려고 일어난 것이 바로 역사 발전의 원동력이 되었음을 밝히는 것이다. 이들 가운데에서도

'민중 혁명의 선구'로 홍경래를 꼽고 있다. 홍경래는 관서 지방에 대한 조정의 차별정책을 시정하려고 궐기한 혁명가이다.

그의 이런 생각에는 자신이 서북 출신으로서, 지난날의 모순된 국가정책 때문에 입은 피해에 대한 항거정신이 숨어 있다. 문일평은 또『대미오십년사』,『조선인과 국제인』따위의 저술과 수필, 수상 형식으로 엮어진 사회에 대한 많은 글을 남겼다.

그러면 현상윤이 역사를 바라보는 눈은 어떠했던가? 현상윤은「조선 유학의 조선 사상사에 급한 영향」에서 이렇게 자기의 뜻을 펼쳐보였다.

> 조선의 유자들은 유교 사상을 존숭하는 나머지, 부지불식간에 유교의 문화에 중독이 되어 중화를 자국보다 높이 보고, 자국을 천시하여 중국을 대국이라 하고, 자국을 오랑캐라 하며, 주객을 구분하지 못하여 춘추대의의 존주尊周사상을 존화사상으로 오인하여, 자주정신을 없애버리고 독립사상을 잃어버리고 말았나니, 이의 실례로는 기자동래설을 위시하여 명조明朝의 연호를 최근까지 사용하던 의리에 대한 견해가 그것이다.

여기서 그는 유교가 우리 민족사상에 커다란 영향을 끼쳤음을 인정하면서 그 공적을 먼저 말하고, 이어 당쟁, 가족주의의 폐해, 엄격한 계급사상, 무를 경시하고 문약으로 흐른 병폐, 이름만을 지나치게 숭상하는 상명尙名주의 따위를 그 죄과로 들고 있다. 적어도 자기 나라의 역사를 중하게 여기면서 유교가 지나치게 자기 비하로 흘렀음을 지적했다. 또 『조선유학사』의 결론 부분에서는 다음과 같이 썼다.

경술년의 국욕이 한번 이르매, 국세가 흙이 무너지고 기와가 내려앉듯 하여 불 없는 재같이, 끓는 물 속의 얼음같이 삽시간에 소멸된 것이 결코 우연한 일이 아니다. 이제 그 원인을 찾고 연유를 생각하면 우리는 그 책임을 유교의 말폐에 돌리지 않을 수 없다.

여기서 그는 나라를 잃은 책임을 사상사적으로 분석하고 있다. 물론 나라를 잃은 궁극의 책임이 어디 유학에만 있을까마는, 그는 근원적인 분석을 시도하고 있는 것이다. 그는 『한국 사상사』(미완성의 원고)를 쓰면서 우리 사상 주류를 유학에만 국한시키지 않고 불교, 도교는 물론 고유의 정신사에도 많은 관심을 기울였다. 그리고 『홍경래전』을 집필하여 홍경래를 개혁가의 한 사람으로, 시대의 부조리에 저항한 혁명가로 그렸다. 이 점에서 그는 관서 출신의 한 사람으로 문일평과 같은 태도를 보인 셈이다. 그는 3·1운동에 관한 글로서 「삼일운동 발발의 개략」, 「삼일운동의 약사」, 「삼일운동의 의의」 등을 남겼다.

암흑기를 헤쳐간 지식인의 발걸음

이 두 사람은 앞에서도 말했듯이 계몽운동가의 성격을 띤 민족 사학자들이다. 그리고 문화적으로 재래의 것과 새로운 것이 상충하던 시기에 살았다. 그래서 어릴 적에는 재래의 교육을 받았고 다음으로 신문화에 접했다. 그러면서 신문화와 이에 따르는 신기운의 편에 섰다. 따라서 지난 역사를 미화하기보다 반성하는 데에 주력했고, 앞서 살았던 사가들이 평가하지 않은 부분을 계발하려 했다. 그리하여 전통 유학이 이 나라에 끼친 여러 가지 폐단을 지적하고 나섰다. 이것은 당시 민족사학을 하는 사람들 사이에 일었던 일반적인 분위기였으니, 그들이 사권 인사들에게서 영향 받은 바도 없지 않을 것이다.

문일평은 메이지학원에서 동급생인 이광수와 교분을 두터이 했고, 대성중학에 다니던 홍명희와 사귀었다. 경신학교에 있을 때에 언더우드와 김규식, 최남선과도 밀접한 관계를 맺었다. 와세다 대학에서는 안재홍, 김성수와 알았으며, 상해에 가서는 『한국통사』를 쓴 박은식, 『한국혼』을 쓴 신규식, 『조선상고사』를 쓴 신채호 그리고 정인보와 대담을 나누거나 배우면서 한국 역사에 대한 안목을 넓힌 것으로 보인다.

현상윤도 대성학교에서 이광수 등을 알았고, 와세다대학에 다닐 적에는 송진우, 김성수 등과 깊은 관계를 맺었다. 귀국해서는 최남선, 정인보 같은 사학자와 이승훈, 최인, 한용운 같은 종교계 인사들과 넓은 접촉을 가진 것으로 알려져 있다. 이들과 함께 민족의 장래를 걱정하기도 했을 뿐만 아니라, 사학자로서 자기가 나아가야 할 길을 결정했던 것으로 보인다.

또 이 두 사람은 한국사를 연구하면서도 주변의 학문에 소홀하지 않았다. 문일평은 정치학과를 다니면서 서양사와 문학에 열중했고, 현상윤은 사회학과에 적을 두기도 하면서 문학에 관심을 기울여 소설이나 수필을 쓰기도 했다. 이를테면 안목을 넓힌 셈이다. 그렇게 함으로써 한국사를 어떤 틀 속에 집어넣고 모형을 뜬 것이 아니라 여러 측면에서 이해하고 파악하는 바탕을 마련했던 셈이다.

그러면서 이들은 계몽사학이나 민족사학에서 자칫 빠지기 쉬운 감정을 애써 배격하고 실증적인 방법으로 역사를 연구하는 데에 소홀하지 않았다. 곧 어떤 근거가 없이 자기주장대로 역사를 쓴 것이 아니라, 사료의 토대 위에서 역사를 해석하고 이것과 저것을 철저히 대비하고 난 뒤에야 비로소 결론을 내리려고 애썼다.

이들은 이 민족의 암흑기에 살다 갔다. 암흑기에는 지식인들이 흔히 역사를 통하여 현실을 비판하거나 과거의 사실에서 현재의 교훈을 도출하려 한다. 또 현실에 적극적으로 대결할 힘이 결여되었다고 생각할 때에 도피의 한 방법으로 역사가 이용된다. 이 두 사람에게도 그런 면모가 다분히 있었다고 할 수 있다.

문일평은 독립운동의 온상지인 상해에서 돌아왔다. 그는 무력이라는 독립투쟁 방법을 택하지 않은 것이다. 그리고 국내에 와서도 간접적인 방법을 통하여 항거했다. 현상윤은 3·1운동의 막후 인물임을 자처하고 표면에 나서지 않았다. 그리고 48인에 연루되어서도 자기의 행동을 애써 숨기려 했고 창씨개명 과정에서나 학도병징집에도 온건한 방법으로 저항했다.

이것은 지식인이 빠지기 쉬운 무기력함이나 나약함으로 보일 수도 있다. 그러나 인간에게는 저마다 현실에 대처하는 방법이 있게 마련이다. 그러므로 그런 것을 흠으로 잡는 일은 유보해두기로 하는 것이 좋겠다. 다만 오늘날에 우리가 이 사람들에게서 어떤 것을 배울 수 있을지를 생각해보는 것이 옳을 것이다.

김구와 여운형
끝내 화합하지 못한 동지 아닌 동지

반침략·반봉건운동을 주도한 김구

해방정국은 아주 복잡하고 미묘했다. 여러 지도자들이 현실 문제를 두고 각기 노선과 주장을 달리했는데, 때로는 이념의 대립이, 때로는 경쟁관계가 유발되었다. 여기에서 말하려는 정치 지도자 김구金九(1876~1949)와 여운형呂運亨(1885, 1886~1947)도 그런 관계에 놓인 인물이다. 물론 이들은 서로 공통점을 지니고 있으면서도 때로는 첨예한 대립을 보였다.

김구는 황해도 해주의 언저리에 있는 백운방 기동에서 가난한 상민의 집 첫째 아들로 태어났다. 그는 네 살 적에 천연두를 앓아 살짝곰보가 되었고, 가난을 벗어나기 위해 이곳저곳을 옮겨 다니며 살아야 했다. 그런 중에도 글공부만은 빠지지 않아 시골의 과거시험에도 응시했다. 그러나 이에 낙방하자, 나라를 구하는 방책에 골몰한 나머지 병서를 탐독했다.

열여덟 살 때 그는 새로운 사업, 곧 동학에 들어갔다. 이어 1894년 동학농민전쟁이 일어났을 적에 해주 팔봉도소八峰都所의 접주로 총군銃軍(포수) 7백여 명을 거느리고 주변 고을을 석권했다. 한때 해주의 황해감영을 차지하기도 했다. 이때부터 그는 아명 창암昌岩을 창수昌洙로 바꾸었고 반침략·반봉건운동에 본격적으로 나섰다.

그는 농민전쟁이 잠잠한 뒤 의병운동에 참여했다. 그러다가 부대가 해산하자 그도 유랑생활을 했다. 이때 일본군 중위가 변복을 하고 정탐하고 있는 사실을 탐지했다. 그는 이를 칼로 찔러 죽이고 "해주 백운방 김창수가 죽였다"는 방문을 붙이고서 돌아갔다. 이 일로 그는 잡혀 인천 감리서 감옥에 갇혀 있다가 요행히 탈옥했다.

이제 스물셋의 청년 김구는 남도를 방랑하다가 마곡사에 들어가 중이 되어 원종圓宗이라는 법명을 받았다. 도피의 한 방법이었다. 그러나 1년 조금 넘게 중 생활을 하다가 환속했고, 그 뒤 기독교로 개종했다. 스물아홉 살의 늦은 나이에 결혼을 했다. 그 뒤 그는 을사조약에 항의하는 운동을 벌이고 안악의 양산학교에서 신교육운동에 나서기도 했다.

이 무렵 기독교회의 전국대회가 서울 상동교회에서 열렸는데, 그는 진남포 대표로 여기에 참석하여 상동교회 목사 전덕기全德基를 비롯해 당대의 명사인 이준, 이동녕, 안창호 등을 알게 되었다. 이 무렵 안악의 부호를 위협했다는 죄명으로 잡혀 17년의 징역이 언도되었다. 이때 선배요 무장투쟁노선을 걷고 있는 이동휘, 김좌진과 감옥에서 만났다. 감옥에서 그는 이름을 구龜에서 구九로 고치고, 평민으로 범상한 사람이라는 뜻을 지닌 백범白凡을 호로 삼았다.

그는 4년 만에 감형되어 출옥한 뒤 농장의 농감農監이 되어 3년 동안 농사일을 했다. 1919년 3·1운동이 일어나자 모든 것을 떨쳐버리고 압록강을 건너 상해로 스며들었다. 결정적인 운명의 갈림길에 들어선 것이다.

독립운동과 대중연설로 이름을 올린 여운형

여운형은 김구보다 10여 년 뒤에 태어났다. 여운형은 경기도 양평군 양서면 신원리에서 양반 가문의 부잣집 맏아들로 태어났다. 그는 어린 나이에 동학농민전쟁을 겪었는데, 그의 집안은 양반이요 지주였기에 이를 피해 단양으로 피난을 갔다. 이 사건은 어린 그에게 많은 생각을 갖게 하는 계기가 되었다. 그의 아버지 정현鼎鉉은 서울의 세도가와 줄이 닿아 있었는데, 이런 탓으로 그는 어릴 적부터 서울의 명사들과 접촉할 기회를 가졌다.

그는 열네 살 때 배재학당에 입학했으나 예배에 참석하지 않았다고 벌을 받은 뒤, 이 학교를 그만두고 홍화학교에 입학하여 3년을 다녔다. 이어 우무학당에 들어가 우편사무를 공부한 뒤

통신원의 기술자가 되었다. 1905년 을사조약이 체결된 뒤 그를 기술관으로 채용하겠다는 통지가 왔으나 이를 거절했다. 나라가 반쪽 식민지로 전락하는 마당에 관리되기를 거절한 것이다.

그리고 나라의 빚을 갚자는 국채보상운동이 벌어지자 여기에 열렬히 참여했고, 때로는 고향에서 대중연설에 나서 "담배를 끊어 나라 빚을 갚자"고 외치기도 했다. 이때부터 그는 독립운동과 대중연설로 이름을 올렸다. 그때 나이 스물 하나였고 이때 담배를 끊은 뒤 평생 담배를 피우지 않았다.

이 해 그의 아버지가 죽자 맏아들인 그가 상속을 받았다. 그는 맨 먼저 빚 받을 문서와 노비문서를 불태워버리고 종들을 모두 불러 "너희들은 이제부터 나의 형제요 자매들이다"고 외치고 각기 살길을 마련해주고 결혼하지 않은 종들은 혼인을 시켜주었다. 평생 농민, 노동자를 사랑하던 그의 참모습이 이때부터 나타났다.

그 뒤 그는 사랑채에 학교를 세워 신교육운동에 나섰고 또 기독교에 들어 상동교회 목사 전덕기, 이동녕, 이회영 등 선배들을 알게 되었다. 확실하지는 않으나 이때 김구와 첫 대면을 했는지도 모른다.

그는 계속 청년운동을 벌였고 이어 평양신학교에 입학했다. 이때 서간도의 신흥무관학교를 돌아볼 기회가 있었다. 그러나 그는 만주보다 중국에 가서 독립운동을 하는 것이 유리하다고 판단하여 1914년 상해로 찾아들었다. 그리고 남경의 금릉대학 영문과에 입학하여 3년을 다니다 중퇴하고, 미국인이 경영하는 협화서국에 취직했다. 이때 그는 영어를 익혔다.

여기까지 두 사람의 상이점과 공통점을 발견하게 될 것이다. 김구는 가난한 집 출신의 평민이었고 여운형은 부잣집 출신의 양반 신분이었다. 그런 탓으로 김구는 모진 고생을 겪었으나, 여운형은 아낌을 받으며 서울의 대갓집과 교유할 수 있었다. 그러나 두 사람 모두 일찍부터 반봉건의 기치를 내걸고 싸웠으며 개화파로 변신하고 기독교도가 되었다.

해외에서의 독립운동

그들의 독립운동 과정에는 약간 차이가 있다. 처음부터 김구는 테러와 같은 격렬성을 보였으나, 여운형은 대중운동 같은 온건성을 보여주었다. 다만 그 지향하는 바는 서로 어긋남이 없었다.

두 사람의 상해 활동은 먼저 여운형의 이야기부터 시작해야 순서에 맞을 것 같다. 여운형은 그곳에 먼저 망명해 있던 신규식, 신석우, 선우혁 등과 상해 교민단을 조직하여 단장으로 활동했다.

1919년 1차 대전이 종결되자 파리강화회의가 열렸다. 이때 피압박민족의 사정을 이 회의에서 설명하는 청원서 제출문제가 일어나 신한청년당을 조직했다. 그리고 이 정당의 명의로 김규식을 대표로 선정해 청원서를 제출하는 데에 노력했다. 이어 자금과 선전 자료를 얻기 위해 그는 서북간도와 시베리아로 나가 활약했다. 영어실력과 웅변술에 힘입어 동분서주 왕성하게 활동을 벌이는 나날이었다.

이럴 즈음 국내에서 3·1운동이 일어났고 이어 상해임시정부가 태동되었다. 임시정부가 태동될 적에 여운형은 여러 보수적 인사들과 마찰을 빚기 시작했다. 그는 국호를 조선으로 고집하고 대한제국 황실을 배격했다. 그러나 대부분의 참여인사는 국호를 대한으로 하고, 구황실의 우대를 주장했다. 그의 주장은 끝내 빛을 보지 못했다. 더욱이 그는 임시정부의 외교위원이 되었다가 임시정부가 정부 형태로 발전하자, 입각을 거절하고 교민단장의 직책만을 맡아보았다.

이 무렵 김구가 늦게 상해로 왔다. 동지적 관계로 우의가 돈독하던 안창호가 내무총장이 되자, 김구는 임시정부의 문지기라도 좋다고 자청하여 경무국장의 자리를 얻었다. 경찰업무와 경호 책임자가 된 것이다.

이때 두 사람은 서로 공식적 관련 업무로 알게 되었다. 여운형은 초기 임시정부 태동에 일정한 공로를 세웠으나 마지막 단계에서 여기에 참여하지 않았고, 김구는 국내에서 들어와 생소한 관계 속에서 임시정부에 적극 참여했다. 그러니 조선과 대한이라는 두 이름의 차이만큼 두 사람의 노선도 달라졌다.

김구는 임시정부가 내분을 겪는 동안에도 자기의 임무에만 충실했다. 이러한 근실한 행동 때문에 경무국장이 된 지 4년 뒤 내무총장을 맡게 되었다. 이때쯤 임시정부는 자금줄도 막히고 사람들도 뿔뿔이 흩어져가고 있었다. 하지만 김구는 참으로 조금의 동요도 없이 임시정부를 지탱하고 있었다.

반면에 여운형은 달랐다. 그는 일본내각 척식장관의 초청을 받고 임시정부계 인사들의 반대에도 불구하고 일본으로 건너갔다. 그는 일본에서 고위인사들과 만나 논리적으로 조선 독립의 당위성을 역설했다. 심지어 대중연설 때 열변을 토해 "조선독립 만세", "몽양 일행 만세"가 터져 나오도록 유도했다. 그리하여 그의 이름은 상해는 물론 국내에도 널리 알려졌다.

여운형은 상해로 다시 돌아가 임시정부와는 관계없이 외교활동을 줄기차게 벌였다. 그리고 공산당에도 가입했다. 그가 기독교도가 된 것이나 공산당에 가입한 것은 민족해방운동을 위해 세력을 확대하려는 데에 뜻이 있었다고, 여운형을 따라다녔던 이기형은 말하고 있다. 여러 행적으로 보아 이 말은 사실이었다.

여운형은 1921년 김규식과 함께 조선대표단을 이끌고 모스크바에서 열린 원동피압박 민족대회遠東被壓迫民族大會에 다녀왔다. 그리고 중국의 혁명세력인 손문에게도 줄을 댔으며 중국 국민당에도 가입했다. 이런 활동으로 여운형은 늘 테러의 위협을 받고 있었다.

1927년 중국혁명세력의 합작운동은 타격을 받았다. 국민당의 장개석이 공산당세력에 대한 쿠데타를 감행한 뒤, 공산당과 국민당으로 분열했다. 여운형은 조선독립운동의 위기를 느끼며 일단 지하운동으로 활동을 전환했다. 그는 중국 학생들로 남양원정축구단을 만들어 싱가포르와 필리핀 등지를 돌아다녔다. 이때 버마(지금의 미얀마)에서 영국 제국주의를 공격한 탓으로 붙잡혀 일본 경찰에 넘겨졌고 이어 본국으로 송환되었다.

한편 김구는 임시정부를 지켰다. 그는 공산당을 아주 싫어했고 장개석이 이끄는 국민당과 끈끈한 친분을 갖고 지원을 얻고 있었다. 이럴 때에 상해에서는 김원봉이 의열단을 조직한 뒤, 근거지를 이곳으로 옮기고 국내와 일본에 침투시켜 테러활동을 강화하고 있었다. 김구는 여기에 주목하고 있었다. 그리고 국내에는 민족단일전선인 신간회가 발족되어 활발한 활동을 벌이고 있었다. 김구는 임시정부의 터줏대감으로 자처하면서 별 하는 일도 없는 처지에 초조했다.

당시 임시정부는 대통령제로 바뀌었는데, 박은식이 임시 대통령이 되고나서 정체를 국무령제로 바꾸고 물러났다. 처음 국무령에 이상룡, 홍진 등이 선임되었으나 모두 조각에 실패해서 마침내 김구가 국무령이 되어 새 조각을 단행했다. 이때 그는 임시정부 터줏대감의 실력을 발휘했다. 1927년 그의 나이 쉰한 살 때였다.

이제 실제적으로나 명목상으로 임시정부의 주인은 김구였다. 이때 그는 공산주의자를 철저히 배격하고 있으면서 국민당 정부의 지원을 얻으려 노력했다. 그러면서 동가식서가숙하며 모진 고생을 겪고 있었다. 김구의 고집스러운 의지가 유감없이 나타나던 시절이었다.

김구는 국무령이 된 뒤 많은 활동을 벌였다. 그는 민족진영의 단결을 도모하여 이동녕, 이시영 같은 원로와 조완구, 조소앙 같은 소장을 중심으로 한국독립당을 결성했다. 이어 두 가지 큰일을 벌였다. 하나는 윤봉길을 시켜 홍구공원에 폭탄을 던져 일본

요인을 암살한 일이요, 또 하나는 비록 실패했으나 이봉창을 시켜 일본 천황 히로히토에게 궁궐 다리 앞에서 폭탄을 던지게 한 일이다.

이 두 일로 그의 이름은 상해를 중심으로 국내외에 크게 알려졌다. 이제 여운형의 명성을 능가하게 된 것이다. 김구는 성명서를 내서 두 사건의 주모자는 자신이라고 알려, 중국, 일본, 미국 등지에 큰 물의를 일으켰다. 그리하여 그에게는 많은 상금이 걸렸다. 그는 이를 피해 상해에서 탈출한 뒤 중국 내지로 전전했다. 상해에 머문 지 14년 만에 그곳을 떠난 것이다. 14년 동안 그는 상해 바깥을 나가지 않았으니, 이 점에서도 여운형과 대조를 이룬다.

여운형은 국내에 송환되어 3년 동안 감옥에 갇혀 지냈다. 감옥에서 나온 그에게 일제는 감투를 주겠다느니 큰 토지를 주겠다느니 하며 유혹했으나 모두 거절했다. 그리고 「조선중앙일보」의 사장으로 있으면서 때로는 서울역 노동자들의 주례를 서기도 하고, 때로는 지하운동을 벌이기도 했다. 손기정의 일장기 사건으로 「조선중앙일보」가 폐간된 뒤에도 그는 신사참배니 국방헌금 따위의 일을 일체 거절했다.

1944년 일제의 패망이 짙어지자, 그는 비밀히 조선건국동맹을 조직하고 중경에 있는 임시정부와 연안에 있는 조선독립동맹에 연락을 취했다. 그러나 이 일이 쉽지 않았음은 말할 나위도 없었다.

그동안 김구는 국민당 정부의 지원을 받으며 임시정부를 계속 옮겼다. 그는 중경에 임시정부를 두고 일제의 패망이 짙어지자 한국독립당을 강화하고, 조선의용대와 연대해 한국광복군을 창설했다. 그러나 그는 한국광복군의 국내 진주를 보지 못하고 해방을 맞았다. 그는 임시정부 요인들과 함께 개인자격으로 고국 땅에 돌아왔다. 이제 두 사람은 새로운 관계로 발전하게 된다.

결코 영원한 동지가 되지 못하다

두 사람은 한동안 활동지역을 달리했다가 마침내 해방조국에서 만난 것이다. 김구는 해방된 조국 땅에 왔으나, 개인자격으로 들어와 미군정으로부터 찬밥 대접을 받았다. 그런데 해방되던 해 12월, 모스크바 3상회의에서 우리나라를 최고 5년간 '신탁통치'를 한다는 조항을 발표했다. 이에 김구와 임시정부 측은 즉각 신탁통치반대 국민총동원위원회를 결성하고 반대운동에 나섰다. 다시 말해 35년간 식민지로 있었던 것도 통탄스러운데, 다시 몇 년 동안 위임통치 상태가 되어서야 되겠느냐는 논리였다.

여운형은 해방을 맞이하여 건국준비위원회와 인민위원회를 만들어 정권인수 태세를 갖추었으나, 이 또한 미군정 당국으로부터 인정을 받을 수 없었다. 여운형은 미군정에 맞서 자주성을 지키기 위해 싸웠다. 그러나 처음 미군정이 찬탁을 들고 나왔을 적에 여운형은 여기에 찬동했다.

흔히 반탁은 민족주의 진영에서 벌였고 찬탁은 공산주의 진영

김구　김구는 해방정국의 혼란 속에서도 분단된 나라의 통일을 위해 끝까지 한 길을 걸었다. 이 점에서는 여운형도 같은 입장이었다.

에서 벌인 것으로 알고 있다. 그러나 이것은 정확하지 않다. 오늘날 어느 것이 옳았는지 다시 따져 보아야 할 것이다. 어쨌든 이 방향의 대립은 김구와 여운형의 노선을 영원히 갈라놓았다.

앞에서 김구는 공산당을 철저히 싫어한다고 말했는데, 이때 김구는 여운형을 공산주의자로 본 것이다. 그렇게 하여 김구가 이끄는 한국독립당과 여운형이 이끄는 조선근로인민당은 적대 관계로 대립했다. 사실 오늘날 학자들은 여운형은 공산주의자가 아니었고 다만 통합전선을 형성해야 한다고 생각해서 중도 좌파의 노선을 걸었다고 본다.

김구는 이승만과 때로는 같은 노선을 걷기고 하고 때로는 대

여운형 김구와 여운형은 암살자의 손에 죽음을 맞이한 같은 운명을 맞았으나, 성격이나 행동노선은 사뭇 달라서 끝내 어우러질 수 없었다.

립하기도 했으나, 공산주의자를 철저히 미워하는 점에서는 같았다. 하지만 친미적 성향에서는 서로 달았다. 이에 비해 여운형은 중간노선을 걸으며 타협을 추구했다. 이승만은 분명히 김구와 여운형을 견제하면서 대립을 유도하고 있었다.

이승만은 단독정부의 수립을 주장하고 나왔다. 이에 한민당과 미군정도 단독정부 수립의 방침을 굳혔고, 김구는 단독정부 수립을 반대하고 통일정부 수립을 주장하고 나왔다. 그리고 직접 남북협상을 벌이려 북쪽으로 가서 김일성과도 만났다. 여운형은 미소공동위원회가 결렬되는 것을 보고, 이 위원회를 다시 열게 하여 끝까지 조선민주주의 임시정부를 추진하려 했다. 곧 점령국 당사자의 힘을 빌려 잠정정부를 세우고 이어 통합정부를 추진시키려 했다.

이런 방향은 기본적으로는 두 사람이 같았으나 따지고 보면 그 절차에 있어서는 격차가 크게 벌어져 있었다. 김구는 여운형과의 대화나 협력을 절대 거부했고 여운형도 고집스러운 임정계열과 가까이하려 하지 않았다. 해방정국의 주도권을 놓고 두 사람은 서로 협력할 수 없었던 것이다. 김구의 성격은 고집스럽고 소신에 강했고, 여운형의 성격은 타협적이면서 인정에 약했다. 그리고 김구는 고루하면서 의지에 차 있었고, 여운형은 진취적이면서 정세에 밝았다.

두 사람은 알다시피 암살을 당했다. 여운형이 미군정 당국의 하수인들에게 먼저 죽었으나, 그 죽음의 의미를 김구는 깊이 생각하지 않은 것 같다. 다만 한 사람의 맞수가 죽은 정도로 생각했을 것이다. 그러나 김구도 이승만 도당에 의해 여운형의 죽음과 같은 사정으로 죽었다.

암살자의 말은 여운형이 공산주의자이기에 죽였다는 것이요 김구가 공산당원을 거느리고 일을 꾸몄기에 죽였다는 것이다. 그러나 이것은 한낱 음모에 지나지 않음을 우리는 알고 있다. 친일파와 단정파의 합작품이 아니겠는가?

두 사람은 이처럼 운명을 같이했으나 그들의 성격만이 아니라 행동노선은 사뭇 달랐다. 김구는 집념이 강해 한쪽만을 집착하여 처음 국내의 독립투쟁에서 폭력노선을 추구하다가 무장투쟁노선(광복군과 같은 조직투쟁)으로 전환했다. 여운형은 논리적이어서 여러 방향을 추구하면서 처음부터 역량의 결집에 노력했고 무장투쟁노선보다 주로 외교노선을 취했다.

두 사람은 반봉건·반제운동에는 노선을 같이했으나 그 방법에 있어서는 '대한'과 '조선'이라는 명칭, 임시정부 고수파와 정당활동 추구파, 반탁과 찬탁 등에서 사뭇 달라 서로 어우러질 수 없었다.

그들은 결코 영원한 동지가 될 수 없었다. 그러나 나라와 민족을 위하는 일념만은 그 우열을 따지는 것이 부질없는 짓일 것이다. 인간은 참으로 오묘한 감정을 지니고 있어서 같은 목적을 추구하면서도 찾아가는 길이 다름을 여기에서도 보게 된다.

세상 굴레를 벗으려오

꽃철에 닫은 문 속에서 병이 더욱 깊어
애써 꽃가지를 꺾어 술을 마주하고 읊조리노니
쓰디쓴 세월 꿈 속에서 보냈고
봄을 감상하되 소년의 마음 다시없네

(이달)

이달과 강위
술과 시에 취해 보낸 세월

이백과 두보의 경지를 넘본 삼당시인 이달

시와 술, 이 둘은 서로 잘 어우러져 오묘한 조화를 이룬다. 시가 술을 매개로 해서 나오는 것인지, 술이 시를 토해내게 하는 것인지, 어쨌거나 하나가 빠지면 조화가 깨뜨려지는 것으로, 적어도 옛적에는 그렇게 보았다.

저 매월당 김시습이나 백호 임제 같은 시인들이 과연 술이 없었더라면 그 주옥같은 시들을 쏟아냈을 것인가? 또 조금 멀리로는 이백이나 두보가 술을 빌리지 않고, 용의 여의주 같은 시의 조화를 부렸을까?

여기에 조선조 선조 적에 살았던 서자 출신의 손곡蓀谷 이달李達(1561~1618)이나 조선 후기 무관집안 출신인 추금秋琴 강위姜瑋

(1820~84)도 비록 다른 시대에 살았으나, 한 자리에 끼워주지 않으면 지하에서도 섭섭하게 여길 것이다.

우선 이달을 보자. 그는 치악산의 한 자락에 파묻혀 있는 손곡 마을에서 시를 읊조리며 유유자적하게 살았다. 그러나 농사를 짓는 것도 아니요, 훈장질을 하는 것도 아니니 즐기는 술잔이 그의 손에 마음대로 잡힐 리 없었다.

그는 남루한 두루마기를 걸치고 지팡이에 몸을 의지하고는 방랑의 길에 나섰다. 그리하여 그가 지팡이를 멈추는 곳은 밥술이나 먹는 문우文友의 사랑채나 벼슬아치의 행랑이었다. 이 중에서도 그가 자주 찾은 곳은 강릉의 원으로 있는, 시서화 삼절로 이름난 봉래蓬萊 양사언楊士彦의 집이었다.

당시 삼당시인三唐詩人으로 첫손 꼽히는 이달을, 양사언은 언제나 따뜻이 맞이했다. 비록 이달이 원님에게 대하는 태도가 불손할지라도, 또 아무리 '놈'자를 놓더라도 관계하지 않았다. 그리고 언제나 이달에게 술상을 베풀어 대령하게 했다. 그러나 양사언은 공무에 시달리다 보니, 허구한 날 술에 곤드레가 되는 이달에게 다소 싫증이 났음인지, 차츰 때마다 술상을 제대로 준비하지 못했다. 어느 날 아침, 술대접을 못 받은 그는 끝내 섭섭함을 금할 수 없어 시 한 수를 지어놓고 하직인사를 고했다.

나그네 가고 머무는 것
주인의 눈썹머리에 달렸다네
오늘 아침 황기黃氣(술기운) 없으니

곧장 청산(돌아갈 곳)이 생각나는구려

양사언은 깜짝 놀라 떠나려는 그를 눌러 앉히고 술대접을 다시 융숭하게 했다. 이런 이달이었다. 이달은 양반집 서자로 어머니가 기생이었다. 이런 탓으로 조선왕조의 신분제도 아래에서는 아무리 재주가 뛰어나도 그 재주에 걸맞은 벼슬을 할 수가 없었다. 그는 한리학관漢吏學官이라는 아주 하찮은 벼슬을 얻었다가 아무런 희망도 없음을 알고 이를 헌신짝처럼 버렸다.

그리고 당시 불우했던 최경창崔慶昌, 백광훈白光勳 등과 어울려 밤낮없이 시를 공부했다. 그들은 시의 바른 길은 당시唐詩, 곧 이백과 두보의 경지에 이르는 것임을 깊이 깨닫고 이에 통달하여 신라·고려 이후 당시의 일인자라는 평을 받게 되었다. 시를 짓는다고 누가 간섭할 리도 없고 어떤 구속을 받지도 않으니 그의 신분으로는 알맞은 일이었을 것이다.

이 세 사람을 세상은 삼당시인이라 하여 칭송해 마지않았고, 그 중에 이달을 첫째로 쳤다. 이리하여 이들은 온 나라를 울렸다. 그의 시 제자인 허균은 이렇게 썼다.

모습은 꾀죄죄했고 성품은 또 방탕하여 걸리는 데가 없었다. 그리고 속된 예의를 익히지 않아 이 때문에 세상 사람들의 미움을 받기도 했다.……술을 즐기며 왕희지의 글씨체도 잘 썼다. 아무도 살지 않는 마을에 살면서 한 뙈기의 밭도 없었고 먹고사는 일을 하지 않아 사람들이 더러 이를 아껴주었다. 평생에 몸 붙일 땅이 없어서 사방에 떠돌아다니며 밥을 빌어먹어서 사람들이 천하게 여겼다.

허균 「손곡산인전」

이처럼 그는 탈속의 인물이었다. 그는 술을 찾아다녔고 술을
벗하고 시를 짝했다. 그의 인생에서 이 둘 중 어느 하나도 떼어
놓아서는 안 되는 것이다. 그러므로 그의 시에는 언제나 술이 넘
친다. 그리고 그 넘치는 잔을 홀짝 마시기만 한 것이 아니라, 술
잔에 달빛이 비칠 때 시를 읊조렸고, 술잔에 바람이 잔잔한 파문
을 일으킬 때 조용히 관조하는 경지에까지 이르렀다.

바람에 기대어 스스로 웃는도다

그는 꼴 같지 않은 세속을 술에 취해 시린 눈으로 보기만 한
것이 아니라 내면으로 깊이 여과하고 있었다. 시속배가 구종별
배를 거느리고 거들먹거리는 것을 조용히 웃으며 구경하기도 했
다. 그에게 주어진 운명을 열화 같은 분노로 매도한 것이 아니라
그저 다소곳하게 받아들이며 시로 승화시키고 있었던 것이다.
다시 말해서 그의 정신적 지주였던 이태백이 예주醴酒에 곤드레
가 되어 동정호에 비치는 달을 잡으려다가 빠져죽은 전철을 밟
지 않았다.

그리하여 그의 후견인이요 시우詩友였던 허봉이 신세를 한탄
하며 말술을 퍼마시고 객사를 할 적에도 그는 잔잔한 마음으로

맞이했다. 그리하여 이런 시를 남겼다.

꽃철에 닫은 문 속에서 병이 더욱 깊어
애써 꽃가지를 꺾어 술을 마주하고 읊조리노니
쓰디쓴 세월 꿈속에서 보냈고
봄을 감상하되 소년의 마음 다시없네

이 시는 벌써 그가 죽음을 앞두고 생을 돌아보며 시와 술 속에서 조용히 마무리하는 분위기를 읽을 수 있다. 만년에 와서야 가히 주선의 경지에 든 것이다. 곧 술은 울분을 쏟는 대상이 아니라 음미하는 매개물임을 터득한 것이리라. 이리하여 뒷사람 김석주는 그에게 이런 평을 내렸다.

가을 물에 떠 있는 부용, 바람에 기대어 스스로 웃는도다.

그는 우리나라 문학사에 찬연한 빛을 던진 한 제자를 두었으니 저 유명한 허균이다. 그는 허균 아버지의 후원을 입었고 허균의 형과 깊은 시우가 되었는데, 그 공을 허균과 허난설헌에게 갚아주었다. 허균은 스승의 불행을 전기로 남겼고, 스승의 흩어진 시 3백여 수를 모아 스승의 시명詩名을 뒷세상에까지 떨치게 했다. 한편 허균 또한 그의 스승 못지않게 시와 술을 함께 누렸다.

술을 마시면 옥을 토하듯 시를 남긴 강위

강위를 말해보자. 오늘의 우리는 그를 별로 기억에 떠올리지 않는다. 아마도 풍운의 시대에 살면서 떵떵 울리는 벼슬을 한 것도 아니요, 역사의 전면에서 화려하게 활동을 펼치지도 않았기 때문이리라.

나라에는 크고 작은 일들이 쉴 새 없이 벌어지고 벼슬아치들은 주구처럼 백성을 못살게 굴 적에, 그는 남루 포의로 방방곡곡을 누비며 시와 술로 시대의 울분을 토해냈다. 그가 살던 시대는 문풍文風도 한물가서 박지원 일파도 사라지고, 김삿갓의 풍월도 인구人口에서 떠난 뒤였다. 그리하여 한문 시단이라고 해야 서울의 중인들이 어울려 인왕산 아래 송석원松石園에서 시사詩社 활동을 벌이는 정도로 명맥을 잇고 있었다. 새로운 물결 앞에서 한시는 그야말로 깜박이는 등불이었다.

그런데 이런 마당에 한 별이 등장했다. 보잘것없는 무반의 집안에서 태어난 강위는 당대의 석학이요, 시인이요, 금석대가이기도 한 추사 김정희 밑에서 시 수업을 받았다. 그는 스승이 제주에 귀양 갔을 적에나 북청으로 배소를 옮길 적에도 달려가 스승을 뒷바라지하며 시를 익혔다.

그는 도대체 세상 돌아가는 꼴이 못마땅했다. 무엇으로든 울분을 삭여야 했다. 그에게는 다행히 울분을 삭일 수 있는 매개물이 있었다. 저 지난 시대의 매월당 김시습이나 백호 임제나 교산 허균이 그러했고, 가깝게는 연암 박지원이나 김삿갓이 그러했던 것처럼 이리저리 떠돌며 시와 술로 한 세상을 누빈 것이다.

그의 아호는 추금이었다. 가을의 거문고는 퉁기는 울림이 유난히 애잔했으리라. 강위는 지팡이 하나를 짚고 방랑의 행차를 벌였다. 그의 옷은 언제나 너덜너덜했다. 풀잎에서 이슬을 맞으며 잔 탓인지 늘 옷에 풀기라고는 찾을 수 없었다. 수척한 얼굴에 무성하게 돋아난 수염. 그 수염을 바람에 휘날리고 지팡이로 길섶을 헤쳤다. 그의 발길이 닿지 않는 곳이 없었다. 해 저물면 아무네 사랑채나 찾아들었다. 그리고 잠자리와 한 술의 밥값으로 시 한 수를 남겨두었다.

혹 시를 볼 줄 아는 주인은 그가 어쩌면 김삿갓이 재생한 것인가 의심도 해보지만, 그의 시에 학고學古의 풍이 있음을 알고 다시 한 번 융숭한 대접을 올렸다. 그리하여 강위의 시명은 여항에서부터 울리기 시작했다.

한문 사대가로 칭송받다

어쩌다가 그가 서울로 올라오면 그의 시명을 들어본 권문세도가들이 다투어 모셔갔다. 권문세도가들은 그에게 술을 대접하고 종이와 먹을 내놓고 시축詩軸을 펼쳐놓았다. 그러면 그는 옥을 게워내는 거위가 되는 것이다. 그는 저 점잖은 선비들의 전용물인 사양이라는 것을 몰랐다. 술은 주는 대로 받아 마시고 그 술양만큼 시를 토해내는 것이다.

이렇게 하여 장안에 그의 이름이 쫙 퍼졌다. 서울의 몇몇 젊은 시인들이 그를 모셔갔다. 그리고 아랫목에 모셔 앉히고 지은 시들을 올려 그의 평을 듣는 것을 영광으로 여겼다. 그리하여 북촌의 이건창李健昌 집 사랑채 앞에 그의 지팡이가 놓여 있으면, 젊은 시인들이 꾸역꾸역 모여들었다. 이건창의 사랑채는 문사들의 집회장소로 유명했다.

강위가 이곳에 들면 금세 사랑채 앞은 문사들의 신발이 어지럽게 널렸고 찬모는 술 주전자를 나르기에 몹시 바빴다. 여기에 자주 모이는 젊은 문사들, 곧 주인인 이건창을 비롯하여, 창강 김택영金澤榮, 매천 황현과 강위를 합하여 조선 말기의 한문 사대가라고 세상 사람들은 불렀다. 이 사대가의 종주는 강위였고 나머지는 강위의 시 제자들이었다.

강위는 이들과 어울리다가 싫증이 나면 기약 없이 훌쩍 떠나갔다. 그리고 다시 예의 방랑길에 나섰다. 어떤 때에는 무주나 충주에 둔 가족이 그리워 잠시 가족과 어울려 살기도 했다.

그의 집은 띠로 얽어 지었고 살림은 술사발 하나 제대로 갖추어져 있지 않았지만, 그의 방에는 술이 떨어지는 법이 없었다. 그는 대나무 잎사귀를 넣어 손수 빚은 술에 태을주太乙酒라는 그럴 듯한 이름을 붙였다. 태을주라면 천상의 신선들이 마시는 술이 아니던가? 진짜 이름에 걸맞은 맑은 술이 있었을까. 아닐 것이다. 감자나 보리를 넣어 빚은 텁텁한 막걸리 따위였을 것이다.

어쨌거나 물가에 채워둔 이 술을 어느 누가 훔쳐갔다. 나 같은 위인이 이런 경우를 당했더라면 냅다 "어느 도둑놈이 술을 훔쳐

갔느냐"고 소리를 질러댔을 것이다. 그런데 강위는 이렇게 읊조
렸다.

푸른 물결을 외호外護로 하고
밝은 달을 간수看守로 삼아
태을주를 깊이 숨겨두었으니
어찌 겹겹이 견고치 않다 하리
누가 알았으랴, 적각선赤脚仙이
야반에 골짜기에서 배에 옮겨둔 것을……

이름이 태을주이니 훔쳐간 도둑도 붉은 다리를 한 적각선이
되어야 걸맞지 않겠는가? 또 못내 아쉬웠던지 끝 구절에 이렇게
읊조리기도 했다.

내가 이 술을 빚었지만
이웃과 나누기도 모자랐던 터
두세 벗을 불러와
둘러앉아 한번 입술을 적셨네……
종당 천 잎사귀로 빚어
너에게 투심偸心을 그치게 하리

술도둑을 탓한 것이 아니라 모자랐던 술이 유죄였다니, 강위
다운 발상이리라.

개화의 선구자로 이름을 남기다

삼남농민봉기가 일어나자, 조정에서는 대책을 세운다고 법석을 떨었다. 민란의 원인이 삼정, 곧 전정·군정·환곡의 문란에 있다고 보고 이에 대한 대책을 누구든 내라는 것이었다. 하필 이럴 적에 강위는 당시 고관으로 있던 정건조鄭建朝의 집을 찾아갔다. 정건조는 그의 손을 잡고 「삼정책」을 써달라고 부탁했지만, 그는 옷깃을 뿌리치고 도망하려고 했다. 이에 정건조는 별당에 그를 가두고 종이와 붓을 디밀었다. 그는 한 달 동안 방 안에 갇혀 지내다가 어느 날 밤 술을 달라고 했다. 강위는 술에 잔뜩 취해서 붓을 잡고 내려 갈겼다. 그는 「삼정책」을 다 쓰고 나서 술에 곯아떨어져 잤다. 그러고는 깨어난 뒤 이를 주인에게 전하지 않고 불에 태워버렸다. 그리고 그 집을 도망쳐 나왔다. 그는 강요에 못 이겨 술의 힘을 빌려 쓰기는 했으나, 이 따위를 써 보아야 조정에서 제대로 먹히지 않을 것을 뻔히 안 것이다. 그러나 곁에 붙어 있던 서생이 벌써 그의 글을 베껴간 것을 그는 까맣게 모르고 있었다.

그 뒤에 그는 제자인 지운영池運永이나 이건창이 중국이나 일본에 갈 적에 수행원으로 따라갔다. 그리고 돌아와서 개화의 필요성을 역설했다. 그리하여 그를 개화파의 선구자라고도 부른다.

두 시인은 시대를 달리해 살면서 술을 매개로 시세를 한탄하면서 시로 승화시켰다는 공통분모를 지녔다. 그리하여 우리 문학사를 풍부하게 만들어 주었다.

신사임당과 황진이
남존여비 사회의 두 희생양

양반과 서녀 황진이의 내력

우리나라 역사에 나타난 대표적인 여성으로 흔히 황진이黃眞伊
(생몰년 미상)와 신사임당申師任堂(1504~51)을 꼽는다. 두 여성은 오
늘날에도 끊임없이 화제로 떠오른다. 여기에는 그만한 까닭이
있을 것이다.

두 여성은 같은 시대에 살았다. 나이로 따지면 신사임당이 두
어 살 위인 것 같으나, 두 여성은 젊을 적부터 여성으로서는 보
기 드물게 명성을 얻으며 같은 시대에 살았다. 그녀들이 한 시대
에 살며 명성을 얻은 것 이외에 다른 조건을 맞추어보면 너무나
도 이질적이다. 출생신분, 살아온 환경, 여성으로서 지녀야 하는
몸가짐이 전혀 달랐다.

먼저 황진이의 출생신분과 가정 형편부터 알아보자. 그녀는 개성의 변두리에서 태어났다. 그녀의 어머니 현금玄琴이 열여덟 살 적에 개성의 병부교兵部橋 아래에서 여러 여자들과 빨래를 하고 있었다. 이때 다리 위에서 어떤 선비가 발을 멈추고 현금을 바라보며 웃고 있었다. 현금은 그 사람을 보고 가슴이 울렁거렸다. 선비는 어디론지 사라졌다. 해질 무렵 다른 여자들은 빨래를 끝내고 빨래터를 떠나고 없었으나, 현금 혼자 빨래를 계속 하고 있었다. 그 선비가 다시 다리 위에 와서 노래를 멋들어지게 뽑았다. 그러고 나서 현금에게 물 한 바가지를 달라고 했다.

현금이 바가지에 물을 담아 건네주자, 선비는 이를 반쯤 마시다가 웃으면서 되돌려주고 "너도 마셔보라"고 말했다. 그런데 바가지에는 술이 담겨 있었다. 이렇게 하여 이들은 사랑을 속삭였고 끝내 딸을 낳았다. 이 딸이 바로 황진이였다 한다.

어머니의 성은 진가요, 아버지는 황 진사로만 알려져 있지 이름은 전해지지 않는다. 그 뒤 황 진사는 종적을 끊었으니 황진이는 사생아였고, 양반집 서녀庶女가 되었다. 그녀의 어머니를 두고 기생이라거나 맹인이라거나 하는 기록들이 있다.

황진이에 관련한 이야기는 조금씩 다르나, 그곳에 암행어사로 갔던 이덕형이 현금의 가까운 일가 노인에게서 들은 것을 기록한 내용이 가장 믿을 만하다고 여겨 여기에 소개한다.

사임당이라는 호를 받고

다음으로 신사임당의 출생신분과 가정을 알아보자. 그녀는 강
릉 북평마을에서 태어났다. 그녀의 아버지는 신명화申命和인데,
명망 있는 선비였으나 뒷날 사림파로 몰려 조광조가 죽임을 당
할 적에 낙향하여 벼슬을 단념하고 살았다. 그녀의 어머니 이씨
는 생원인 이사온의 딸이요, 세종 때의 명신인 최치운(김시습의 스
승)을 외증조부, 참판을 지낸 최응현을 외조부로 두었는데, 외동
딸이어서 친정인 북평에 눌러 살았다. 그런 탓으로 그녀도 외가
에서 태어났다.

그녀는 신씨 집안의 둘째딸로 태어났다. 친가와 외가가 모두 명망 있는 선비 집안이었고 살림도 넉넉한 처지여서 그야말로 남부러울 게 없었다. 당시 연산군에 의해 갑자사화가 일어나 벼슬아치와 선비들이 떼죽음을 당했으나 이씨 가정에는 아무런 풍파도 없었다. 이런 집안에 태어난 그녀였으니, 아들로 태어나지 못해 어른들의 떨떠름한 분위기는 있었겠으나 귀여움을 받은 것은 말할 나위가 없다.

사임당師任堂이라는 당호가 그녀에게 언제부터 주어졌는지는 확실하지 않으나, 주周 문왕의 어머니인 '태임을 본받는다'는 뜻이니 보통 신씨, 이씨라고 부르는 여느 여성과는 분명히 다른 대우를 받았음을 뜻한다. 이를테면 여성에게는 드물게 주어지는 호를 그녀는 지니게 된 것이다.

이와 달리 황진이에게는 보통 여염집에서 여자아이를 부르는 '순이', '착실이'처럼 '진이'라는 이름이 주어졌고, 그녀를 조금 높여 부른 이름이 '진랑眞娘'이었다. 그리고 그녀의 성에 대해서도 '황가인지 이가인지 누가 알아'라는 골목 여자들의 쑥덕거림이 있었던 게 아닐까?

사임당은 어릴 적부터 가정교육을 철저하게 받았다. 더욱이 어머니 이씨가 딸만 내리 다섯을 두자, 그녀는 어쩔 수 없이 딸들에 대한 교육에 더욱 마음을 기울였다. 사임당은 외할아버지와 어머니에게서 『열녀전』, 『소학』 같은 행실을 다듬는 책을 배웠고, 일곱 살 적에는 세종 때의 유명한 화가 안견의 그림을 모사하면서 그림에도 심취했다. 그리하여 그녀의 글씨 솜씨, 그림

솜씨, 그리고 학업의 수준은 나날이 올라가 소녀 적부터 강릉은 물론 서울에까지 소문이 자자했다. 더욱이 그녀는 얼굴이 곱고 행동거지도 발랐으며, 총명함을 함께 지니고 있어서 가정 안에서도 귀여움을 독차지했다.

어쩔 수 없이 기생의 길을 택하다

황진이가 태어난 뒤, 아버지의 발길이 끊겼다. 딸이 태어나자 황 진사는 체면 때문인지 아니면 거추장스러워서인지, 그도 아니면 현금에게 신물이 났는지 인연을 끊어버린 것이다. 참으로 매정한 남정네였거나 일개 풍류객에 지나지 않았다.

현금의 교육수준이나 내력은 자세히 알려져 있지 않으나, 앞에서 본 대로 바람기가 있는 예쁜 여자였던 것은 틀림없을 것이다. 현금은 딸에게 온갖 정성을 쏟았고 딸이 자기와 같은 신세가 되지 않기를 염원했다. 진이는 여덟 살에 천자문을 떼고 이어 『열녀전』과 경서를 익히고, 때로는 시도 짓고 묵화도 치고 음률도 익혔다 한다. 이런 과정에서 그녀에 대한 소문이 개성 바닥에 자자할 수밖에 없었다.

더욱이 빼어난 용모와 총명함, 그리고 온갖 예술적 재주마저 갖추었으니 그녀는 성숙하면서 뭇 남성들의 선망의 표적이 되었다. 진이의 나이 열대여섯, 사춘기의 그녀가 더욱 불그레한 얼굴을 지닌 미인의 태를 내자, 이웃집 더벅머리 총각은 연모의 정을 이기지 못했다. 그리하여 상사병에 걸려 덜컥 눕고 말았다.

총각의 어머니는 현금에게 이 사정을 말하고 "머슴애 하나 살려 달라"고 애원했으나 현금은 매정하게 끊어버렸다. 현금은 아마 "내 딸이 어떤 딸이라고 무식하고 천한 머슴애에게 시집보내랴"라고 생각했던 듯싶다. 그 총각은 끝내 죽고 말았다. 총각이었으니 상여를 제대로 꾸며 장사지내지 않는 것이 당시의 풍속이었다.

그러나 옛 기록들은 그 총각의 상여가 진이의 집 앞에서 딱 붙어 움직이지 않았다 한다. 그리고 상여꾼들의 애달픈 상여소리에 "왜 이다지도 빨리 가나. 매정도 하지, 진랑아기"라는 구슬픈 구절이 들려왔다. 진이는 어머니에게서 그 내막을 듣고 장롱에서 비단저고리와 치마를 꺼내어 영구를 덮었다. 그제야 상여가 움직였다 한다.

이 일을 겪으며 사임당은 순탄한 가정에서 교육을 받으며 시집갈 준비를 하고 있었지만 진이는 엉뚱한 스캔들에 시달리며 마음에 상처를 입고 있었다.

황진이는 분명히 달라져 있었다. 그녀는 책 속에서가 아니라 현실 속에서 세상물정에 눈을 떴다. 현금이 아무리 딸을 단속해도 부질없는 일이었다. 게다가 총각이 상사병으로 죽고 난 뒤, 그녀의 이름은 더욱 개성 바닥을 울렸다.

그녀는 분명히 자신의 처지와 신분을 곰곰이 따져보았을 것이다. 그리고 사춘기의 총명한 소녀는 세상을 한번 멋지게 살아보고 싶었을 것이다. 당시 여성이 남성 중심의 사회에 맞서는 길은 너무나 한정되어 있었다. 그녀가 남성이었더라면 『수호지』에 나오는 대도大盜가 될 수도 있고, 한번 세상을 뒤엎는 반역아가 될 수도 있었을 것이다.

그녀는 어쩔 수 없이 기생의 길을 택했다. 그때는 한번 기적妓籍에 이름이 오르면 평생 지울 수가 없었다. 그녀가 이를 모를 리 없었다. 다른 기록에는 "총각이 죽고 난 뒤 그 충격으로 기생이 되었다"고 평하고 있다.

그러나 필자는 그렇게 보지 않는다. 그녀의 복수심, 가정과 사회에 대한 반항심으로 기생의 길을 택했다고 본다. 또 그녀의 피 속에는 '끼'도 있었다. 어머니에게서 받은 '끼'는 결코 단순한 것이 아닐 것이다. 따라서 필자는 그런 시대와 가정환경에서 그녀가 기생이 된 것은 백 번 잘했다고 본다.

부녀자의 아름다운 덕행

신사임당은 물론 이와 달랐다. 그녀는 열아홉 살에 서울 덕수 이씨 집안의 원수元秀라는 청년과 혼인을 맺었다. 이원수는 홀어머니 밑에서 자랐으나 집안도 좋고 살림도 넉넉했다. 이원수는 사임당보다 세 살 위였는데, 사임당의 아버지가 서울 본가에 드나들며 보아둔 사윗감이었다. 그런데 이 혼인에 얽힌 재미있는 일화가 있다. 사임당의 아버지가 사윗감에게 "네 처는 내 곁을 떠날 수 없다. 내가 여러 딸을 두었으나 둘째 딸만은 내 곁에 두고 싶으니 이를 약조하라"는 조건을 달았다는 것이다.

그녀가 강릉집에서 혼례식을 올리고 난 지 몇 달 뒤에 친정아버지가 세상을 떠났다. 그러나 앞서의 약조만은 대체로 지켜진 듯하다. 그녀는 계속 강릉집에서 친정어머니를 모시고 눌러 있었기 때문이다. 그녀는 3년상을 마치고 서울로 올라와 시어머니 홍씨에게 처음 인사를 올렸고, 이어 시댁 향리인 경기도 파주 율곡리에 가서 살기도 했으나 자주 강릉 땅을 오갔다.

한 여성은 기생, 한 여성은 현숙한 주부로 자리를 잡으며 살아갔기에 오늘날에도 이야깃거리가 될 수 있는 것이리라. 따라서 그녀들의 개성도 분명히 드러나기 시작한다. 이들이 지은 대표적인 시 한 수씩을 들어보자.

사임당은 자주 친정 나들이를 했는데, 이를 소재로 「어머니를 그리며」라는 시를 남겼다. 이 시는 지금도 대관령 마루에 세워둔 돌비에 새겨져 있다.

그리운 고향은 겹겹이 막히고
가고 싶은 마음 꿈속을 헤매는구나
고향 땅 한송정에는 외로운 달빛
고향 땅 경포대에는 한줄기 바람
모래 위 백구 모이고 흩어지고
파도 위 고깃배들 오고 가누나
어느 적에 강릉 가는 길 밟아
색동옷 입고 춤추며 어머니 곁에서 바느질할꼬

어린아이처럼 부모 앞에서 색동옷 입고 춤추어 부모를 기쁘게
하는 것도 효도하는 일의 하나라고 생각한 것이다. 그야말로 현
숙한 품위가 깃들어 있다 하겠다. 한편 황진이는 서울의 높은 양
반 벼슬아치인 소세양蘇世讓을 품에 끼고 마음껏 간을 녹였다. 그
러고는 그와 이별할 적에 이렇게 읊었다.

> 달 아래 오동잎 떨어지고
> 들국화는 서리 속에 누렇구나
> 다락은 높되 하늘과는 한 자 사이
> 사람이 취하는 것은 첫 잔의 술이라
> 흐르는 물 거문고처럼 차갑고
> 매화 향기는 거문고 속에 스민다
> 내일 아침 서로 이별한 뒤에
> 그리운 정 푸른 물결처럼 길으리

그야말로 남녀의 사랑이 짙게 풍겨나는 사랑의 주제곡이나 이
별의 시라 하겠다. 하나는 효도를 노래하고, 하나는 사랑을 노래
했다. 이처럼 그녀들이 살아가는 길은 달랐다.

사임당은 20대의 나이에 친정부모를 모두 여의었다. 그리하여
그녀는 친정과 시댁을 오가며 살림을 돌보았다. 그리고 두 아들
을 알뜰히 보살폈다. 그녀가 서른셋 되던 해, 해산을 앞두고 강
릉 친정집에서 꿈을 꾸었다. 용이 동해에서 날아와 그녀의 문 앞
에서 맴돌고 있었다 한다. 그리하여 해산방을 '몽룡실夢龍室'이라

하고 셋째 아들을 낳으니 이 아이가 뒷날의 율곡栗谷이었다.

그녀는 현룡見龍(율곡의 아명)을 어릴 적부터 유난히 사랑했다. 그녀는 아이들을 데리고 이곳저곳에서 살다가 서른여덟 살 때에 서울의 시댁에 가서 살림을 맡아보았다. 시어머니가 연로하여 집안의 열쇠꾸러미를 그녀에게 깡그리 맡기고 뒷전에 물러앉은 것이다. 그녀는 시어머니와 남편 공경으로 10여 년을 보내면서 부덕婦德을 유감없이 발휘했다.

영원한 스승을 만나 철리를 터득하니

황진이는 어떠했던가. 그녀는 개성관아에 기적을 올리고 재주를 한껏 뽐내 뭇 남성들의 가슴을 서늘케 했다. 그녀는 노래와 춤 그리고 거문고와 시로, 이름깨나 있는 선비들과 벼슬아치들을 때로는 농락하고 때로는 맞대결했다.

그녀의 이름은 서울에까지 널리 퍼졌다. 그리하여 내로라하는 풍류객들이 꾸역꾸역 개성 땅으로 발길을 돌렸다. 그녀는 아무 남자에게나 정을 주지 않았다. 그런 탓으로 높은 양반이나 재산을 가진 호남아들의 가슴을 더욱 태웠다.

이렇게 되자 왕실의 귀족 벽계수는 "그까짓 기생아이에게 장부가 빠져서야 되느냐"고 큰소리치며 개성 땅에 유람을 왔다. 그러나 그도 황진이에게 흠뻑 빠져 헤어나지 못했다. 앞에서 소개한 점잖은 대감 소세양은 그 체면을 걸머지고 개성 땅에 왔다가 뒷날의 이야깃거리만 만들어내며 황진이의 치마폭에서 헤어나지 못했다.

황진이는 또 10년 면벽의 지족선사를 정욕에 빠져 헤어나지 못하게 했다. 그녀는 도인인 화담 서경덕을 마지막 목표로 삼았다. 그러나 화담 선생은 명성답게 끄떡도 하지 않았다. 그는 도리어 황진이의 스승이 되었다. 그녀는 서경덕에게서 우주의 철리, 인성의 본질, 인간의 참된 삶을 배웠다. 그리하여 영원한 스승과 제자 사이로 인연을 맺었다. 이제 황진이는 기생이 아니라 '철리를 터득한 도인'이 된 것이다.

사임당이 마흔여덟 살 되던 해, 남편 이원수는 수운판관이라는 하찮은 직책을 띠고 세곡의 운반을 감독 지휘하기 위해 평안도로 내려갔다. 이 무렵 그녀는 남편에게 하나의 다짐을 주었다.

내가 죽거든 다시 장가들지 마사이다. 우리가 칠남매나 두었으니 더 찾을 것이 없소이다. 옛 가르침을 어기지 마사이다.

사임당의 부탁은 당시의 통념으로 보아 범상치 않았다. 남편이 지방에 가 있을 적에 그녀는 울면서 편지를 써 보냈고, 이어 그녀는 병으로 자리에 누운 지 며칠 만에 죽었다. 남편과 동행한 두 아들이 서강의 포구에 이르던 날 새벽, 그녀는 눈을 감았다. 그녀의 시신은 양반집 관례대로 파주 선산(지금의 자운서원 안)에 묻혔다.

한편 진랑은 서경덕에게서 새로운 눈을 틔웠는데, 서경덕이 죽고 나자 모든 것을 청산했다. 그녀는 종자 하나를 데리고 어벙

한 양반집 아들을 꿰차고 전국의 명산 순례길에 나섰다. 그녀는 여승이 쓰는 송라립을 쓰고 짚신에 해진 옷을 입고 밥을 빌어먹으며 유랑생활을 했다. 때로는 소리로, 때로는 시로, 혹은 몸으로 두 사람 몫의 밥을 빌었으리라.

이렇게 명산을 찾은 뜻은 바로 서경덕에 대한 그리운 정 때문이었다. 아니면 아이를 낳지 못하는 석녀의 회한일 수도 있겠다.

어쨌든 서경덕의 발길이 닿았던 곳을 두루 찾아다녔다. 이때의 방랑을 뒷사람들은 인생의 회한과 허무 때문이라고 하나 그렇지 않다.

그녀는 스승 서경덕을 그리워하여 그의 도학을 새기며 서경덕이 다니던 곳을 찾은 것이다. 그녀가 어디에서 죽었는지는 확실하지 않으나 아마도 장단 부근의 방랑길에서 죽은 듯하다. 마흔을 앞뒤로 한 나이에 그녀는 이런 유언을 남겼다.

내가 죽거든 관을 쓰지 말고 동문 밖 물가에 버려 까마귀, 솔개의 밥이 되어 온 여인들에게 경계로 삼게 해달라.

또 장례에 곡을 하지 말고 꽹과리를 쳐서 지내고 길가에 묻어달라고 당부했다고도 한다. 이런 유언은 말 많은 사람들이 지어냈을지도 모른다. 어쨌든 그녀의 묘는 유언을 따랐는지 장단의 변두리(지금의 개성 교외)에 자리 잡았다. 오늘날에도 많은 남쪽 관광객들의 발길을 끌고 있다.

각기 다른 삶이 풍기는 여운

앞에서 두 여성은 서로 만난 적이 없다고 했다. 두 여성은 확연히 다른 길을 걸었다. 그리고 두 여성은 남다른 재주를 지녔다. 사임당은 글씨, 그림, 시에 능했고, 진랑은 노래, 시조(한시 포함),

거문고에 능했던 탓으로 둘 다 '삼절三絶'로 일컬어진다. 삼절에서도 사임당은 양반집 규수다웠고, 진랑은 홍루의 기생다웠다.

만약 두 여성의 출생이나 처지가 바뀌어졌다고 가상해보자. 사임당은 진랑과 같은 명기가 되었으며, 진랑은 사임당 같은 현모양처가 되었을까? 필자의 생각으로는, 신사임당은 비록 현모양처라는 아름다울 것 같은 이름을 후세에 남겼으나 규방의 질곡 속에서 불행하게 산 여인이었다. 물론 그 아름다운 이름을 더욱 아름답게 하기 위해 그녀의 갈등이나 여인의 한을 뒷사람들은 전혀 기록하지 않았다.

이와 달리 황진이는 마음껏 자기의 개성과 정열을 불태우며 한 세상을 멋들어지게 살았다. 자기의 신분과 처지 탓이라고 할지언정 그녀는 굴레를 벗어던지고 때로는 한풀이, 때로는 현실 대결로 인간의 본질에 충실했던 것 아니겠는가? 여성 해방, 인간 해방을 구가한 여인이었다.

오늘날 신사임당은 영원한 어머니상으로 추앙되고, 황진이는 사랑을 체득한 여인으로 그려진다. 둘 다 남성 위주의 봉건사회의 희생자이면서도 오늘의 우리에게는 그 판단을 복잡하게 하는 맞수이다.

서양갑과 칠서
『홍길동전』의 모델인 일곱 서자의 꿈과 좌절

첩의 자식으로 태어나

여주 땅에 있는 남한강가의 토굴에는 힘깨나 씀직한 장정들이 매일 머리를 맞대고 수군거리고 있었다. 그러다가 우르르 몰려나와 활쏘기, 칼 쓰기를 연습했다. 그러다가 지치면 또 굴속으로 들어가 병서를 익히고 병법토론에 열을 올리기도 했다.

대체 이들은 무슨 일을 벌이려는 작자들인가? 이들을 우리의 역사에서는 칠서七庶라고 부른다. 서양갑徐羊甲, 심우영沈友英, 이경준李耕俊, 박치인朴致仁, 박치의朴致毅, 허홍許弘, 박응서朴應犀이다. 이들은 양반의 서자들로서 봉건체제 신분제도의 모순에서 배태된, 이를테면 쓰레기 인생들이었다. 첩의 아들이라는 것 때문에 정실의 혈족들에 비해 온갖 차별을 받아오고 있는 처지였다.

이른바 서얼금고庶孽禁錮라는 이름의 굴레로 벼슬길은 막혔고, 무사와 잡직 따위에나 겨우 나갈 수 있었다. 원래 조선왕조가 건국되어 『경국대전』을 만들 적에 "서얼자손은 벼슬길에 한계를 둔다〔庶孽子孫 限品叙用〕"는 규정을 만들었다. 다시 말해서 서얼의 아들과 손자는 벼슬길에서 일정한 지위 이상은 못 올라간다는 제한이었다.

그러나 세월이 지나면서 서얼의 자손들에게 제한된 '일정한 지위'는 원천적인 금고로 바뀌어졌다. 가정에서도 상속에서 거의 제외되었다. 상속은 가계의 정통을 잇는 제사와 가계를 유지하는 재산이 있는데, 적자가 없으면 양자로 대치하여 잇게 했다. 서자들은 물론 많은 사람들이 이 제도의 부당함을 주장했지만 고쳐지지 않았다. 그리하여 유교적 교양과 뛰어난 재주를 지닌 서자들은 신세를 한탄하는 수밖에 없었다.

죽는 날을 함께하는 형제가 되다

선조연간에 들어와 서자들 스스로의 힘으로 이 문제를 해결하려는 움직임이 일어났다. 그리하여 서양갑을 중심으로 한 서자들은 하나의 세력을 형성하기 시작했다. 서양갑은 목사 서익徐益의 서자로 뛰어난 재주와 지략을 지닌 인물이었다. 그는 처음 소양강가에 정자를 지어 무륜당無倫堂(인륜이 없다는 뜻의 당호)이라 이름 하고 같은 처지의 동지들을 규합했다. 여기에 모인 사람들이 영의정 박순朴淳의 아들 박응서, 명신 이제신李濟臣의 아들 이경 준 등 칠서였다.

이들은 처음에는 술을 마시고 시회를 벌이며 현실의 모순과 비리, 부당한 제도에 대해 불만과 불평을 토로하는 정도에 그쳤 다. 이들은 새로운 결의를 다지며 도원결의桃園結義를 하여 하늘 에 맹세했다. 비록 태어난 시기는 각기 달라도 죽는 날은 함께하 는 형제가 되자는 뜻이었다.

이들은 모이는 장소를 여강으로 옮기고 죽림칠현이라고 자처 했다. 중국의 진나라 때 시끄러운 속세의 먼지를 떨쳐버리고 산 속으로 들어가 대나무를 벗하여 청담으로 세월을 보냈던 일곱 현인을 본뜬 것이다. 일곱 사람이 모였으니 일곱 현인이 될 수 있겠지만, 그러나 그들만큼 마음의 여유가 있기에는 현실이 너 무나 각박했다.

세상 사람들은 이들을 강변칠우라 했다. 서양갑은 스스로의 호를 석선石仙이라 했다. 이로 보면 이때의 이들에게서는 반역이 나 혁명을 꿈꾸기보다 노장에 심취하여 청담이나 벌이는 은자적 분위기가 많이 엿보이기도 한다. 주어진 운명을 자기 분수껏 살 며 내면의 성실을 다지는 것이 안분安分이라고 했던가? 어쨌든 이들의 우정은 돈독했고, 동지애적 결속은 철석과 같았다.

우리의 힘으로 서얼의 벼슬길을 열자

이들 모임에 대한 소문이 퍼져 더 많은 서자들, 곧 김장생金長生의 아들 김경손金慶孫, 김평손金平孫, 유인발柳仁發 등이 모여들었고, 이들의 처지를 동정하는 허균, 이재영李再榮, 이사호李士浩, 권필權韠 등의 명사도 출입했다. 이때 서양갑에게 보낸 것으로 보이는 허균의 편지에는 이런 내용이 있다.

> 형께서는 뛰어난 재주로서 나라의 제도에 막혀 포부를 펴지도 못하고 가정살림이나 꾸리는 것에 급급하오?
>
> 「여제강공자與霽江公子」

선조가 죽고 광해군이 즉위했다. 새로운 분위기를 맞이하여 허균의 이러한 지적대로 포부를 펴기 위하여, 칠서들은 연명의 상소를 올렸다. 이 상소문은 전해지지 않으나 대체적인 내용은 알 만하지 않겠는가? 이들의 건의가 받아들여질 리 없었다. 그리하여 스스로의 힘으로 서얼금고를 해결하는 수밖에 없다고 판단했을 것이다. 그들은 몇 가지 일을 벌였다.

서양갑은 해주에서 소금장수를 하여 돈을 벌어 춘천에 양곡을 쌓아두었다. 뿐만 아니라 모두들 장사를 하기도 하고 광산을 경영하기도 하여 돈을 모았다. 무슨 일을 벌일 적에는 자금이 필요한 법이기 때문이다. 다음은 무술을 익히고 둔갑, 축지법을 배우고 도성의 지리를 파악했다. 이어 동조자들을 모아들였다. 그리고 같은 처지에 있는 궁궐의 수문장과 선전관 따위 무사들에게 뇌물을 주어 거사할 적에 호응토록 조치했다.

마침내 박응서가 문경새재의 은상을 털어 거금을 만들었다. 그러나 뒤를 밟은 은상의 종에 의해 여강의 근거지가 발각되었다. 그리하여 이들이 잡힘으로써 거사계획이 드러나고 말았다. 대부분 잡혀왔고 박치의 등 몇 사람은 달아났다. 박응서는 사건 전모를 털어놓았으나, 다른 이들은 동지를 감싸 모진 매질에도 숨겨주었다.

서양갑은 그의 어머니가 잡혀와 눈앞에서 모진 매질을 당하자 "저가(광해군) 나의 어머니를 죽이니 나도 제 어미(인목대비)를 죽이 겠다"고 말하고, 서자들만이 아니라 인목대비의 아버지 김제남 과 결탁했다고 자복했다. 이로 하여 김제남이 사형 당했고, 인목 대비는 유폐되는 지경에 이르렀다. 이것이 광해군이 인조반정으 로 쫓겨나는 원인이 되었다. 이를 계축옥사라 부른다.

『홍길동전』에서나마 꿈을 실현하다

칠서들 대부분은 잡혀 죽었고, 그들의 아내와 아들딸들도 죽 임을 당하거나 종이 되었다. 몇 사람은 도망치기도 했으나 박응 서만은 사면되었다. 어느 일에나 배반자가 있게 마련인가? 배반 자 박응서는 몇 년 더 목숨을 붙인 뒤 인조반정 후에 목 베임을 당했다.

이렇게 하여 강변칠우는 모순에 찬 제도 때문에 모였다가 그 제도로 인해 역사의 재물이 되었다. 이것은 조선조의 역사가 낳은 하나의 인간비극이었다. 이 사건이 있은 뒤 서얼금고는 더욱 가혹했고, 많은 인재는 자신이 지닌 능력을 인정받지 못하고 한탄과 한숨으로 삶을 마쳤다. 그리고 양반놀이의 부산물인 서얼로부터 서양갑과 칠서들은 신화적인 인물로 추앙되었다.

　허균은 『홍길동전』을 써서 현실에서 펴지 못한 이들의 꿈을 소설에서나마 실현시켜, 민중의 가슴에 오래 남도록 해주었다. 허균은 서자들에게 오래 기억되는 인물이었다. 그리고 서양갑은 서자들의 우상이 되어 그에 얽힌 이야기가 전설처럼 전해진다.

허준과 그 반대자들
문신들의 핍박을 이겨낸 의성

차별과 한계에 막히다

　조선시대에는 유학의 교양을 쌓고 한문 문장을 잘 다루는 관료들이 중앙정계를 주름잡았다. 이것은 유교를 통치이념으로 하고 국가제도를 이 기준에 맞춘 탓이었다. 문관 우위의 인사정책은 국가제도로 보장된 것이다. 이러하니 과학자, 예술가, 의술인은 제대로 대접을 받지 못하고 겉돌게 마련이었다.

　조선시대는 철저한 신분사회였다. 양반을 정점으로 하고 중인, 상놈, 천인이 차례로 아랫자리에 놓였다. 이런 속에서 과학자나 예술가나 의술인은 중인들이 전업專業으로 맡게 되었다. 또 양반의 서자들도 중인의 대우를 받아, 벼슬을 얻어도 중인처럼 일정 품계 이상은 오르지 못했다. 양반 중에서도 문관이 우위를 차지하고 무관은 한 수 낮추어 보았다.

이렇게 차별과 한계를 두어 갈라놓았으나, 중인 계층에서 뛰어난 과학자, 예술가, 의술인 들이 많이 배출된 것은, 개인의 재능과 노력에 의해서였다. 여기에서 이야기하고자 하는 허준許浚(1546~1615)도 그런 인물 중 하나이다.

허준은 양반 집안에 태어나기는 했으나 이와 같은 몇 가지 제약을 받는 신분이었다. 그의 선조들은 무슨 전통 때문인지 무관 벼슬을 했다. 한번 무관의 자손이 되면 어찌된 일인지 좀체 문관으로 변신하지 못한다. 게다가 허준은 무관 출신 아버지의 서자로 태어났다.

이런 신분이었으니 문과로 출세하려 해도 길이 꽉 막혀 있었다. 그는 불평과 실의에 젖을 수밖에 없었다. 홍길동처럼 한바탕 세상을 뒤흔들어 놓는 것도 사람의 기질에 따라 다르니, 그런 마음을 먹어본다고 일이 되는 것도 아니었다.

의원으로서 공을 인정받았으나

허준은 과거제도가 보장한 대로 중인에게 주어지는 의관이 되기로 마음먹었다. 그리하여 그는 잡과에 응시하여 합격했다. 그는 피나는 의술공부를 거듭한 끝에 내의內醫(궁중의 의료를 맡은 직책)로 발탁되었다. 잡과의 의관시험에 합격한다고 모두 궁중이나 임금의 치료를 맡는 내의가 되는 것은 아니다.

내의에게도 영욕의 양면이 있었다. 그야말로 임금 등 왕실의 치료를 잘 돌보면 후한 녹봉과 관직이 내려지는 영광을 입는다. 그러나 만약 제 운명대로 죽는 것을 살려내지 못하면, 온갖 지탄을 받고 궁중에서 쫓겨나기도 하고 귀양살이도 하며, 심하면 목숨까지 잃게 된다.

허준에게도 이런 영욕이 교차되었다. 그러나 그는 죽을 고비를 몇 번 넘기는 이런 영욕을 한 몸에 지니면서도 이를 극복하고 '의성醫聖'이라는 칭호를 얻었다. 또 무관 집안, 서자 신분, 잡과 출신으로서는 최고의 품계를 받은 역사적 인물이 되었다.

선조는 왕위에 오래 있으면서 임진왜란을 겪었고, 그러면서 늘 병에 시달렸다. 광해군을 비롯한 왕자들도 늘 병에 시달리면서 살았다. 허준은 그의 뛰어난 의술로 이들을 치료하여 절대적인 신임을 받았다. 그러나 비루하고 질투 많은 문관 출신의 벼슬아치들은 기회만 있으면 그를 끌어내리려 했다. 이런 일이 허준의 경우에 구체적으로 드러난 것은 그에게 당상관의 품계가 주어졌을 때였다.

1591년(선조 24) 2월, 왕자의 병을 잘 치료한 공로로 선조 임금은 허준에게 당상관의 품계를 내렸다.

벼슬아치의 승진에는 세 단계가 있다. 과거에 합격한 뒤 처음 주는 품계는 9품이다. 참봉과 같은 말직을 맡을 자격이 주어지는 것이다. 그 다음은 '출륙出六'이라 부르는 6품에 오르는 것이다. 이 품계는 현감과 같은 지방장관이 될 수 있는 자격이다. 그 다음 마지막 단계에는 3품에 해당하는 품계인데, 이는 당상관 이상, 곧 고관의 대열에 들어설 수 있는 자격을 얻게 되는 것이다.

의원의 공을 특별히 인정할 적에 이런 품계를 주는 전례에 따라 그에게 당상관의 품계를 주자, 사간원에서는 반대의견을 냈다.

> 허준이 비록 왕자를 살려낸 공로는 있지만, 사체事體로 따져 임금이나 왕비의 병을 돌보는 시약청의 의원과 크게 다릅니다. 한때 임금의 기뻐하는 정의 때문에 지나치게 전례에 없는 상전을 베푸는 것은 옳지 못합니다. 다시 고치소서.
>
> 『선조실록』 23년 12월조

또 사헌부에서는 이렇게 반대했다.

> 왕자의 질병을 극력 돌보아 끝내 낫게 되었으니, 그 공로를 보상받을 만합니다. 그러나 품계를 시약청의 가장 우대하는 은전恩典과 같이 내려주시니, 등급이 지극히 엄하고 명기名器가 가석한데, 어찌 지나친 은전을 구분 없이 베풀어 후일의 폐단을 열어놓습니까.
>
> 『선조실록』 23년 12월조

임금이 이 반대를 물리치자, 사간원과 사헌부에서는 계속 네 차례나 같은 요구를 되풀이했다. 임금은 끝까지 이를 물리치고 허준을 당상관으로 삼았다. 그 뒤 품계를 올릴 적마다 이런 반대가 끊이지 않았다.

문관들에게 끈질긴 핍박을 받다

1604년(선조 37)에는 허준에게 임진왜란 중에 임금을 끝까지 모시고 다녔다 하여 호성공신扈聖功臣 3등에 올리고 양평군陽平君이라는 공신 칭호를 내렸다. 이때에도 내시, 시종 등이 다수 끼어 있다 하여 문관들의 불만을 샀다. 이 주장은 상당한 근거를 지니고 있었다. 하지만 허준은 단순한 호종의 공으로 준 것이 아니었으니 경우가 달랐다. 허준은 공신의 칭호를 받은 뒤 부모의 산소에 가서 이를 고하기 위해 임금의 허락을 받고 하향 길에 나섰다. 이에 사간원 사헌부에서는 또다시 꼬투리를 잡았다.

> 양평군 허준은 품계가 높은 의관으로 군부君父의 병을 생각지 않고, 감히 사사로운 일로 아무렇지도 않은 듯 휴가를 청하는 글을 올렸습니다. 승정원에서 조사, 심문을 청한 뒤에도 거리낌 없이 반드시 자기의 뜻을 이루고야 말아 조정 여론이 해괴하게 여기고 있습니다. 먼저 벼슬을 떼고 심문케 하소서.
>
> 『선조실록』38년 9월조

선조는 물론 허준이 정당한 절차로 말미를 받아 나갔다면서 허락하지 않았다. 그때의 사관은 "허준이 임금의 은총을 믿고 교만해서 사람들이 많이 미워했다"고 악의에 차서 쓰고 있다. 또 "위인이 어둡고 완악해서 임금의 은총을 믿고 교만했다"고도 썼다. 더욱이 1606년에는 문관들의 반발을 부른 일이 벌어졌다. 당시 늘 병고에 시달리던 선조가 몇 년 동안 아무 병도 없이 건강하게 지냈는데, 선조는 이 공로를 허준에게 돌렸다. 그리하여 허준에게 벼슬아치로서는 최고의 품계인 정1품 보국숭록대부輔國崇祿大夫를 준 것이다. 문관 출신의 벼슬아치들도 이 품계를 받게 되면 무한한 영광으로 여겼다. 그런데 일개 의관에게 이런 품계가 주어졌으니, 예사롭게 넘어갈 사건이 아니었을 것이다. 이를 사간원과 사헌부에서 물고 늘어졌다. 먼저 사간원의 반응을 보자.

　　양평군 허준은 일찍이 1품에 뛰어올라 제 분수 넘기를 다했습니다. 지금 보국의 품계를 주어 대신과 동렬에 앉게 했으니, 이 어떤 벼슬의 직함인데 그가 차지하게 하여 명기를 욕되게 하고 조정에 수치를 끼칩니까? 예부터 의관이 임금의 병에 효험을 얻은 것이 한둘이 아니었으나, 품계를 높여줌이 이와 같이 참람되이 뛰어오른 적은 없습니다. 무릇 듣고 보는 것이 해괴하고 기이하지 않음이 없습니다. 상전을 주는 것이 어찌 마땅하게 베푸는 관례가 없겠습니까? 허준의 가자加資(품계를 올려주는 것)를 급히 바로잡으소서.

『선조실록』39년 정월조

　사헌부에서도 "후세의 웃음거리가 된다"는 따위의 말로 거세게 반대하고 나섰다. 어디 이들 언관들뿐이랴. 조야의 문신들이 들고일어났다. 그러나 선조는 이를 가로막았다. 다만 최고의 공신 칭호인 부원군府院君의 봉호만은 내리지 않았다.
　다시 말해서 보국숭록대부가 주어지게 되면 거기에 걸맞은 호칭이 있어야 한다. 예전에 '○○부원군'이라 부르는 것이 바로 봉호이다. 허준에게는 품계에 걸맞은 봉호가 내려지지 않았으니 새로운 기묘한 관례를 만든 꼴이었다. 그리하여 그를 '양평부원군'으로 부르지 않고 당상관에 해당하는 양평군으로 부르게 된 것이 아닌가?

우리는 담담하게 글을 쓰고 또 읽고 있지만, 허준이 당사자로서 당시에 느꼈던 심정이 어떠했을까? 그의 이런 심정이 전해지지 않으니 우리가 어떻게 판단하랴. 이런 일이 있은 지 2년이 못 되어 새로운 사단이 벌어졌다.

귀양지에서 『동의보감』을 집필하다

1607년(선조 40) 겨울 들어 임금의 병이 크게 도졌다. 늘 시름시름 앓던 임금은 쉰여섯 살로 천수를 다할 지경에 이른 것이다. 이때 허준은 의관의 최고책임자로서 마지막 수단인 준제峻劑(극약 등을 섞은 처방)를 쓰게 했다. 그렇다고 임금의 병이 나을 리 없었고 나날이 더욱 심해갔다.

이렇게 되자 사간 송석경이 이 문제를 들고일어났고, 다시 벼슬아치들끼리 통문을 돌려 허준의 죄를 따졌다. 병석에 누워서 오늘 죽을지 내일 죽을지 모르는 선조는 이들의 요구를 막기에 진땀을 흘릴 수밖에 없었다. 허준에게 죄를 주어야 한다는 논의가 빗발치게 일어났다. 이때 어떤 방식이든 허준의 응답도 있었을 법한데, 사관들이 이를 기재하지 않아 그 사정을 뒷사람들은 알 길이 없다.

이런 분란 속에서 다음 해 봄 선조는 죽고 말았다. 이제 허준에게 커다란 위험이 닥쳐온 것이다. 늘 허준의 의술을 높이 평가하고 정1품의 품계를 내리고 감싸주던 임금이 죽었으니, 개인적 은의는 접어두고라도 보호자가 없어진 셈이다. 일단 선조의 장사를 치르고 나자, 조정에서는 허준의 문제를 다시 들고일어났다.

허준은 본래 음흉하고 외람된 사람으로 몸이 수의首醫가 되어 약을 쓸 적에 사람들의 말이 많았습니다. 임금이 병석에 누운 뒤에도 조심하지 않고 준제를 망령되이 써서 끝내 천붕天崩(임금의 죽음을 일컫는 말)의 통한을 불러왔습니다. 청컨대 국문하여 법에 따라 정죄定罪하소서.

『광해군일기』 즉위년 3월조

선조가 죽은 것은 오로지 허준의 잘못 때문이라는 것, 그렇기에 죽음의 처분을 내려야 한다는 것이다. 여기에서 '정죄'라는 표현은 사형을 뜻한다. 이런 요구는 하루도 쉴 날이 없이 계속되었다. 새 임금 광해군은 이를 누르다 못해 허준의 벼슬을 떼고 조정에 들어오지 못하게 조처했다.

반대파들은 그래도 그치지 않고 허준의 사형을 계속 요구했다. 이에 광해군은 어쩔 수 없이 허준을 귀양 보내는 조처를 내렸다. 허준은 귀양살이를 하며 『동의보감』의 완성에 몰두했다. 그런데도 벼슬아치들은 허준의 동정을 엿보고 "유배지에서 출입을 마음대로 하고 이 무리 저 무리들과 어울리고 있다"고 임금에게 알리고, 가시 울타리를 쳐서 꼼짝 못하게 해야 한다고 요구했다.

참으로 끈질기게 헐뜯고 압제를 가했다. 광해군이 허준을 감싸는 마음은 결코 선조 못지않았다. 더욱이 광해군은 어릴 적부터 허준의 돌봄을 입어, 남다른 사랑과 이해가 있었다. 광해군은 허준을 2년이 채 못 되어 유배지에서 풀어주었다. 이때에도 온갖 비난이 그에게 쏟아졌고, 유배의 해제를 반대하고 나섰다.

허준은 목숨을 건지고 유배에서 풀려났다. 이런 격동과 위험 속에서도 그는『동의보감』의 완성에 심혈을 기울였다. 그리하여 1610년(광해군 2), 이 책을 완성하여 임금에게 바쳤다. 광해군은 그의 공로를 치하하고 이 책을 즉시 인쇄에 붙여 널리 반포하도록 했다.

광해군은 다시 그를 궁중에 불러올려 보호했다. 이제 광해군은 그에게 더 내릴 관직이 없었기에 그를 감싸고 돌보고 따뜻한 정만을 드러냈다. 어떻게 보면 허준은 행운의 인물이었다. 두 임금의 남다른 지우知遇를 입었기 때문이다. 명의들은 때로 죽임을 당하는 수도 많았다.

그러나 무엇보다 허준은 불굴의 의지인이었다. 어떤 악조건에서도 의술인의 사명을 잃지 않았다. 그리하여 중국과 일본에도 큰 영향을 끼친『동의보감』이라는 불후의 저술을 남겼다. 웬만한 사람 같으면 그렇듯 쏟아지는 질투와 비방과 압제 속에서 좌절하고 말았을 것이다.『왕조실록』등 벼슬아치들이 쓴 기록대로라면, 그는 아주 나쁜 사람이거나 의술을 잘못 쓴 위인이었다.
한 천재의 수난은 역사의 재앙이었지만 뒷사람에게 많은 교훈을
준다.

찾아보기